"十四五"时期国家重点出版物出版专项规划项目

国家古籍工作规划项目

中国禅宗典籍丛刊 第二辑

菩提达摩、慧可、僧璨禅法录

主编 杨曾文 黄夏年
法缘 编校

中州古籍出版社
·郑州·

从菩提达摩至弘忍：中国禅宗发源和创立（代序）

中国禅宗成立和发展大体经历如下几个大的阶段：北魏至隋初的酝酿发祥期（从5世纪后期至7世纪初）；禅宗初创期（唐前期的7世纪）；南北二宗对峙期（唐中期约7世纪后期至8世纪）；南宗顿教独盛和"禅门五宗"迭兴期（唐末五代约从8世纪中期至10世纪中期）；禅宗持续兴盛，临济、曹洞二宗并行传播发展期（宋元至明清，约10世纪中期至19世纪）。在儒释道三教彼此互鉴和吸收的社会思潮中，禅宗不断深入与诸宗会通，逐渐在中国融合型佛教中占据主体地位，对社会和文化思想产生极为深刻的影响。

近代太虚大师（1890~1947）是中国近现代史上著名的佛教界领袖和倡导佛教革新的代表人物，以提出并积极倡导贴近人生、关心社会的"人生佛教"或"人间佛教"思想，致力创办新式佛教学校，培养适应社会发展的人才而彪炳史册。他基于对中国佛教历史和诸宗的长期考察、思考，在1924年《告徒众书》中断言："中华佛化之特质在乎禅宗。"（载《太虚大师全书》第十六编《书评·佛学》）1928年在《佛学之源流及其新运动》

中又明确地说："中国佛学最特色的禅宗,实成了中国唐宋以来民族思想全部的根本精神。"(载《太虚大师全书》第一编《佛法总学·源流》)

中国在进入改革开放新时期以后,随着人文社会科学研究领域的拓宽,特别是随着对中国佛教文化研究的深入,对禅宗在中国佛教史、文化史上的重要地位和影响有了更加全面客观的认识,致使教内外涉足考察和研究禅宗的学者日多,社会上想了解中国禅宗历史、禅宗思想的人也越来越多。然而长期以来在图书流通领域所能提供的反映中国禅宗发展历史、中国禅宗代表人物和重要禅派禅法的经典著作品种和数量极为有限,加以精细点校并用简体字出版的典籍则更少。

我们这套《中国禅宗典籍丛刊》,旨在收编中国禅宗史上比较有影响的史书、语录和清规等文献,正是为了适应教内外学者和广大读者研究与了解中国禅宗的需求而约请各地著名学者精心编校出版的。现已经出版了10多种,还正在继续增编出版。鉴于约请的作者专长不一和能够支配的时间所限,从一开始便不敢严格按照中国禅宗史的发展顺序选编和出版禅宗文献,想待出版到一定数量时,再大体按时间顺序加以统编和出版。

最近,收到了闽南佛学院法缘法师在长达11年多的时间里辛苦搜集资料、研究、梳理校勘和编录而成的《菩提达摩、慧可、僧璨禅法录》《东山法门和北宗禅法录》两册书稿,真是期待已久,感到由衷欣慰。这套《中国禅宗典籍丛刊》总算有了名副其实可作为第一、二册的两部禅宗文献。因为前一册反映的正是中国禅宗史第一阶段酝酿发祥期的禅宗,后一册则反映第二阶段初创期的禅宗。

南朝宋末，印度高僧菩提达摩经南海从广州登陆来华，北上渡江在今河南省登封市嵩山五乳峰下的少林寺和洛阳一带传法，培养弟子慧可（约487~593）等人，经慧可传至僧璨。这是后世禅宗所奉初祖至三祖的时期，属于中国禅宗酝酿期，或称之为中国禅宗史前期。

菩提达摩曾在少林寺附近山洞面壁坐禅九年，教导弟子，一是传授《二入四行论》，引导弟子修持菩萨道的"六度"，并通过坐禅观心，"舍伪归真"，使心"与理冥符"，以达到精神解脱；二是发挥南朝宋求那跋陀罗所译《楞伽经》中的"大乘诸度门，诸佛心第一"的思想，强调修心，以体认自性本具的"如来藏自性清净心"（佛性）为禅法要旨。

达摩去世以后，慧可在东魏天平（534~537）之初到邺都（在今河北省临漳县）一带传法，在北周灭北齐后推行"灭佛"之际，南下于今安徽皖公山（在今安徽省潜山市西）、司空山（在今安徽省岳西县境）等地隐居传法，收有弟子僧璨。此后，又回到河北邺都附近传法，至隋初因遭反对者诬告被害于成安县。后世在成安县慧可被害及其舍利安奉之地建有二祖寺，宋哲宗敕为元符禅寺。在慧可避地安徽岳西县岳西镇传法之地也建有二祖寺。至于僧璨，生前很少说法，后世将他在今安徽省潜山市的山谷寺称为三祖寺，唐肃宗赐额"三祖山谷乾元禅寺"。

禅宗所奉四祖道信（580~651）、五祖弘忍（601~675）在蕲州（治所在今湖北省蕲春县）创立"东山法门"，标志着中国禅宗正式成立。

在湖北省黄梅县城西的西山本名破额山或破头山，因有双峰屹立，又名双峰山，现有唐代道信禅师传授禅法的"四祖寺"。

道信在皖公山从僧璨嗣法，在隋末战乱环境中辗转至江州庐山大林寺。唐初武德七年（624）应蕲州信众之请，在景色秀丽的双峰山建寺作为传法的中心道场，居此30余年，门下弟子很多，现存禅法语录《入道安心要方便法门》，要求弟子通过坐禅观心，"守一不移"，以"明见佛性"。

道信逝世前选弟子弘忍继位，又在黄梅城东冯茂山建寺传法，此即五祖寺。弘忍禅法的要点，有弟子整理的《修心要论》传世，认为众生本有"自性圆满清净之心"，修行就是要坚持"守本净心"，以断除妄念烦恼，使清净之心显现。

道信、弘忍禅法及其法系，后世称为"东山法门"。惠能从韶关曹溪来此求法，从弘忍受法南归，创立南宗顿教禅法，将禅宗发扬光大。

法缘法师所编校的《菩提达摩、慧可、僧璨禅法录》《东山法门和北宗禅法录》所收录的文献，正是反映这两个时期禅宗历史和禅法的最有代表性的典籍。其中不少文献在历史上久佚，在20世纪二三十年代才从敦煌逸书和国外陆续被发现和整理发表于世。法缘法师在继承前人研究校勘的基础上重新对其加以考察和梳理校勘。

法缘法师，湖北省武汉市人，是1999年至2002年我在闽南佛学院指导的硕士研究生，曾跟我学习中国禅宗历史和文献，以优异的学习成绩和毕业论文获得硕士学位，此后一直在闽南佛学院女众部讲授中国禅宗和佛教经典等课程，2007年由中国佛教协会推荐曾到日本京都佛教大学进修，现为闽南佛学院讲师兼教研室主任，在从事讲学之余坚持佛教学术研究，在各杂志、学报上发表过《〈坛经〉中的不二思想及其在惠能禅法中的意义》《惠能的顿悟学说》《永明延寿之禅净思想》《宋代雪窦重显禅师及其颂古禅风》以及《南宋求法日僧圆尔辩圆——对日本佛教文化的贡献与影响》等 10 多篇论文。

看完法缘法师的书稿,感到十分欣慰,在即将交付出版社出版之际,谨写以上文字作为代序并表示由衷的祝贺。

杨曾文
2018 年 3 月 21 日于北京华威西里自宅

前　言

　　太虚大师曾说"中国佛教的特质在禅"，在佛教八大宗派当中，禅宗可谓是最具中国特色的宗派。禅宗在中国佛教史上是极占篇幅的，它对中国佛教影响非常深刻。它在某种程度上丰富了中国人的文化生活，改变了佛教趋向开悟方法的一般见地，甚至可以说禅宗是中国佛教的生命与灵魂。中国禅宗把南朝宋代后期从印度来华传授禅法的菩提达摩尊奉为初祖，奉以后递代相传的五祖是：二祖慧可、三祖僧璨、四祖道信、五祖弘忍和六祖惠能。其中在五祖弘忍门下除了惠能南宗外，还有曾盛极一时的以神秀为创始人的北宗一系。

　　对于早期中国禅宗的了解，在敦煌文献没有出现之前，我们只能凭借《续高僧传》《景德传灯录》等一些有限的史料得到零星的了解。20世纪从敦煌文书中发现了大量早期禅宗文献，诸如《楞伽师资记》《传法宝纪》及《菩提达摩四行论》等，丰富了我们对早期中国禅宗的了解。在发现敦煌禅籍后的六七十年里，国内外学者相继对此作了深入的研究，并取得了相当丰硕的成果。本书在这些已有的研究成果之上对从初祖菩提达摩到三祖僧璨的禅法录与传记资料作了校刊与研究。

全书分为三部分：第一部分"正编"，主要是对菩提达摩、慧可、僧璨禅法语录的校刊。

关于中国禅宗初祖菩提达摩《二入四行论》，我们以往所熟知的有唐道宣《续高僧传·菩提达摩传》上所引述的那段简短文字，以及宋代道原所编的《景德传灯录》卷三十所收录的前有"弟子昙琳序"的《菩提达磨略辨大乘入道四行》以及唐净觉《楞伽师资记》中所载《二入四行论》等。以上这几种可以称为菩提达摩《二入四行论》的略本。随着敦煌禅宗文献的出土，对菩提达摩《二入四行论》的资料有了新的发现。目前现存所能知道的菩提达摩《二入四行论》版本有多种，但在现存《二入四行论》的各种版本中，以敦煌本北宿99和日本天理大学图书馆所收藏的朝鲜明天顺八年（1464）刊印的《二入四行论》（简称天顺本）的内容最为完整，也最具有使用价值。敦煌本和天顺本菩提达摩《二入四行论》可称为广本，内容完整，记述了达摩及其弟子、追随者的思想和实践，所述禅法十分丰富，超出了达摩本人在世时所传授的内容，具有很高的历史价值和学术价值。

天顺本《二入四行论》最早由日本驹泽大学学者椎名宏雄教授发现并作研究和校刊，以《天顺本菩提达摩四行论》为题撰写论文并附上他的校录本，刊载于1996年《驹泽大学佛教学部研究纪要》第54号。本编对达摩《二入四行论》的校刊即是以此作为底本，主要参以铃木大拙《校刊少室逸书及解说》之第一篇《达摩大师二入四行论及略序等》、驹泽大学程正教授所翻译的椎名宏雄教授的两篇论文及第一篇译文中所附简体《天顺本菩提达摩二入四行论》、《大正藏》第51册所载宋代道原所编《景德传灯录》卷三十收录的《菩提达磨略辨大乘入道四行》以及《大正藏》第85册所载《楞伽师资记·菩提达摩传》中《略辨大乘入道四行》、台湾影印《卍新续藏》第63册所载《菩提达摩大师略辨大乘入道四行观》进行校刊。

相较于初祖菩提达摩，记载二祖慧可与三祖僧璨禅法的资料非常少。二祖慧可的禅法我们只能通过《续高僧传·慧可传》中所载其与向居士信件往来谈论禅法来了解了。除此之外，也只是零散地记述于他的传记中，因此在本编有摘录他与向居士书信往来的部分供读者参考。

三祖僧璨是一个"不出文记"的人，然而在《景德传灯录》卷三十载有《三祖璨大师信心铭》。唐乾符五年（878）有题名为《唐三祖信心铭》的石刻流传于世。近年来随着敦煌禅宗文献的陆续发掘，敦煌本《信心铭》逐渐被日本学者研究并加以整理。在铃木大拙《禅思想研究第二》中介绍了敦煌出土的《信心铭》，它们分别是P2104、S4037、S5692，但这三种版本的《信心铭》都不全。另外，敦煌本的《信心铭》还有P4638本，田中良昭《敦煌禅宗文献的研究》中载有将敦煌P4638本《隋朝三祖信心铭》与《景德传灯录》卷三十《三祖璨大师信心铭》对照的部分内容。本编是依《景德传灯录》卷三十《三祖璨大师信心铭》，参照田中良昭的研究成果，对《信心铭》加以校刊。对于《信心铭》，日本学者关口真大认为其是唐代8世纪后期有人托僧璨大师之名所作，因此属于后人伪作。但这并不影响后人对《信心铭》的重视，后代常被禅僧引用。其意义深奥，语言优美，历来被认为是禅宗的要典。

本书的第二部分"附编一"，主要是对达摩、慧可、僧璨相关传记资料的校刊。

本编将中国佛教史书及碑铭中所载几种最有影响的初祖菩提达摩、二祖慧可、三祖僧璨的传记汇集载录，然后加以校刊。与他们相关的传记资料皆以唐道宣《续高僧传》、净觉《楞伽师资记》、杜朏《传法宝纪》、刘澄《南阳和尚问答杂征义》中所载神会《师资血脉传》以及《历代法宝记》、南唐静、筠二禅德《祖堂集》、宋道原《景德传灯录》为主。除了这些资料之外，有碑文的皆另行列出。

所使用到的史料《楞伽师资记》、《传法宝纪》、神会《师资血脉传》、《历代法宝记》、《祖堂集》、《景德传灯录》、《宋高僧传》皆是中外学者对其最新学术研究成果。特别是关于菩提达摩的传记，杨曾文教授在《菩提达摩四行论》（少林书局，2006年）中已经校刊过。本书菩提达摩的传记是在杨教授校刊的基础上再作校订。

本书第三部分"附编二"，是关于达摩、慧可、僧璨生平事迹与禅法思想的研究论文。

本编主要有四篇论文。第一篇《达摩〈二入四行论〉的思想》，是利用相关史料及敦煌文献以及天顺本《达摩二入四行论》等资料对达摩的生平事迹、弟子、著作、禅法思想、禅法特点及影响等五个方面作了系统的论述。

第二篇《〈宝林传〉中二祖慧可传记研究》与第三篇《二祖慧可邺城行迹考》，主要是对二祖慧可传记及生平事迹的研究。对于二祖慧可，在众多记载其生平传记的资料当中，唯《宝林传》的记载不被大多数人认可。人们对《宝林传》的评论不一。中日学者对其价值和意义作了充分的评论，其中有其错谬的地方，也有其有价值的地方。拙文通过对《宝林传》中二祖慧可的校刊研究认为，《宝林传》中的《慧可传》与《续高僧传》《传法宝纪》《历代法宝记》中所载有很多相似的地方。而且，二祖慧可门下旁出的法系及支派在《宝林传》中的记载不仅可靠而且是所有史料中最全的。为此本编有《〈宝林传〉中二祖慧可传记研究》一文来论述这个问题。另外，本编第三篇《二祖慧可邺城行迹考》一文，专门考证二祖慧可在邺城的一些活动行迹，以补充和完善慧可的生平事迹。

第四篇《三祖僧璨生平事迹及禅法思想》对于史料记载最少的三祖僧璨，通过各种对其着笔不多的史料记载及中日学者的研究，对三祖之争及僧璨的生平事迹、禅法思想等作了较为详尽的研究论述。

2006 年，我与杨曾文教授合作编著过《菩提达摩四行论》一书，由少林书局出版，但这本书只在内部出版流通。随着各佛学院及研究学者对这本书的使用率不断提升，同时，为了给广大读者提供方便，所以在以前的基础上加以扩充，重新校刊、修缮、补充而有了这本书的问世。

这本书的完成要感谢杨教授多年来的教导提携，有老师的指引与教导才使我顺利地完成这本书。

法 缘
2018 年 3 月 9 日于厦门闽南佛学院

目 录

菩提达摩四行论 /1
二祖慧可与向居士信 /43
三祖僧璨信心铭 /45

附编一 /48
    一、菩提达摩传记 /55
    二、二祖慧可传记 /97
    三、三祖僧璨传记及碑铭 /131

附编二 /161
    达摩《二入四行论》的思想 /161
    《宝林传》中二祖慧可传记研究 /194
    二祖慧可邺城行迹考 /202
    三祖僧璨生平事迹及禅法思想 /225

主要参考文献 /265

中国禅宗初祖　菩提达摩禅师

中国禅宗二祖　慧可禅师

中国禅宗三祖　僧璨禅师

菩提达摩四行论

按语：

关于中国禅宗初祖菩提达摩《二入四行论》，我们以往所熟知的有唐道宣《续高僧传·菩提达摩传》上所引述的那段文字，以及宋代道原所编的《景德传灯录》卷三十所收录题为《菩提达摩略辨大乘入道四行》，前面并有"弟子昙琳序"，和唐净觉《楞伽师资记》中所载《二入四行论》等，以上这几种都可以称为菩提达摩《二入四行论》的略本。

随着敦煌禅宗文献的出土，关于菩提达摩《二入四行论》的资料有了新的发现。目前现存所能知道的菩提达摩《二入四行论》版本有多种：敦煌汉文文献有 S1880V、S2715、S3375V、S7159＋S1193、S11446、P2923、P3018、P4634V、P4795、BD1199－1（北宿 99、北 8374）、BD9829（朝 50）、杏雨书屋本 25-1，敦煌吐鲁番汉文文献 Ch2569，敦煌藏语文献 P.tib.116，敦煌文献以外的文献有朝鲜《禅门撮要》本、《少室六门集》本、天顺本。

在现存的各种版本中敦煌本很多是残卷或残片，只有敦煌本北宿 99 和日本天理大学图书馆所收藏的朝鲜明天顺八年（1464）刊印的《二入四行论》（简称天顺本），内容最为完整，也最具有使用价值。敦煌本北宿 99 和天顺本达摩《二入四行论》皆为长卷，内容完整，记述了达摩及其弟子、追随者的思想和实践，所述禅法十分丰富，超出了达摩本人在世时所传授的内容，具有很高的历史价值和学术价值。

敦煌本《二入四行论》的发现者是日本学者铃木大拙（1870~1966）。他在1934年到北平图书馆查阅敦煌文献时，发现了《二入四行论》（北宿99），翌年把它的影印本收在《敦煌出土少室逸书》出版。1936年安宅文库又出版了他的《校刊少室逸书及解说》二卷，对前书所收的文献作了校编铅印，并加以解说。后来铃木大拙又据伦敦大英博物馆所藏S2715号敦煌文书对前者进行对校，刊载于其《禅思想史研究第一》之中。

天顺本《二入四行论》是由日本驹泽大学学者椎名宏雄教授发现的。他对其作了研究和校刊，以《天顺本菩提达摩四行论》为题撰写论文并附上他的校录本，刊载于1996年《驹泽大学佛教学部研究纪要》第54号。2003年中华书局出版的《中国禅学》第二卷载有程正博士翻译的椎名宏雄整理的《天顺本菩提达摩四行论》及《天顺本菩提达摩四行论的资料价值》两篇文章，这给研究菩提达摩禅法提供了很大的便利。天顺本《菩提达摩二入四行论》卷首虽缺昙林的序，然而具有敦煌本所缺的题目、尾题及其他残缺部分，是迄今发现的最完整的本子。

此次校刊，即以椎名宏雄教授校录的、发表在1996年《驹泽大学佛教学部研究纪要》第54号上的《天顺本菩提达摩四行论》作为底本，主要以铃木大拙《校刊少室逸书及解说》之第一篇《达摩大师二入四行论及略序等》（以下简称铃木本）作为参校本，进行校刊。在校刊过程中也参考了《中国禅学》第二卷程正所翻译的椎名宏雄教授的两篇论文及第一篇译文中所附简体《天顺本菩提达摩二入四行论》。

《天顺本菩提达摩二入四行论》原缺昙林之序，笔者在校刊时据《大正藏》第 51 册所载宋代道原所编《景德传灯录》卷三十收录的《菩提达摩略辨大乘入道四行》补加了昙林序，并以《大正藏》第 85 册所载《楞伽师资记·菩提达摩传》中"《略辨大乘入道四行》，弟子昙林序"（以下简称师资记本）、《续藏经》所载《菩提达摩大师略辨大乘入道四行观》（以下简称续藏经本）及铃木校本进行校刊。

笔者对原文重作断句、标点，并据文意进行分段。在校刊中凡对个别字句作改动之处，皆在校注中加以说明。

弟子昙林① 序②

法师者，西域南天竺国人③，是大婆罗门国王第三之子也。神慧疏朗，闻皆晓悟。志存摩诃衍道，故舍素从缁，绍隆圣种。冥心虚寂，通鉴世事。内外俱明，德超世表。悲悔④边隅正教陵替，遂能远涉山海，游化汉魏。忘心之士，莫不归信。存见之流，乃生讥谤。于时，唯有道育、慧可此二沙门，年虽后生，俊志高远。幸逢法师，事之数载。虔恭谘启，善蒙师意。法师感其精诚，诲以真道。令如是安心，如是发行，如是顺物，如是

---

① "昙林"，底本作"昙琳"，据《大正藏》第 85 册所载《楞伽师资记·菩提达摩传》中"《略辨大乘入道四行》，弟子昙林序"改。
② 以下昙林之序，取自《景德传灯录》卷三十收录的《菩提达摩略辨大乘入道四行》。
③ "人"，底本无此字，据铃木本及续藏经本补加。
④ "悔"，底本作"诲"，据铃木本、续藏经本、师资记本改。

方便。此是大乘安心之法，令无错谬。如是安心者，壁观。如是发行者，四行。如是顺物者，防护讥嫌。如是方便者，遣其不著。

此略序所由云尔，意在后文①。

第一　入道修行纲要门

若夫入道多途，要而言之，不出两种：一是理入，二是行入。理入者，谓藉教悟宗，深信含生同一真性，但为客尘妄想所覆，不能显了。若也舍妄归②真，凝心壁观，无自无他，凡圣等一，坚住不移，更不随于文教，此即与理冥符③，无有分别，寂然无为，名之理入。

行入者，所谓四行。其余诸行，悉入此行中。何等为四？一者报怨行，二者随缘行，三者无所求行，四者称法行。云何第一报怨行者？修道行人，若受苦时，当自念言："我从往昔无数劫中，弃本从末，流浪诸有，多起④怨憎，违害无限。今虽无犯，是我宿殃恶业果熟，非天非人所能见与。"甘心忍受，都无怨

---

① "意在后文"，底本无，据铃木本、师资记本补加。
② "归"，底本作"改"，据铃木本改。
③ "符"，底本作"扶"，据铃木本改。
④ "多起"，底本作"起多"，据铃木本改。

诉①。经云"逢苦不忧"②也。何以故？以识达故。此③心生时，与理相应，体怨进道，是故说言报怨行。

第二随缘行者，众生无我，并缘业所转，苦乐齐受，皆从缘生。若得胜报荣誉等事，是我过去宿因所感，今方得之，缘尽还无，何喜之有？得失从缘，心无增减，喜风不动，冥顺于道，是故说言随缘行。

第三无所求行者，世人长迷，处处贪著④，名之为求。智者悟真，理将俗反，安心无为⑤，形随运转，万有斯空，无所愿乐。功德黑暗，常相随逐。⑥ 三界久居，犹如火宅。有身皆苦，谁得而安。了达此处，故于诸有，息想无求。经云"有求皆苦，无求乃乐"⑦也。判知无求真为道行。

第四称法行者，性净之理，目之为法。此理众相斯空，无染无著，无此无彼。经云："法无众生，离众生垢故；法无有我，

---

① "诉"，底本作"仇"，据铃木本改。
② "逢苦不忧"，源自后秦弘始年间（399~416）佛陀耶舍共竺佛念译《佛说长阿含经》卷第一："沙门者，舍离恩爱，出家修道，摄御诸根，……逢苦不戚，遇乐不欣，能忍如地，故号沙门。"《大正藏》第1册，第7页上。
③ "此"，底本作"比"，据铃木本改。
④ "著"，底本作"着"，据铃木本改。本文下同。
⑤ "安心无为"，底本作"心安心无为"，据铃木本改。
⑥ "功德黑暗，常相随逐"，典出北凉昙无谶译《大般涅槃经》卷十二《圣行品》中的"功德天女"与"黑暗天女"之略。"功德天女"与"黑暗天女"分别指能给人带来富贵幸福和灾难的二女，此二女常相伴不离。这也就是象征着人世间的祸与福也相伴不离，正所谓"祸兮福之所倚，福兮祸之所伏"。
⑦ "有求皆苦，无求乃乐"，印顺法师认为此句出自《杂阿含经》，《杂阿含经论会编》（下），北京：中华书局，2011年，第303~304页。

离我垢故。"① 智者若能信解此理，应当称法而行。法体无悭贪，于身命财，行檀舍施，心无吝②惜。达解三空，不倚不着，但为去垢，摄化众生，而不取相。此为自利，复能利他，亦能庄严菩提之道。檀施既尔，余五亦然。为除妄想，修行六度，而无所行，是为称法行。

第二　论主意乐差别门

吾恒仰慕前哲，广修诸行，常钦净土，渴仰遗风。得逢释迦，证③大乘者巨亿，得四果者无赀。实谓天堂别国，地狱他方，得道获果，形殊体异。披经求福，洁净行因。芬芬扰扰，随心作业，向涉多载，未还有息。始复端居幽寂，定境心王。但妄想久修，随情见相，其中化变，略欲难穷。未及洞鉴④法性，粗练⑤真如，始知方寸之内，无所不有，明珠朗彻，玄达深趣。上至诸佛，下及蠢动，莫非妄想别名，随心指计。故写幽怀，聊显入道方便偈等，用简有缘同悟之徒。有暇披揽，坐禅终须见本性。会也？

---

① 此段经文出自后秦鸠摩罗什译《维摩诘所说经·弟子品第三》，《大正藏》第 14 册，第 540 页上。
② "吝"，底本作"悭"，据铃木本改。
③ "证"，底本作"订"，据铃木本改。
④ "鉴"，底本作"监"，据铃木本改。
⑤ "练"，底本作"炼"，据铃木本改。

第三　一相平等无别门

　　融心令使净，瞥起即便是生灭①，于中忆想造邪命，觅法计业不亡。展转增垢心难究竟。智者暂闻八字，即悟理，始知六年徒苦行。世间扰扰尽是魔民，徒自暄暄空斗诤。虚妄作解化众生，口谈药方不除疾。寂寂从来本无相，何有善恶及邪正。言生，生者本不生；言灭，灭者也不灭。动即不动，定即非定。影由形起，响藉②声来。弄影劳形，不知形之是影本；扬声止响，不知声之是响根。蠲除烦恼而求涅槃者，喻如去形而觅影。舍离众生而求佛者，喻如嘿声而寻响。故知迷悟一途③，愚智非别。无名处强为立名，因其名即是非生矣。无理处强为作理，因其理即诤论兴焉。幻化非真，谁是谁非？虚妄无实，何有何无？当知得无所得，失无所失。未及造谈，聊申此句，讵论玄旨。

第四　谈论空无破执门

　　诸佛说空法，为破诸见故，而复着于空，诸佛所不化。生时唯空生，灭时唯空灭，实无一法生，实无一法灭。一切法为贪欲而起，贪欲无内无外，亦不在中间。分别是空法，凡夫为所烧。邪正无内无外，亦不在诸方。分别是空法，凡夫为所烧。一切法

---

① "瞥起即便是生灭"，底本作"若其片起即便生灭"，据铃木本改。
② "藉"，底本作"籍"，据铃木本改。
③ "途"，底本作"徒"，据铃木本改。

亦如是。

第五　绝像离说悬虚门

　　法身无形，故不见以见之。法无音声，故不闻以闻之。般若无知，故不知以知之。若以见为见，即有所不见。若以无见为见，即无所不见。若以闻为闻，则有所不闻。若以无闻为闻，则无所不闻。若以知为知，则有所不知。若以无知为知，则无所不知。不能自知非有知，对物而知非无知。若以得为得，则有所不得。若以无得为得，则无所不得。若以是为是，则有所不是。若以无是为是，则无所不是。一智慧门，入①百千智慧门。

第六　示喻观察形色门

　　见柱作柱解，是见柱相作柱解。睹心是柱是柱相，法无柱柱相。是故见柱即得柱法，见一切形色亦如是。

第七　反诘难问现理门

　　有人言："一切声不有。"难②曰："汝见有不？不有于有，有于不有，亦是汝有。"有人言："一切法不生。"难曰："汝见生不？不生于生，生于不生，亦是汝生。"复言："我一切无心。"

---

① "入"，底本作"八"，据铃木本改。
② "难"，底本"难"下有"汝"字，本段底本三处"难"下皆有"汝"字，皆依铃木本删。

难曰:"汝见心不? 不心于心,心于无心,亦是汝心。三藏法师言:'于不解时人逐法,解时法逐人。解则识摄色,迷则色摄识也。''不因色生识,是名不见色。'① 不求于求,求于无求,亦是汝求。不取于取,取于无取,亦是汝取。"

第八　开示三界别相门

心有所须,名为欲界。心不自心,由色生心,名为色界。色不自色,由心故色,心色无色,名为无色界。

第九　问答现说三宝门

问曰:"何名为佛心?"答曰:"心无异相,名作真如。心不可改,名为法性。心无所属,名为解脱。心性无碍,名为菩提。心性寂灭,名为涅槃。"问曰:"何名为如来?"答曰:"解如法应物,故名为如来。"问曰:"何名为佛?"答曰:"如法觉,觉无所觉,故名为佛。"问曰:"何名为法?"答曰:"心如法不生,心如法不灭,故名为法。"问曰:"何名为僧?"答曰:"如法和合,故名为僧。"

---

① "不因色生识,是名不见色",出自后秦鸠摩罗什译《摩诃般若波罗蜜经》卷十四:"不缘色生识,是名不见色。"《大正藏》第 8 册,第 326 页中。

第十　定慧分释各别门

问曰："何名为空定？"答曰："看法住空，故名为空定。"问曰："云何住法？"答曰："不住于住，不住不住，住于不住，如法住故，名为住法。"

第十一　诸法假相无体门

问曰："云何即男非男，即女非女？"答曰："依法推求，男女相不可得。何以得知？即色非男。若色是男相，一切草木亦应是男，其女人亦如是。惑人不解，妄想见之，此是幻化男幻化女，毕竟无实。《诸法无行经》'知诸法如幻，速成人中上'①也。"

第十二　妄想建立如幻门

问曰："证②有余涅槃，得罗汉果者，此是觉不？"答曰："此是梦证③。"问曰："行六波罗蜜，十地万行满足，觉一切法不生不灭，非觉非知，无心无知无解无为，此是觉不？"答曰：

---

① "知诸法如幻，速成人中上"，底本"速"前有一"化"字，"化"字恐是衍文。后秦鸠摩罗什译《诸法无行经》："知诸法如幻，速成人中上。"并无"化"字，故依经文删。《大正藏》第15册，第751页中。
② "证"，底本作"订"，据铃木本改。
③ "证"，底本作"订"，据铃木本改。

"此亦是梦。"问曰:"十力四无畏,十八不共法,菩提树下道成正觉,能度众生,乃至入于涅槃,岂非是觉?"答曰:"此亦是梦。"问曰:"三世诸佛平等教化众生,得道者如恒沙,此可非是觉?"答曰:"此亦是梦。但有心分别计较,自心现量者,皆悉是梦。觉时无梦,梦时无觉。此心识妄想,梦里智慧,无能觉所觉。若如法觉,真实觉时,都不自觉,毕竟无有觉。三世诸佛正觉者,并是众生忆想分别。以是故名为梦。若识心寂灭,无一念动念处,是名正觉。齐有心识不灭者已来,皆是梦。"

第十三 智断疑惑分齐门

问:"修道断惑,用何心智?"答曰:"用方便心智。"问曰:"云何方便心智?"答曰:"观惑知①惑本无起处,以此方便,得断疑惑,故言心智。"问曰:"如法心断何疑惑。"答曰:"断凡夫外道,声闻缘觉菩萨等解惑疑惑。"

第十四 真俗二谛差别门

问曰:"云何名二谛?"答曰:"比如阳焰②,惑者见阳焰作

---

① "知",底本作"如",据铃木本改。
② "焰",底本作"炎",本段共三处皆作"炎",今皆改作"焰"。"炎"即"焰",即阳焰,又作"扬焰",或单曰"焰"。沙漠在强烈阳光的照射下,会不断地升腾起水蒸气,远远望去就像升腾的火焰一样,有时远处还可以看到荡漾的水波,被称为阳焰。类似的现象在夏天的马路上也可以看到。佛教常用阳焰来比喻万法的如幻如化,虚假不真实,而愚痴的众生却误执以为实。为佛教大乘十喻之一。

水解者,实非水也,此是阳焰①。二谛之义,亦复如是。凡夫见,第一义谛为世谛,圣人见,世谛为第一义谛。故经云'诸佛说法,常依二谛'②者,第一义谛即是世谛,世谛即是第一义谛,第一义谛即是空也。若见有相,即须并当却。有我有心,有生有灭,亦即并当却。"问曰:"云何并当却?"答曰:"若依法者,即失谛视,不见一个物。故老经云'建德若偷'③也。"

第十五　五种心识分异门

问曰:"贪欲名何物心?"答曰:"凡夫心。"问曰:"法作无生,是何物心?"答曰:"声闻心。"问曰:"解法无自性,是何物心?"答曰:"缘觉心。"问曰:"不作解不作惑,是何物心?"答曰:"菩萨心。"问曰:"不觉不知,是何物心?"即不答,曰:"所以不答者,是④法不可答,法无心故,答即有心。法无言说,答即有言说。法无有解,答即有解。法无知见,答即有知见。法无彼此,答即有彼此。如此心言俱著。心非色故,不属色。心非

---

① "实非水也,此是阳焰",底本作"实非水也,此法无是阳焰,是水谈"(按:"谈"字恐是"炎"字的误写,否则语意不通),据铃木本改。
② "诸佛说法,常依二谛",此句出处不明,此说或是化用佛经所说。在龙树菩萨《中论》卷四《观四谛品第二十四》中有一颂曰"佛依二谛,为众生说法",与此意同。《大正藏》第30册,第32页下。
③ "建德若偷",语出老子《道德经》第四十一章:"上德若谷,大白若辱,广德若不足,建德若偷,质真若渝,大方无隅,大器晚成,大音希声,大象无形,道隐无名,夫唯道善贷且成。"陈鼓应注译:《老子今注今译》,北京:商务印书馆,2003年,第229页。
④ "是",底本无此字,据铃木本补加。

非色，故不属非色。心无所属，即是解脱。若犯禁戒时忙怕①，但知怕②心不可得，亦得解脱。亦知生天不可得。虽知空，空亦不可得。虽知不可得，不可得故不可得。"

第十六　遣除病执正心门

心若有所贵，必有所贱。心若有所是，必有所非是。心若善一个物，一切物即不善。心若亲一个物，一切物作怨家。心不住色，不住非色。心不住住，亦不住不住。心若有所住，即不免绳索。心若有所作处，即是被缚。心若重法，法留得你。心若尊一个法，心必有所卑。若取经论意，时会不贵解处。但心使有所解处，即心有所属。心有所属，即是系缚。经云"非下中上法得涅槃"③也。

第十七　离念消融差别门

心虽即惑入，而不作无惑解。解心若起时，即依法看起处。心若起分别时，即依法看分别处。若贪若瞋若颠倒，即依法看起处。若不见起处，即是修道。若对物不分别，亦是修道。但使有心起处，即捡校依法并当却。

---

① "怕"，底本作"帕"，据铃木本改。
② "怕"，底本作"帕"，据铃木本改。
③ "非下中上法得涅槃"，出自南朝宋求那跋陀罗译《胜鬘师子吼一乘大方便方广经》，《大正藏》第12册，第221页下。

第十八　心现示义理门

问曰："修道得道，有迟疾不？"答曰："迟疾较百千万劫。即心是者疾，发心行行者迟。利根人知即心是道，钝根人处处求道，不知①道处。又不知即心自是阿耨菩提。"问："云何疾得道？"答曰："心是道体，故疾得道。行者自知惑起时，即依法看使尽。"

第十九　比喻合当现法门

问："云何心是道体？"答曰："心如木石。比如有人以自手画作龙虎，自见之还自恐怕②。惑人亦如是。心识笔子画作刀山剑树，还以心识畏之。若能无畏，妄想悉除。又意识笔子分别画作色声香味触，还自见之，起贪瞋痴，或见或舍，还以心意识分别，起种种业。若能知心识从本以来空寂，不见处所，即是修道。或以自心分别画作虎狼狮子③、毒龙恶鬼、五道将军、阎罗王、牛头阿婆等，以自心分别属之，即受诸苦恼。但使心所分别者，皆是色。若悟心从④本以来空寂，知心非色，即不属色。心非是色，自心化作，但知不实，即得解脱。"

---

① "知"，底本"知"下有"是"字，据铃木本删。
② "怕"，底本作"帕"，据铃木本改。
③ "狮子"，底本作"师子"，"师子"即"狮子"，据今通用语改。
④ "从"，底本无此字，据铃木本补加。

第二十　道心增长引导门

今若依①佛法僧行道时，不得有善恶好丑，因果是非，持戒破戒等见。若人作如是计较者，皆是迷惑，自心现量，不知境界从自心起。若知一切法不有，亦如是。自心现量者，皆是惑心，作是作非。若人谓佛智慧胜，亦如②是。自心现量，自心化作有，自心化作无，还被惑。经云"若依法佛修道，不作化众生，亦不作实众生"③也。是故法界平等，无有得失。若依法佛修道，不求涅槃。何以故？法是涅槃故，云何以涅槃求涅槃。亦不求法，心是法界故，云何以法界求法界。若欲正心时，不畏一切法，不求一切法。若用法佛修道者，心如木石头，冥冥不觉不知，不分别，一切腾腾如似痴人。何以故？法无觉知故。法能施我无畏故，是大安隐处。比如有人犯死罪，必合斩首，值王放赦，即免死忧。众生亦如是，造作十恶五逆，必堕地狱，法王广大放寂灭赦，即免

---

① "依"，底本其下有"法"字，据铃木本删。
② "如"，底本无此字，据铃木本补加。
③ "若依法佛修道"三句，似化用后秦鸠摩罗什译《维摩诘所说经·观众生品第七》文殊师利与维摩诘的问答。文殊师利问维摩诘言："菩萨云何观于众生？"维摩诘言："譬如幻师见所幻人，菩萨观众生为若此。"之后有观身十喻等说。《大正藏》第14册，第547页上～中。或是对后秦鸠摩罗什译《诸法无行经》卷下的化用："佛不得佛道，亦不度众生。凡夫强分别，作佛度众生。是人于佛法，则为甚大远。若见众生苦，则是受苦者。众生无众生，而说有众生。住众生相中，则无有菩提。若人见众生，是毕竟解脱。无有淫恚痴，知是为世将。若人见众生，不见非众生。不得佛法实，佛同众生性。若能如是知，则为世间将。"《大正藏》第15册，第760页中。

一切罪。若人与王善友，因行在他处杀他男女，为他所执，便欲报怨，是人忙怕无赖。忽见大王，即得解脱。若人破戒犯杀淫盗，畏堕地狱，自见己之法王，即得解脱。修道法，依文字中得解者，气力弱。若从事上得解者，气力壮。从事中见法者，即处处不失念。从文字中得解者，逢事眼即暗。经论中谈事，与法疏也。虽口谈事耳闻事，不知身心自经事。若即事即法者深，世人不可测。修道人，数数被贼盗物夺剥，无爱著心，亦不懊恼，数被人骂辱打谤，亦不懊恼。若如此解者，道心渐渐壮，积年不已，自然于一切违顺都无心。是故即事不牵者，可谓大力菩萨。

第二十一　规域内外别相门

修道心，若欲壮大，会寄心规域外。问曰："何等事名为规域外？"答曰："不证①大小乘解，不发菩提心，乃至不愿一切种智，不贵解定人，不贱著贪欲人，乃至不愿佛智慧，其心自然闲静。若人不取解，不求智慧，如是者，欲免法师禅师等惑乱。若能存心立志，不愿凡圣，不求解脱，复不畏生死，亦不畏地狱，无心直住，始成一个规钝心。若能见一切贤圣，百千劫作神通转变，不生愿乐心者，此人欲免他诳惑。"又问曰："若为生规域外？"答曰："仁义礼智信者，名为规域。大小乘基情，亦名为规域。生死涅槃，亦名规域。若欲出②规域外，乃至无有凡圣名字，不可以有法知，不可以无法知，不可以智知。齐知之所解处，亦

---

① "证"，底本作"订"，据铃木本改。
② "出"，底本无此字，据铃木本补加。

名规域内。不发凡夫心，不发声闻心，不发菩萨心，乃至不发佛心，不发一切心，始名为出规域外。若欲一切心不起，不作不起解不起惑，始名为出一切。世间痴人等，逢一个胡鬼魅汉作鬼语，即作鬼解，用为指南，不可论。若为得作大物用。闻有人领百千万众，即心动。好看自家心法，为有言说文字心①不。"问曰："何者名为淳朴心，何者名为巧伪心？"答曰："文字言说，名为巧伪。色非色等，行住坐卧，施为举动，皆是淳朴心。乃至逢一切苦乐等事，其心不动，始名为淳朴心。"问曰："何者名为正，何者名为邪？"答曰："无心分别，名为正，有心解法，名为邪。乃至不觉邪正，始名正。经云'住正道者，不分别是邪是正'② 也。"

第二十二　心品利钝别相门

问曰："何者名利根，何者名钝根？"答曰："不由师教，从事见法者，名为利根。从师言教得解者，名为钝根。从师言教闻法，亦有利根钝根。闻师言，不著有，即不取不有。不著相，即不取无相。不著生，即不取无生者，此利根人。贪解取著义，是非等见，此钝根人解义。利根人闻道，不发凡夫心，乃至贤圣心亦不发，凡圣双绝，此是利根人。闻道不爱财色，乃至佛菩提，亦不爱，即舍乱取静，舍愚痴取智慧，舍有为取无为，不能双绝

---

① "心"，底本作"以"，据铃木本改。
② "住正道者"二句，出自后秦鸠摩罗什译《维摩诘所说经·入不二法门品第九》："住正道者，则不分别是邪是正。"《大正藏》第14册，第551页下。

无碍,此是钝根人。举没即去,越过一切凡圣境界。闻道不发贪欲心,乃至正念正思惟,亦不发。闻道不发声闻心,乃至菩萨心,亦不发,是名利根人。"

第二十三　一尽法界无遗门

菩萨以法界为舍宅,以四无量心为戒场。凡有所作施为,终不出法界心。何以故?体是法界故。纵你种种云为,跳踉蹄蹶,悉不出法界,亦不入法界。若以法界入法界,即是痴人。菩萨了了见法界故,名法眼净。不见法有生住灭①,亦名法眼净。经云"不灭痴爱"②也。痴爱本不生,今无可灭。痴爱者,就内外中间求觅,不可见,不可得,乃至十方求之,无毫厘相可得,即不须灭而③求解脱。

第二十四　无我无执如空门

问曰:"世间人种种学问,云何不得道?"答曰:"由见己故,不得道。若能不见己,即得道。己者,我也。至人所以逢苦不忧,遇乐不喜者,由不见己故。所以不苦乐者,由亡己故。得至虚无,己尚自亡,更有何物而不亡也。天下亡己者有。己若能亡己时,一切法本无。己者横生计较,即惑生老病死,忧悲苦恼,寒热

---

① "生住灭",底本作"生灭住",据铃木本改。
② "不灭痴爱",源自后秦鸠摩罗什译《维摩诘所说经·弟子品第三》:"若须菩提,不断淫怒痴亦不与俱,不坏于身而随一相,不灭痴爱起于明脱,以五逆相而得解脱,亦不解不缚。"《大正藏》第14册,第540页中。
③ "而",底本无此字,据铃木本补加。

风雨，一切不如意事，此并妄想现。由如幻化，去住不由己。何以故？从缘起故，幻化横生拒逆，不听去住。所以有烦恼，由执己故，即有去住。但知去住不由己者，即我所为是幻化法，不可留停①。若不逆幻化者，触物无碍。若能不拒逆变化者，触事不悔。"问曰："诸法既空，阿谁修道？"答曰："有阿谁，须修道。若无阿谁，即不须修道。阿谁者，是②我也。若无我，逢物不生是非。是是者，我自是之，而物非是也。非非者，我自非之，而物非非也。如风雨青黄赤白等，比喻③可知。好好者，我自好之，而物非好也。何以故？如眼耳鼻舌身，色声香味触等，比喻可知。"

第二十五　是道非道差别门

问曰："经云'住于非道，通达佛道'④也。"答曰："行非道者，不舍名，不舍相。通达者，即名无名，即相无相。又云：'行非道者，不舍贪，不舍爱。'通达者，即贪无贪，即爱无爱。行非道者，不舍苦不舍乐，即苦无苦，即乐无乐，名为通达。不舍生，不舍死⑤，名为通达。住非道者，即生无生，不取无生，

---

① "即我所为是幻化法，不可留停"，底本作"己者即我所为是，幻化法不可留停"，据铃木本改。
② "是"，底本"是"下有"亦"字，据铃木本删。
③ "喻"，底本无此字，据铃木本补加。
④ "住于非道，通达佛道"，源自后秦鸠摩罗什译《维摩诘所说经·佛道品第八》："文殊师利问维摩诘言：'菩萨云何通达佛道？'维摩诘言：'若菩萨行于非道，是为通达佛道。'"《大正藏》第14册，第548页下~549页上。
⑤ "不舍生，不舍死"，底本作"不舍生死"，据铃木本改。

即我无我，不取无我，名为通达佛道。若能即非无非，不取无非，是名通达佛道。以要言之，即心无心，名为通达心道。"问曰："云何达一切法？"答曰："即物不起见，名为达。即物不起心，即物不起贪，即物不起恼①，悉名为达。即色无色，正为达色。即有不有，名为达有。即生无生，名为达生。即法无法，名为达法。逢物直达，此人慧眼开，亦可触物不见相异，即异无异，名为达异。"

第二十六　邪正一相同体门

问曰："经云'外道乐诸见，菩萨于诸见而不动。天魔乐生死，菩萨于生死而不舍'②也。"答曰："邪见同正见，故不动。外道乐诸见者，谓见有见无。即有不有，即无不无，名为不动。不动者，不离正不离邪。即是正解时，即无邪正，不须离邪求正。即有不有，不动时见有。即无不无，不动时见无。依法看邪正都不异，故言不动。亦不须舍邪入正，故言于诸见而不动。经云'以邪相入正法'，又云'不舍八③邪入八解脱'也。"④

---

① "恼"，底本作"惚"，据铃木本改，烦恼、嗔恨之意。
② "外道乐诸见"四句，源自后秦鸠摩罗什译《维摩诘所说经·文殊师利问疾品第五》："众魔者乐生死，菩萨于生死而不舍。外道者乐诸见，菩萨于诸见而不动。"《大正藏》第14册，第544页下。
③ "八"，底本作"入"，据铃木本改。
④ "以邪相入正法"及"不舍八邪入八解脱"，均源自后秦鸠摩罗什译《维摩诘所说经·弟子品第三》："迦叶，若能不舍八邪入八解脱，以邪相入正法，……供养诸佛及众贤圣……是为正入佛道不依声闻。"《大正藏》第14册，第540页中。

第二十七　生死涅槃无二门

　　生死同涅槃故不舍，即生无生，即死无死，不待舍生以入于无生，不待舍死以入于无死，寂灭故即是涅槃。经云"一切众生本来寂灭，不复更灭"，又云"一切法皆是涅槃①"也。不须舍生死始是涅槃。如人不须舍冻凌②始是水，性自同故。生死涅槃，亦性同故，不须舍。是故菩萨，于生死而不舍。菩萨住不动者，住无住名为住。以外道乐诸见故，菩萨教令即见无见③，不劳离见然后无见。天魔乐生死，菩萨而不舍者，欲令悟即生无生，不待舍生以入于无生。比如不须舍水而就湿，不须舍火而就热，水即湿，火即热，如是生死即是涅槃。是故菩萨，不舍生死而入涅槃，生死性即是涅槃故。不待断生死，而入涅槃。亦如不待断火而入热性，是故不待断生死，而入涅槃。何以故？生死性即是涅槃，声闻断生死而入涅槃，菩萨体知性平等故，能以大悲同物取用。生死义一名异，不动涅槃，亦义一名异。

第二十八　大道远近分别门

　　问曰："大道为近为远？"答曰："如似阳焰④，非近非远。镜

---

① "一切法皆是涅槃"，源自世亲著、玄奘译《阿毗达摩俱舍论》卷第七："观一切法皆是非我涅槃寂静，圣道无间引彼现前，毗婆沙师不许此义，违正理故。"《大正藏》第 29 册，第 40 页上~中。
② "冻凌"，即冰。
③ "菩萨教令即见无见"，底本作"菩萨欲令教即见无见"，据铃木本改。
④ "焰"，底本作"炎"，依义改。

中面像，亦非近非远。虚空浪蕚针花等，亦非近非远。若言是近，十方求之不可得。若言是远，了了眼前。经论云'近而不可见者，万物之性'①也。若见物性者，名为得道。物心者是物性，无物相，即物无物，是名物性。所谓有形相之物，皆是物。审见物性，实而不谬者，名为见谛，亦名见法。近而不可见者，法相也。"

第二十九　大道觉悟易难门

释曰："智者任物不任己，即无取舍，亦无违顺。愚者任己不任物，即有取舍，即有违顺。若能虚宽放大，亡天下者，即是任物随时。任物随时即易，违拒化物即难。物若欲来任之莫逆，物若欲去放去勿追。所作事，过而勿悔。事时未至者，放而勿思，是行道人。若能任者，即委任天下，得失不由我，若任而不拒，从而不逆者，何处何时，而不逍遥。"问曰："云何名为大道甚易知甚易行，天下莫能知莫能行。愿开②示。"答曰："此言实尔。高卧放任，不作一个物，名为行道。不见一个物，名为见道。不知一个物，名为知道。不修一个物，名为修道。不行一个物，名为行道。若如是者，名为行道，亦名易知，亦名易行。"问曰："《老》经云'慎终如始，必无败事'③也，此云何？"答

---

① "近而不可见者，万物之性"源自后秦僧肇《肇论·物不迁论第一》："近而不可知者，其唯物性乎？"《大正藏》第45册，第151页上。
② "开"，底本"开"下有"而"字，据铃木本删。
③ "慎终如始，必无败事"，源自老子《道德经》第六十四章："民之从事，常于几成而败。慎终如始，则无败事。"陈鼓应注译：《老子今注今译》，北京：商务印书馆，2003年，第301页。

曰："此是怀信义之人，一发心时，永无退没，无有古无有今，名为有古有今。初发心是今，于今望是古，今心是古，于古望是今。若道心①有始有终者，名为信佛法人，古今不改者，名为实。虚妄诳诈者，名为华②。"

第三十　上士无障无碍门

问曰："云何是菩萨行？"答曰："非贤圣行，非凡夫行，是菩萨行。若学菩萨时，不取世法，不舍世法。若能即心识入道者，凡夫声闻无能测量。所谓一切事处，一切色处，一切诸恶业处，菩萨用之，皆作佛事，皆作涅槃，皆是大道。即是一切处无处不处，即是法处，即是道处，菩萨观一切处，即是法处，菩萨不舍一切处，不取一切处。菩萨不简择一切处，皆能作佛事。即生死作佛事，即惑作佛事③。"

第三十一　正见邪见别体门

问曰："诸法无法，云何作佛事？"答曰："即作处非作处，无作法，即善处不善处见佛。"问曰："云何见佛？"答曰："即贪不见贪相，见贪法。不见苦相，见苦法。不见梦相，见梦法。是名一切处见佛。若见相时，即一切处见鬼。"

---

① "道心"，底本作"遗大心"，据铃木本改。
② "华"，底本"华"前有一"迷"字，据铃木本删。"华"，虚华之意，和前"实"相对。
③ "事"，底本作"心"，据铃木本改。

第三十二　法界菩提差别门

问曰："法界体性在何处？"答曰："一切处皆是法界处。"问曰："法界体性中，有持戒破戒不？"答曰："法界体性中，无有凡圣、天堂地狱，亦无是非苦乐等，常如虚空。"问曰："云何处是菩提处？"答曰："行处是菩提处，卧处①是菩提处，坐处是菩提处，立②处是菩提处，举足下足，一切皆是菩提处。"

第三十三　开示甚深境界门

问曰："云何名诸佛境界，愿为说之。"答曰："非③有非无，不取非有非无，如此解者，名为佛境界。若心如木石，不可以有智知，不可以无智知。佛心不可以有心知，法身不可以像见。齐知之所解者，是妄想分别。从你作种种解者，皆是自心计较，自心妄想。诸佛智慧，不可说示人，亦不可藏隐，亦不可以禅定测量。绝解绝知，名为诸佛境界。亦不可度量，是名佛心。若能信佛心如是者，亦即灭无量恒沙烦恼。若能存心，念佛智慧如是者④，此人道心，日日壮大。"

---

① "卧处"，底本作"见法处"，据铃木本改。
② "立"，底本"立"前有"见法处"三字，据铃木本删。
③ "非"，底本"非"前有一"法"字，据铃木本删。
④ "念佛智慧如是者"，底本作"念念佛慧者"，据铃木本改。

第三十四　诸法不动寂静门

问云："何名如来慧日潜没于有地？"答曰："非有见有，慧日没于有地。无相见相亦然。"问曰："云何名不动相？"答曰："不得于有，有有无有可动，不得于无，无无无有可动。即心无心，心无有可动。即相无相，相无有可动，故名不动相。若作如是证①者，是名自诳惑。上来未解，解时无法可解。"

第三十五　诸法因缘无生门

问："现见有生灭，云何言无生灭？"答曰："从缘生者，不名为生，从缘生故。从缘灭者，不能自灭，从缘灭故。"问曰："云何从缘生不名为生？"答曰："从缘生，不从彼生，亦不自生，亦不共生，亦不无因生。又无生法，复无生者，亦无生处，是故知不生。所见生者，幻生非生，幻灭非灭。"

第三十六　诸法因缘假有门

问曰："凡夫何故堕恶道？"答曰："由有我故痴，故道②言我饮酒。智者言，你无酒时，何不饮无酒？痴者能道③，我饮无酒。智者云，你我何处在？痴人亦言，我作罪。智者言，汝罪似

---

① "证"，底本作"订"，据铃木本改。
② "道"，底本作"导"，据铃木本改。
③ "道"，底本作"导"，据铃木本改。

何物者？此皆是缘生，无自性。生时既知无我，谁作谁受？经云：'凡夫强分别，我贪我瞋我恚。'① 如是愚痴人，即堕三恶道也。经云'罪性非内非外，非两中间'② 者，此明罪无处所也。无处所③者，即是寂灭处。人堕地狱者，由心计我，忆想分别，谓我作恶亦我受，我作善亦我受。此是恶业。从本以来无，横忆想分别，谓为是有。此是恶业。"问曰："谁能度我？"答曰："法能度我。何以得知？取相故堕地狱，观法④故得解脱。若见相忆想分别，即受镬⑤汤炉炭⑥、牛头⑦阿婆⑧等事，即现见生死相。若见法界涅槃性，无忆想分别，即是法界性。"

第三十七　心性广大无碍门

问曰："云何法界体？"答曰："心体是法界。此法界无体，亦无畔齐，广大如虚空不可见，是名法界体。"

---

① "凡夫强分别，我贪我瞋我恚"，源自《法句经疏》："凡夫强分别我贪我嗔恚。"《大正藏》第85册，第1442页中~下。
② "罪性非内非外，非两中间"，出自后秦鸠摩罗什译《维摩诘所说经·弟子品第二》，《大正藏》第14册，第541页中。
③ "所"，底本"所"下有"知"字，据铃木本删。
④ "法"，底本为□，据铃木本补加。
⑤ "镬"，底本作"灌"，据铃木本改，即锅的意思。
⑥ "炭"，底本作"灰"，据铃木本改。
⑦ "头"，底本为□，据铃木本补加。
⑧ "婆"，底本为□，据铃木本补加。

第三十八　有知无知差别门

问曰:"云何知法?"答曰:"法名无觉无知。心若无觉无知,此人知法。法名不识不见。心若不识不见,名为见法,不知①一切法,名为知法。不得一切法,名为得法。不见一切法,名为见法。不分别一切法,名为分别法。"问曰:"法名无见,云何无碍知见?"答曰:"无知是无碍知,无见无碍见。"

第三十九　明觉不觉差别门

问曰:"法名无觉,佛名觉者云何?"答曰:"法名不觉,佛名觉者,以觉为不②觉,与法同觉,是名佛觉。若勤看心相,见法相,勤看心处,是寂灭处,是无生处,是解脱处,是虚空处,是菩提处。心处者无处处,是法界处,道场处,法门处,智慧处,禅定处,无碍处。若作如此解者,是堕坑落堑人。"

第四十　建立波罗蜜多门

问曰:"六波罗蜜,能生一切智耶?"答曰:"波罗蜜者,无自无他,谁受谁得。众生之类,共业果报,无有分别③福之与相。

---

① "知",底本为□,据铃木本补加。
② "不",底本无此字,据铃木本补加。
③ "别",底本作"利",据铃木本改。

经云'难胜如来,及会中最下乞人,等于大悲,具足法施'①也。是故名为檀波罗蜜。无事无因,无有乐厌,齐体性如如,究竟无非,其谁求是。是非不起,即戒体清净,名为尸波罗蜜。心无内外彼此,焉寄?音声之性,无所染著,平等如虚空,名为羼提波罗蜜。离诸限量,究竟开发,不住诸相,名为毗梨耶波罗蜜。三世无相,刹那无住处,事法不居,静乱性如如,名为禅波罗蜜。涅槃真如,体不可见,不起戏论,离心意识,不住方便,名为如如。无可用,用而非用。经云'有慧方便解'②也。是故名为般若波罗蜜。"

第四十一　心性远离结缚门

问曰:"云何名为解脱心?"答曰:"心非色故,不属色。心非非色故,不属非色。心虽照色,不属色。心虽照非色,不属非色。心非色相可见。心虽非色,非是空。心非色心,不同太③虚。菩萨了了照空不空,小乘虽照空,不照不空。声闻虽得空,不得

---

① "难胜如来"四句,源自后秦鸠摩罗什译《维摩诘所说经·菩萨品第四》:"维摩诘乃受璎珞分作二分,持一分施此会中一最下乞人,持一分奉彼难胜如来。一切众会皆见光明国土难胜如来,又见珠璎在彼佛上变成四柱宝台,四面严饰,不相障蔽。时维摩诘现神变已,作是言:'若施主等心施一最下乞人,犹如如来福田之相无所分别,等于大悲,不求果报,是则名曰具足法施。'"《大正藏》第14册,第544页上。
② "有慧方便解",源自后秦鸠摩罗什译《维摩诘所说经·文殊师利问疾品第五》:"何谓缚?何谓解?贪著禅味是菩萨缚,以方便生是菩萨解。又无方便慧缚,有方便慧解,无慧方便缚,有慧方便解。"《大正藏》第14册,第545页中。
③ "太",底本作"大",据铃木本改。

不空。"

第四十二　体用无住离边门

问曰："云何名为一切法非有非无？"答曰："心体无体，是法体。心非色故非有，用而不废故非无。复次，用而常空故非有，空而常用故非无。复次，无自故非有，从缘起故非无。凡夫住有，小乘住无，菩萨不住有无，是自心计妄想。色非色不染色，色非非色，不染非色。复次，不见见，不见不见，是名见法。不知知，不知不知，是名知法。作如是解者，亦名妄想。"

第四十三　心德自在无碍门

即心无心，心无心心，无心心故，名为法心。今时行者，以此法破一切惑，心如虚空，不可破坏，故名为金刚心。心不住住，不住不住，故名为般若心。心性广大，运用无方，故名为摩诃衍心。心体开通，无障无碍，故名为菩提心。心无涯畔，亦无方所。心无相故非有边，用而不废，故非无边。非有际非无际，故名为实际心。心无异无不异，即心无体。不异而无不体，非不异无异不异，故名为真如心。即心无变，名为异。随物而变，名为无异，亦名真如心。心非内外中间，亦不在诸方，心无住处，是法住处，法界住处，亦名法界心。心性非有非无，古今不改，故名为法性心。心无生无灭，故名为涅槃心。若作如此解者，是妄想心颠倒，不了自心现境界，名为波浪心。

第四十四　随心诸法有无门

问曰："云何自心现？"答曰："见一切法有，有自不有，自心计作有。见一切法无，无自不无，自心计作无。乃至一切法，亦复如是，并自心计作有贪，自心计作无贪。贪似何物，作贪解。此皆自心起见故，自心计无处所，是名妄想。自谓出一切外道计见，亦是妄想。自谓无念无分别，亦是妄想。行时法行，非我行，非我不行。坐时法坐，非我坐，非我不坐。作此解者，亦是妄想。"

上来文，相应知也。第二正说分四十四门，释已毕。次流通分释也。①

缘法师曰："若欲取远意时，会是结习俱尽。"问曰："云何谓正结，云何谓余习？"答曰："生灭是正结，不生不灭是愚痴家余习，不可用。"

问曰："为依法，为依人？"答曰："如我解者时，人法都不依。你依法不依人者，还是一箱见，依人不依法者亦尔。"又曰："若有体气时，免人法诳惑，有精神时亦可尔，何以故？贵智故，被人法诳惑。若重一人为是者，即不免此人惑乱，乃至谓佛为胜

---

① 由这段话可见此本的编者是将本书分成了序分、正说分、流通分三部分，此本序分缺，是将第一"入道修行纲要门"至第四十四"随心诸法有无门"共四十四门，作为正说分，并且还将每一门分别赋予门名。像这样的分科分门的手法，毫无疑问是沿用了自古以来对经疏的分科方法。以下的内容便是流通分。

人者,亦不免诳惑。何以故?迷境界故,依此人信心重故。"又曰:"愚人谓佛人中胜,谓涅槃法中胜者,即被人法之所惑乱。若谓法性实际,不问知与不知,亦谓自性不生不灭,亦自诳惑。"

道志法师,屠儿行上,见缘法师问曰:"你见屠儿杀羊不?"缘法师答曰:"我眼不盲,何以不见?"道志法师曰:"缘公乃言①见之。"缘法师曰:"更乃见之②。"

道志法师复问:"若作有相见,即是凡夫见。若作性空见,即是二乘见。若作非有非无见,即是缘觉见。若作怜愍见,即是爱悲见。若作用心见,即是外道见。若作以识见,即是天魔见。若不见色与非色者,复不应有见。若为见得,远离诸过。"缘法师曰:"我都不作如许种种心见,正名作见。你为作如许种种妄想,自惑自乱。"

有人问缘法师曰:"何以不教我法?"答曰:"若我当立法教你,即是不将接你。若我立法,即诳惑你,即负失你。我有法,何以得说而示人。我那得向你道,乃至有名有字,皆是诳惑你。大道意乃之许得向你道。若得道,即作何物用。"更问曰,即不答③。后时复问曰:"若为安心?"答曰:"不得发大道心。如我意者,即心无可知,冥然亦不觉。"

又问曰:"何者是道?"答曰:"汝④欲发心向道,奸巧伪起,堕在有心中。若欲起道心,巧伪生,有心方便,皆奸伪生。"又

---

① "言",底本作"之",据铃木本改。
② "更乃见之",底本作"见更乃之见之",据铃木本改。
③ "答",底本"答"下有"曰"字,据铃木本删。
④ "汝",底本作"你",据铃木本改。

问曰:"何谓奸伪?"答曰:"用知解邀名,百巧起。若断奸伪时,不发菩提心,不用经论智。若能尔者,始欲有人身体气。若有精神,时不贵解①,不求法,不好智,小得闲静。"又曰:"若不求妙解,不与人为师,亦不师于法,自然独步。"又曰:"汝②不起鬼魅心,些③我亦可将接你。"

问曰:"何谓鬼魅心?"答曰:"闭眼入禅定。"问曰:"某甲敛心入禅定,即不动。"答曰:"此是缚定,不④中用。乃至四禅定,四空定,皆是一段,静而复乱,不可贵。此是作法,还是破坏法,非究竟耶。若能解性无静乱,即得自在。不为静乱所摄,此是有精神人。"又曰:"若能不取解,不作惑,心即不贵深智者,此是安隐人。若有一法可贵可重者,此法最能系杀你,堕在有心中。此是不可赖物,世间凡夫人,为名字系者,天下无数。"

有人问可禅师曰:"若为得作圣人?"答曰:"一切凡圣,皆悉妄想计较作是。"又问:"既是妄想,若为修道。"答曰:"道似何物,而欲修之。法无高下相,法无去来相。"

又问曰:"教弟子安心法。"答曰:"将汝心来,我与汝安心法。"又言:"但与弟子安心法。"答曰:"譬⑤如请巧人裁衣,巧人会得⑥汝绢帛,始得下刀。本不见绢帛,宁能与汝裁割虚空。

---

① "解",底本作"道",据铃木本改。
② "汝",底本作"你",据铃木本改。
③ "些",即些许、少许的意思。铃木本无"些"字,亦通。
④ "不",底本"不"下有"是"字,据铃木本删。
⑤ "譬",底本作"比",据铃木本改。
⑥ "会得",即可以得到的意思。铃木本此句无"会"字,亦通。

汝既不能将心与我，我知为汝安何物心？我实不能安虚空。"

又言："与弟子忏悔法。"答曰："将你罪来，与汝忏悔法。"又言："罪无形相可得，知将何物来？"答曰："我与汝忏悔法竟。"向舍去。意谓有罪须忏悔。既不见罪，不须忏悔。又言："教我断烦恼。"答曰："烦恼在何处，而欲断之？"又言："实不知处。"答曰："若处比如虚空。知似何物，而欲断虚空？"又问曰："经云'断一切恶，修一切善，得成佛道'① 也。"答曰："此是妄想自心现。"

又问曰："十方诸佛，皆断烦恼，得成佛道也。"答曰："你心浪作计较，无一个底莫。"又问曰："佛何以度众生？"答曰："镜中像度众生时，佛即度众生。"

又问："我畏地狱，忏悔修道。"答曰："我在何处？我复似何物？"又言："不知处。"答曰："我尚自不知处，阿谁堕地狱。既不知如似何物者，此并妄想计有，我心由妄想计有故，即有地狱。"

又问曰："其道皆妄想作者，何者是妄想作？"答曰："法无大小形相高下。比如汝家内有大石在庭前。从汝眠其上，坐其上，不惊不惧。忽然发心欲作像，劝巧人画作佛形像。心作佛解，即畏罪，不敢坐其上。此②是本时石，由你心作是。心复如

---

① "断一切恶，修一切善，得成佛道"，源自《释摩诃衍论》卷二："如生灭门中断一切恶，修一切善，备足因行圆满果德。真如门中亦复如是。"卷三中也云："断一切恶，修一切善，具足功德圆满智慧，庄严法身名智净相。"《大正藏》第32册，第607页上、第619页下。

② "此"，底本作"故"，据铃木本改。

似何物，皆是汝①意识笔子头画作是，自忙自怕。石中实无罪无福，汝②家心自作是。如人画作夜叉鬼形，又作龙虎形，自画还自见，即自恐惧③，彩色中毕竟无可畏处，皆是你家意识笔子分别作是。何宁有一个物，悉是你妄想心作是。"

问曰："今此身中，有几种佛说法？"答曰："有四种佛说法。所谓法佛说，自体虚通法。报佛说，妄想不实法。智慧佛说，离觉法。应化佛说，六波罗蜜法。"

有人问楞禅师④曰："心缘过去未来事，即被系缚，若为可止？"答曰："若心缘生时，即知心灭尽相，毕竟更不起。何以故？心无自性故。是以经云'一切法无性'⑤也。故一念心起时，即不生不灭。何以故？心生时不从东方来，亦不从南西北方来。本无来处，即是本不生。若知不生，即是不灭。"

又问曰："若系心成业，若为可断？"答曰："无心故不须断妄想故。此心无生处，亦无灭处，妄想生法故⑥。经云'业障罪，

---

① "汝"，底本作"你"，据铃木本改。
② "汝"，底本作"你"，据铃木本改。
③ "即自恐惧"，底本作"之即恐惧"，据铃木本改。
④ "师"，底本无此字，据铃木本补加。
⑤ "一切法无性"，源自唐玄奘译《大般若波罗蜜多经》卷四百六十六："善现，是菩萨摩诃萨以一切法无性为性，方便力故觉一切法皆无自性，其中无有想亦复无无想。……谓一切法无性性中，佛尚不可得况有佛随念。"《大正藏》第7册，第356页下。
⑥ "妄想生法故"，底本作"知妄想生无灭法故"，据铃木本改。

不从南西北方四维上下来也,皆因颠倒起,不须疑'①。菩萨观察过去诸佛法,十方推求之,悉不可得。"

有人问显禅师曰:"云何谓药,云何谓病?"答曰:"一切大小乘,是对病语。若能即心不起病时,何须对病药。对有病故,说空无药。对有我故,说无我药。对生灭故,说无生灭。对悭贪故说布施,对愚痴故说智慧,乃至对邪见故说正见,对惑故说解,此皆是对病语。若无病时,何须此药?"

有人问暄禅师曰:"何谓是道体?"答曰:"心是道体。此心体无体,是不可思议法,非有非无。何以故？心无性故,非是有。从缘生故,非是无。心无形相故非有,用而不痴故非无。"

渊禅师曰:"若知一切法毕竟空,能知所知亦空。能知之智亦空。所知之法亦空。故曰法智俱空,是名空空。故经云'过去佛说一切法毕竟空,未来佛说一切法亦毕竟空'② 也。"

藏禅师曰:"于一切法,无所得者,是名修道人。何以故？眼见一切色者,眼不得一切色。耳闻一切声者,耳不得一切声。乃至意所缘境界亦如是。故经云'心无所得,佛即授记'也。经

---

① "业障罪"四句,源自唐实叉难陀译《大方广佛华严经》卷四十八:"诸天子,如我音声,不从东方来,不从南西北方四维上下来。业报成佛,亦复如是,非十方来。诸天子,譬如汝等,昔在地狱,地狱及身,非十方来。但由于汝颠倒恶业,愚痴缠缚,生地狱身。此无根本,无有来处。"《大正藏》第 10 册,第 256 页上。
② "过去佛说一切法毕竟空,未来佛说一切法亦毕竟空",源自后秦鸠摩罗什译《佛藏经》卷中:"过去诸佛说一切法皆毕竟空……未来诸佛说一切法亦毕竟空。"《大正藏》第 15 册,第 794 页中。

云'一切法不可得,亦不可得'①也。"

贤禅师曰:"眼见处即是实际,一切法皆是实际,更觅何物。"

安禅师曰:"直心是道,何以故?直闻直念直用,更不观空,亦不求方便,此名行道人。经云'直视不见,直闻不听,直念不思,直受不行,直说不颂'②也。"

怜禅师曰:"法性无体,直用莫疑。经云'一切法本无心'也。经云:'本无心故,心如。心如故本无。'经云'诸法若本先有,今始无者,一切诸佛,则为罪过'③也。"

洪禅师曰:"凡是施为举动皆如。见色闻声亦如,乃至一切法亦如。何以故?无变异故,眼见色④时,眼无异处,即是眼如。耳闻声时,耳无异处,即是耳如。意解法时,意无异处,即是意如。若解一切法如,即是如来。经云'众生如,贤圣亦如,一切法亦如'⑤也。"

觉禅师曰:"若悟心无所属,即得道迹。何以故?眼见一切

---

① "一切法不可得,亦不可得",源自实叉难陀译《大方广佛华严经》卷三十九:"佛不可得,菩提不可得,菩萨不可得,一切法不可得,众生不可得,心不可得,行不可得,过去不可得,未来现在不可得,一切众生不可得,有为无为不可得。"《大正藏》第9册,第645页下。

② "直视不见,直闻不听,直念不思,直受不行,直说不颂",源自南朝宋智严译《佛说法华三昧经》:"一者直见不邪,二者直闻不听,……六者直念不思,……八者直受不寻。"《大正藏》第9册,第287页上。"视",底本作"见",据铃木本改。

③ 怜禅师此段所引经文,出处不明,揣其大意,应出于大乘经论。

④ "色",底本作"物",据铃木本改。

⑤ "众生如,贤圣亦如,一切法亦如",源自后秦鸠摩罗什译《维摩诘所说经·菩萨品第四》:"一切众生皆如也,一切法亦如也,众圣贤亦如也。"《大正藏》第14册,第542页中。

色，眼不属一切色，眼即是自性解脱。耳闻一切声，耳不属一切声，乃至意经历一切法，意不属一切法，即是自性解脱。经云'一切法不相属故'①也。"

梵禅师曰："若知一切法皆是一法，即得解脱。眼是法，色亦是法，法不与法作系缚。耳是法，声亦是法，法不与法作解脱。意是法，境界亦是法，法不与法作罪，法不与法作福，自然解脱。经云'不见法，还与法作系缚，亦不见法，还与法作解脱'②也。"

道志法师曰："一切法无碍。何以故？一切法无定，即是无碍。"

圆寂尼曰："一切法无对，即是自性解脱。何以故？眼见色时无不见，乃至意识知法时无不知。不知时无知，乃至惑时无解，解时无惑。梦时无觉，觉时无梦。故经云：'大众见阿閦佛后，更不见佛。'佛告阿难'一切法不与眼耳作对'③也。何以故？法不见法，法不知法。又经云'不因色生识，是名不见色'④也。"

---

① "一切法不相属故"，出自唐玄奘译《大般若波罗蜜多经》卷四百三十七，《大正藏》第7册，第202页下。
② "不见法，还与法作系缚，亦不见法，还与法作解脱"，源自《佛说净业障经》卷一："佛告文殊师利：'于意云何？汝颇见法能还与法作系缚不？'答言：'不也世尊。''文殊师利于意云何？颇见有法能为诸法作解脱不？''不也世尊。'"《大正藏》第24册，第1098页中。
③ "'大众见阿閦佛后，更不见佛。'佛告阿难'一切法不与眼耳作对'"，此处经文源出何典，失查。
④ "不因色生识，是名不见色"，源自后秦鸠摩罗什译《摩诃般若波罗蜜经》卷十四："若不缘色生识，是名不见色相。"《大正藏》第8册，第326页中。

监禅师曰:"明无净秽,暗不在心。心不知法,谓法缚我。然诸法体无缚无解。若众生自识时,情动亦涅槃,情不动亦涅槃。不解时,动亦非涅槃,不动亦非涅槃。未识时,于己自心妄想计动静。解时己自尚不有,谁能计动静。不解时,说诸法不可解。解时无法可解。不解时解惑,解时无惑可惑,无解可解。无解惑者,故名大解。"

因禅师曰:"诸家说者,六识是妄想,名为作魔事。"三藏法师说:"妄想起时无起处,即是佛法。从四心取舍,乃至真如平等,入菩萨心中,皆同一法性,然惑人说六识造烦恼。"

三藏法师问曰:"汝六识依何等而起?"惑者答曰:"从虚空起。"三藏法师云:"虚空无法,云何造烦恼?"惑者答言:"诸法无虚空,缘合即有。识者成圣,而迷惑者是愚,愚故受苦,那得论无空却诸法。"三藏法师言:"汝用功夫,未至佛地,谓六识是烦恼。若用功夫,至佛地时,六识是得道处。经云'不入烦恼大海,不得无价宝珠'[1],又云'众生之类,是菩萨佛土'[2]也。验此六识,即究竟果处。而惑者终日作迷作解,不知即迷非迷。就道理而言,无解无迷,何所患乎!"

忍禅师曰:"识自识心理,无深无浅,动静合道,不见得失之地。而惑者迷空迷有,强生垢见,将心除心,谓有烦恼可断。

---

[1] "不入烦恼大海,不得无价宝珠",源自后秦鸠摩罗什译《维摩诘所说经·佛道品第八》:"譬如不下巨海,不能得无价宝珠,如是,不入烦恼大海,则不能得一切智宝。"《大正藏》第14册,第549页中。

[2] "众生之类,是菩萨佛土",出自后秦鸠摩罗什译《维摩诘所说经·佛国品第一》,《大正藏》第14册,第538页上。

如此者即永溺苦海，常受生死。"

可禅师曰："凡夫不解故，谓古异今，谓今异古，复谓离四大更有法身。解时即今五阴是圆净涅槃，此身心具足万行，正称大宗。若如斯解者，见烦恼海中明净宝珠，能照一切，众冥朗矣。"

亮禅师曰："明诸法道理，实无同异，就隐显而言，有卷舒二意。卷义者，不见心起，不观解行，任情施为，性住佛法。舒义者，心舒属他。为名利所使，因果所摄，是非自缠，不得自在，名为舒义。"

昙禅师曰："所谓诸法者五阴，是五阴之性，本来清净。故佛说，世间即是出世间，众生迷出世间，故自谓住世间。解时世间出世间，唯有空名，实无世间出世间可得。如此解者，此人识五阴之义。"

慧尧法师曰："明了心识，性自体真。如心所缘念处，无非佛法。佛佛乘涅槃，心虑万境。胡语名佛陀，汉语名觉者。觉者是心，非不觉心。心之与觉，如眼目异名。众生不解，谓心非是佛，将心逐佛。若解时，心即是佛。故我说，众生自性清净心。从本已来，原无烦恼。若心非是佛者，异心之外，更不知，将何物名之为佛。"

智禅师曰："凡圣二因果，无始法尔。凡为圣因，圣为凡果。果报相感，不过善恶，善出圣智，恶生愚惑。经论成文，非下情能说。经云'虽无我人，善恶不亡'[①]者，行五戒者，定得人

[①] "虽无我人，善恶不亡"，源自唐道宣《净心戒观法》卷一："虽无我人法，善恶亦不亡。"《大正藏》第45册，第822页下。

身，行十善者，定得生天。持二百五十戒者，观空修道，定得阿罗汉报。广作诸非，造作①极恶，贪瞋放逸，唯得三途②，此毕定然。法之数理无差违，如声响顺形直影端。"

志禅师曰："见一切法皆是佛法，名为法眼净。施为举③动，皆是菩提。随心直至佛道，莫惊莫畏，处处皆正。有心简择即邪。若能安心处，邪卓一处④不动，亦即是道。"

汶禅师曰："此世谛有故不空，空谛无故不有。二谛二故不二，圣照空故无二。"

净禅师曰："惑人无罪处见罪，解人罪处即无罪。"

缘法师曰："一切经论皆是起心法。若起道心，心即巧伪生，何况余事。若心不起，何用坐禅。巧伪不生，何劳正念。若不发菩提心，不求慧解，事理俱尽。"

朗禅师曰："心若起时，即依法看使灭，依色法看不见。色惑起，见色作色解。心是色作法，依法看实无物可见。乃至云一切法都是妄想计较，作是无有实处。所有见处，皆自心现妄想。道似何物，而欲修之，烦恼似何物，而欲断之。"

暄禅师曰："心是道体，身是道器。善知识者，是道缘。"问曰："何谓为魔？"答曰："今略说之。魔者，邪也。生心取外，是即为邪。生心取内，是即为邪。生心取中间，是即为邪。若心

---

① "作"，底本作"过"，依句意改。
② "途"，底本作"涂"，今改。"三途"乃是佛教所常言的地狱、饿鬼、畜生三种恶道。
③ "举"，底本作"觉"，依句意改。
④ "处"，底本作"住"，依句意改。

不生，是即不动。若心不动，是即为正也。平等真法界，无行无能到，若能简观心，亦行亦能到。观心治一切病者，不滞想息，直观于心内。推求心，心不可得。病来逼谁，谁受病哉也。"

终。实从初题目至卷末，序、正、流通不可分也。菩提达摩四行论。

龙门佛眼禅师①坐禅偈②

心光虚映，体绝偏圆。金波匝匝，动寂常禅。念起念灭，不用止绝。任运滔滔，何曾起灭？起灭寂灭，现大迦叶。坐卧经行，未曾间歇。禅何不坐，坐何不禅。了得如是，始号坐禅。坐者何人？禅是何物？而欲坐之，用佛觅佛。佛不用觅，觅之转

---

① "龙门佛眼禅师"，是嗣法于临济宗杨岐派五祖法演的龙门清远（1067~1120）。四川临邛人，他于舒州（今安徽省安庆市）的天宁万寿寺出家，先后住持过舒州龙门寺、和州（今安徽省和县）褒山寺，并受敕佛眼禅师号。与佛果克勤、佛鉴慧懃合称为"东山三佛"，是北宋末年杨岐派的重要人物之一。在《五灯会元》卷十九及《续藏经》第118册之宋赜藏《古尊宿语录》卷三十四中，由宋李弥逊所撰《宋故和州褒山佛眼禅师塔铭》中有其传记。

② "坐禅偈"，龙门佛眼禅师现存有语录八卷，是为《舒州龙门佛眼和尚语录》，收录于《古尊宿语录》中。此篇《坐禅偈》在其语录的卷三十，是为《坐禅》（以下简称为语录本）。此外，在《续藏经》第137册之《嘉泰普灯录》卷三十（以下简称续藏经本）、《大正藏》第48册之《缁门警训》卷二（以下简称缁门警训本）以及《全唐文》卷九百二十二，也收有佛眼禅师的《坐禅铭》。椎名宏雄认为，天顺本所附刻之《坐禅偈》是以语录本为底本，再校合其他的本子而成的。见程正所译椎名宏雄天顺本《菩提达摩四行论》，《中国禅学》第二卷，北京：中华书局，2003年，第17页。

失。坐不我观，禅非外术。初心闹乱，未免回换。所以多方，教渠静观。端坐收神，初则纷纭。久久恬①淡，虚闲六门。六门稍歇，于中分别。分别才生，似成起灭。起灭转变，从自心现。还用自心，返观一遍②，一返不再。圆光顶戴，灵焰腾辉，心心无碍。横该竖入，生死永息。一粒还丹，点金成汁。身心客尘，透漏无门。迷悟且说，逆顺休论。细思昔日，冷③坐寻觅。虽然不别，也大狼藉。刹那凡圣，无人能信。匝地忙忙，大须谨慎。如其不知，端坐思惟。一曰筑著，伏惟伏惟。

  天顺八年甲申岁朝鲜国刊经都监④
   奉教于全罗道南原府⑤重修⑥
   宣务郎前典牲署令臣韩叔伦⑦书

---

① "恬"，底本作"括"，据语录本、续藏经本、缁门警训本改。
② "遍"，底本作"偏"，据语录本、续藏经本、缁门警训本改。
③ "冷"，底本作"今"，据语录本、续藏经本、缁门警训本改。
④ "刊经都监"，是一个存在于李朝世祖时期从天顺五年（1461）到成化七年（1471）短短十一年间的官署，作为负责佛典刊行的国家机关，专门设置了刊经都监一职，其主要职能就是负责佛典刊行。当时，利用国家财力进行了汉文佛典及其朝鲜语译佛典的刊行。而且，不仅仅局限于中央政权，还存在一些以地方为主导的刊本。
⑤ "全罗道南原府"，在朝鲜全罗北道的最东南方、智异山附近。
⑥ "重修"，一般认为天顺本已经是再版的本子，故名之为"重修"。那么它到底是依据哪一个本子重刊的？椎名宏雄认为，是以自古就传承于朝鲜半岛的古本作为天顺本的原本而重刊的。不过由于资料的不足，这仅仅是推测，还有待于进一步的研究论证。详见程正所译椎名宏雄天顺本《菩提达摩四行论》，《中国禅学》第二卷，北京：中华书局，2003年，第19页。
⑦ 韩叔伦：生卒年不详，但从他的官名推断，他应该是李朝掌管典籍资料的官吏。

二祖慧可与向居士信

按语：

　　二祖慧可，也作"惠可"或"僧可"，唐代以后多写为"慧可"。据《楞伽师资记·慧可传》说他"精究一乘，附于玄理，略说修道，明心要法，真登佛果"，说明他是有著作的，但可惜已无存于世，故不得而知。史料中记载有关慧可禅法思想的资料也很少。据宇井伯寿《禅宗史研究》（岩波书店，1966年）认为，铃木大拙校刊整理《少室逸书·杂录第二》中菩提达摩长卷《二入四行论》第八十一至九十部分也是慧可的相关语录。柳田圣山也认为《少室逸书·杂录第二》为达摩、慧可禅系师徒间的问答。宇井伯寿《禅宗史研究》中还认为永明延寿（905～975）《宗镜录》卷九十七中所说"第二祖可大师云，凡夫谓古异今，谓今异古。复离四大，更有法身，解时即今五阴心，是圆净涅槃，此心具足万行，正称大宗"亦是慧可禅法之语。但据《续高僧传·慧可传》与《景德传灯录·慧可传》可知，他曾与向居士有书信往来，我们大概可以从这封信中窥见其禅法思想的一部分。

　　慧可与向居士的信，是以中华大藏经《续高僧传·慧可传》为底本，校之以《大正藏》第50册《续高僧传·慧可传》（简称大正藏本）及《景德传灯录·慧可传》加以断句、标点、校记。

向居士者,幽栖林野木食。于天保之初,道味相师。致书通好曰:"影由形起,响逐声来。弄影劳形,不识形之是影;扬声止响,不识声是响根。除烦恼而求涅槃者,喻去形而觅影;离众生而求佛果①,喻默声而寻响。故知②迷悟一途,愚智非别。无名作名,因其名则是非生矣;无理作理,因其理则诤论起矣。幻化非真,谁是谁非?虚妄无实,何空何有?将知得无所得,失无所失。未及造谈,聊申③此意,想为答之!"

可命笔述意曰:"说此真法皆如实,与真幽理④竟不殊。本迷摩尼谓瓦砾,豁⑤然自觉是真珠。无明智慧等无异,当知万法即皆如。愍此二见之徒辈,申词措笔作斯书。观身与佛不差别,何须更觅彼无余。"

居士捧披祖偈,乃伸礼觐,密承印记。⑥

---

① "果",底本无,据《景德传灯录·慧可传》加。
② "知",底本无,据《景德传灯录·慧可传》加。
③ "申",底本作"伸",据《景德传灯录·慧可传》改。
④ "真幽理",底本作"真理幽",据大正藏本及《景德传灯录·慧可传》改。
⑤ "豁",底本作"壑",据大正藏本及《景德传灯录·慧可传》改。
⑥ "居士捧披祖偈,乃伸礼觐,密承印记",底本无,据《景德传灯录·慧可传》加。

三祖僧璨信心铭

按语：

《楞伽师资记·僧璨传》中说僧璨"不出文记"，然而在《景德传灯录》卷三十载有《三祖璨大师信心铭》。《信心铭》最早见于唐代百丈怀海禅师（749~814）的《百丈广录》（载《古尊宿语录》卷二）的部分引用。日本学者关口真大认为所谓《三祖璨大师信心铭》是唐代8世纪后期有人托僧璨大师之名所作，因此乃是后人伪作（关口真大：《禅宗思想史》，山喜房佛书林，1966年），但这并不影响后人对其的重视，常被后代禅僧引用。

《三祖璨大师信心铭》，简称《信心铭》，全文将近600字，是以偈颂体的方式来表达禅意。唐乾符五年（878）有石刻题名为《唐三祖信心铭》流传于世，在陈思编《宝刻丛编》卷十四与陆心源（1834~1894）编《吴兴金石记》卷五有收载。这两人的著作现存于东京国会图书馆。近年来随着敦煌禅宗文献的陆续发掘，敦煌本《信心铭》逐渐被日本学者研究并加以整理。在铃木大拙《禅思想研究第二》中介绍了敦煌出土的《信心铭》，分别是P2104、S4037、S5692，但这三种版本都不全。另外，敦煌本的《信心铭》还有P4638本，田中良昭《敦煌禅宗文献的研究》（日本大东出版社，1983年）中有将敦煌P4638本《隋朝三祖信心铭》与《大正藏》第51册《景德传灯录》卷三十《三祖璨大师信心铭》对照的部分内容。现依大正藏本《景德传灯录》卷三十《三祖璨大师信心铭》，参照田中良昭的研究成果，对《信心铭》加以校刊。

至道无难，唯嫌拣择。但莫憎爱，洞然明白。
毫①厘有差，天地悬隔。欲得现前，莫存顺逆。
违顺相争，是为心病。不识玄旨，徒劳念静。
圆同太虚，无欠无余。良由取舍，所以不如。
莫逐有缘，勿住空忍。一种平怀，泯然自尽。
止动归止，止更弥动。唯滞两边，宁知一种。
一种不通，两处失功。遣有没有，从空背空。
多言多虑，转不相应。绝言绝虑，无处不通。
归根得旨，随照失宗。须臾返照，胜却前空。
前空转变，皆由妄见。不用求真，唯须息见。
二见不住，慎勿②追寻。才有是非，纷然失心。
二由一有，一亦莫守。一心不生，万法无咎。
无咎无法，不生不心。能随境灭，境逐能沈。
境由能境，能由境能。欲知两段，元是一空。
一空同两，齐含万象。不见精粗，宁有偏党？
大道体宽，无易无难。小见狐疑，转急转迟。
执之失度，心入邪路。放之自然，体无去住。
任性合道，逍遥绝恼。系念乖真，昏沉不好。

---

① "毫"，底本作"豪"，据 P4638 本改。
② "勿"，底本作"莫"，据 P4638 本改。

不好劳神，何用疏亲。欲取一乘，勿恶六尘。
六尘不恶，还同正觉。智者无为，愚人自缚。
法无异法，妄自爱著。将心用心，岂非大错？
迷生寂乱，悟无好恶。一切二边，浪自①斟酌。
梦幻虚华，何劳把捉。得失是非，一时放却。
眼若不睡，诸梦自除。心若不异，万法一如。
一如体玄，兀尔忘缘。万法齐观，归复自然。
泯其所以，不可方比。止动无动，动止无止。
两既不成，一何有尔？究竟穷极，不存轨则。
契心平等，所作俱息。狐疑尽净，正信调直。
一切不留，无可记忆。虚明自然，不劳心力。
非思量处，识情难测。真如法界，无他无自。
要急相应，唯言不二。不二皆同，无不包容。
十方智者，皆入此宗。宗非促延，一念万年。
无在不在，十方目前。极小同大，忘绝境界。
极大同小，不见边表。有即是无，无即是有。
若不如此，必不须守。一即一切，一切即一。
但能如是，何虑不毕。信心不二，不二信心。
言语道断，非去来今。

---

① "浪自"，《景德传灯录》作"良由"。

附编一

按语：

本编将中国佛教史书及碑铭中所载几种最有影响的初祖菩提达摩、二祖慧可、三祖僧璨的传记汇集载录，然后加以校刊。皆以唐道宣《续高僧传》、净觉《楞伽师资记》、杜朏《传法宝纪》、刘澄《南阳和尚问答杂征义》中所载神会《师资血脉传》、《历代法宝记》，南唐静、筠二禅德《祖堂集》，宋道原《景德传灯录》为主。除了这些资料之外，如果有碑文的将另行列出。

每篇传记所据版本以一种为主，加以分段、标点，后边用括号（）注明出处；正文中括号【】内的字是原书的夹注；凡对个别字句有修正者，皆在"校记"中加以说明；如将异体字改为规范字及改正明显的错别字，不再出注。

下面先简单介绍一下本编所使用的主要资料：

1. 唐·道宣《续高僧传》

或称《唐高僧传》，三十卷，道宣（596~667）所撰，是继南朝梁慧皎《高僧传》之后所编撰的僧传体史书，分为译经、义解、习禅、明律等十科。初稿是从南朝梁代初叶开始，到唐贞观十九年（645）止，后陆续又有增补，达四十卷，共有正传498人，附见229人。本传在取材、地域上都相当广泛，具有极高的史料价值。

2. 唐·净觉《楞伽师资记》

《楞伽师资记》是对《楞伽经》的译者南朝宋求那跋陀罗和提倡以《楞伽经》心性思想指导坐禅修行的菩提达摩及其后继弟子慧可、僧璨、道信、弘忍、神秀等人的简历和禅法的集录。因此，此书的内容不仅为传记，更包含许多禅宗思想，为初期禅宗史研究之基础资料。此书久佚，从20世纪20年代开始，中日学者从敦煌文献中陆续发现它的多种残本，经过多人的研究，逐渐拼凑成一个基本完整的本子。

目前主要有以下校本：（1）金久经据敦煌文献S2054、S4272、P3436所校刊的《校刊唐写本楞伽师资记》，1831年由北京待曙堂出版，收入他的《姜园丛书》之内；（2）日本矢吹庆辉据敦煌文献S2054，参金久经校本重加校刊，载于《大正藏》第85册之中；（3）篠原寿雄《楞伽师资记校注》，载于1954年出版的《内野台岭先生追悼论文集》，简称"篠原寿雄本"；（4）柳田圣山利用以往成果并参照P4564抄本，重校《楞伽师资记》，收入他编撰的《初期的禅史Ⅰ》之中，1971年由筑摩书房出版（以下简称柳田本）。

3. 唐·杜朏《传法宝纪》

《传法宝纪》一卷，杜朏撰。为中国初期禅宗史传之一，所记述的人物，依次为菩提达摩、惠可（即慧可）、僧璨、道信、弘忍、法如、神秀。其所撰的时间当于开元四年（716）至开元二十年（732）之间，流传不久就在社会上湮没无闻，直到20世纪30年代才从敦煌文献中被发现。

现主要有以下校本：（1）日本矢吹庆辉据敦煌文献P2634本校，内容仅存序和《达摩》章的一部分，1932年被收编于《大正藏》第 85 册之中；（2）神田喜一郎据 P3559 写本校，内容完整，1943 年收在白石虎月编的《续禅宗编年史》的附录中发表；（3）柳田圣山据 P3559 本重校，收入 1967 年由法藏馆出版的《初期禅宗史书的研究》后的《资料的校注》之中，1971 年对全文重新校订注释并译成日文，收在由筑摩书房出版的《初期的禅史Ⅰ》之中（以下简称柳田本）；（4）杨曾文校本是以柳田校本为底本，用敦煌文书 P2634、P3559 重新校订，收载于上海古籍出版社 1993 年出版的《敦煌新本六祖坛经》及 2001 年宗教文化出版社出版的《新版敦煌新本·六祖坛经》附编之中。

4. 唐·神会《师资血脉传》

六祖惠能弟子神会（684～758）于开元二十年（732）在滑台大云寺与北宗僧人崇远进行辩论，说是要"为天下学道者辨其是非，为天下学道者定其宗旨"，批评北宗"师承是傍，法门是渐"。独孤沛所撰《菩提达摩南宗定是非论》及刘澄所集《南阳和尚问答杂征义》，皆记述了这次辩论。《南阳和尚问答杂征义》后面记载："远法师问曰：'禅师口称达摩宗旨，未审禅门有相传付嘱，以为是说？'答曰：'从上以来，具有相传付嘱。'又问曰：'复经今几代？'答曰：'经今六代。请为说六代大德是谁，并叙传授所由。'"此后记述禅宗所奉六代祖师——菩提达摩、慧可、僧璨、道信、弘忍、惠能的传记。独孤沛在《菩提达摩南宗定是非论》的序中记述编撰此论的缘由，其中说："后有《师资血脉传》一卷，亦在世流行。"可以认为，前述六代祖师传记就是所谓《师资血脉传》，作者应是神会。

神会《师资血脉传》载于唐刘澄所集《南阳和尚问答杂征义》，而此又收录于杨曾文编校的《神会和尚禅话录》（中华书局，1996年）中。《神会和尚禅话录》是目前学界常用的校录本。

唐刘澄所集《南阳和尚问答杂征义》也见载于铃木大拙与公田连太郎合作校订的《敦煌出土菏泽神会禅师语录》（《铃木大拙全集》第三卷，岩波书店，1968年），以及1968年台湾胡适纪念馆重新刊行出版的胡适《神会和尚遗集》中。

5.《历代法宝记》

又作《师资众脉传》《定是非摧邪显正破坏一切心传》《最上乘顿悟法门》，一卷，唐佚名撰。但从全书的内容和后面所附门人儒者孙寰所写的《大唐保唐寺和上传顿悟大乘禅门门人写真赞文并序》来推测，此书当于唐代宗大历九年（774）成都保唐寺无住和尚（714~774）圆寂不久，由其门人所编撰，宣传以保唐寺为中心的禅系为正统的禅宗史书。

《历代法宝记》在敦煌文献中有首尾完整的写本共有13种，分别是：S516、S1611、S1776V、S5916、S11014、P2125、P3717、P3727V、日本石井光雄旧藏本（目前下落不明）、俄藏261（m，1514）、德国柏林藏Ch3934r、津艺103V、津艺304V。日本《大正藏》第51册所收的此本是以S516写本为底本，用P2125写本校对的本子。此后矢吹庆辉的《鸣沙余韵》（岩波书店，1930年）和《鸣沙余韵解说》（岩波书店，1933年）分别收有此写本的影印本及介绍文章。1935年朝鲜学者金久经又据《大正藏》第51册所收本并参照S516、P2125两种写本加以校订，收在沈阳出版的《姜园丛书》和《禅宗全书》第一册之中（以下简称金九本）。柳田圣山以错漏较少的P2125为底本，参校其他各本重加校订，并译为日文，编为《禅的语录3：初期的禅史Ⅱ——历代法宝记》出版（1976年筑摩书房初版，1984年有第三次印本，下简称柳田校本）。

大陆学者荣新江也有校定《历代法宝记》，收载于《敦煌本禅宗灯史残卷拾遗》，刊登在《周绍良先生欣开九帙庆寿文集》（中华书局，1992年）中。

2002年荣新江对石井光雄积翠轩文库旧藏《历代法宝记》"略出本"作了校录，题名为《有关敦煌本〈历代法宝记〉的新资料——积翠轩文库旧藏"略出本"校录》。见载于《戒幢佛学》第2卷（岳麓书社，2002年）。

6. 南唐·静、筠二禅德《祖堂集》

《祖堂集》是现存最早的禅宗史书，全书二十卷，五代南唐保大十年（952）由泉州招庆寺的静、筠二位禅僧编撰。内容上继承编于唐贞元十七年（801）的史书《宝林传》的祖统世系，从过去七佛，至禅宗所奉初祖大迦叶……第二十八祖菩提达摩……第三十二祖弘忍，第三十三祖惠能，以及从惠能弟子青原行思至第八代属于雪峰义存法系的禅师，从惠能另一弟子南岳怀让至第七代属于临济义玄法系的禅师或居士246人的传记。

《祖堂集》在中国久佚，1912年日本学者关野贞、小野玄妙等人对韩国南部庆尚道陕川郡伽耶山海印寺所藏高丽版《大藏经》版本进行调查时，始自其藏外版中发现高丽高宗三十二年（1245）开雕的《祖堂集》二十卷的完整版本。二战后，日本花园大学复印《祖堂集》的普及本。1972年，柳田圣山又在日本出版该书之影印本。台湾《佛光大藏经》编修委员会1994年12月编撰的《佛光大藏经·禅藏·史传部》中，也有收载根据花园大学图书馆藏高丽覆刻本影印的校刊版《祖堂集》。近年中国出版的校刊本有：吴福祥、顾之川点校本（岳麓书社，1996 年），张华点校的简体字本（中州古籍出版社，2001 年）。

7. 宋·道原《景德传灯录》

《景德传灯录》原称《佛祖同参集》，法眼宗禅僧道原编撰。"景德"取自宋真宗的年号，一般以景德元年（1004）作为《景德传灯录》的编撰年代，然而实际以后又有修补。道原按照禅宗派系编录传法语句，从过去七佛、西土二十八祖、东土六祖（菩提达摩为西土二十八祖兼东土初祖）、曹溪慧能（即惠能）下一世南岳与青原、青原下十一世（法眼文益下三世），共五十二世 1701 人，上奉朝廷。真宗诏翰林学士左司谏知制诰杨亿等人加以刊定，勒成三十卷，大中祥符四年（1011）诏编入藏。

本书问世以来，在宋、元、明各代流传颇广，在佛教内外也产生了广泛的影响。它不仅引出了禅宗一系列的灯录著述，如《天圣广灯录》《建中靖国续灯录》等，为禅宗思想史的研究提供了有价值的资料，而且为宋代及以后有关学术思想史的撰述提供了可借鉴的样式。

《景德传灯录》明本《大正藏》收载于第 51 册，1945 年刊《普慧藏》本、《中华大藏经》、《佛光大藏经·禅藏》中也有收载。

8. 宋·赞宁《宋高僧传》

《宋高僧传》又称《大宋高僧传》，凡三十卷，宋代赞宁（919~1002）撰。本书于太平兴国七年（982）奉敕编纂，继唐代道宣《续高僧传》之后，集录由唐太宗贞观年（627~649）中至宋太宗端拱元年（988）止，凡三百余年间之高僧传记。因于左街天寿寺编修完成，故又称天寿史。原书之序谓正传 533 人，附见 130 人。实则正传 531 人，附见 125 人。内容依准《梁高僧传》之体例分为十科，即译经 32 人（附见 12 人），卷一至卷三，共三卷；义解 72 人（附见 22 人），卷四至卷七，共四卷；习禅 103 人（附见 29 人），卷八至卷十三，共六卷；明律 58 人（附见 10 人），卷十四至卷十六，共三卷；护法 18 人（附见 1 人），卷十七，一卷；感通 89 人（附见 23 人），卷十八至卷二十二，共五卷；遗身 22 人（附见 2 人），卷二十三，一卷；读诵 42 人（附见 8 人），卷二十四至卷二十五，共两卷；兴福 50 人（附见 6 人），卷二十六至卷二十八，共三卷；杂科 45 人（附见 12 人），卷二十九至卷三十，共两卷。其中，习禅篇所占篇幅和所收录僧数皆占全书的五分之一，禅宗历代祖师，除云门宗创立者云门文偃外，于禅宗各派重要人物皆有专传，为研究唐、宋禅宗之重要资料。

本书作为中国佛教史上的一部重要僧传，自宋之后，几乎各种重要的藏经都予以刊载，金陵刻经处也有单刻本，称《高僧传三集》（以下简称金陵刻经处本），《禅宗全书》第 29 册有收载；中华书局于 1987 年出版了由范祥雍点校的铅印本，1997 年 10 月又进行了第四次再版。

一、菩提达摩传记

菩提达摩传

唐　道宣

按语：

本传取自中华书局出版《中华大藏经》（原本是赵城《金藏》）第 61 册所载唐道宣《续高僧传》，《菩提达摩传》载于第十六卷《习禅初》之中。校之以《大正藏》第 50 册的载录本。同时，参考了铃木大拙与宇井伯寿对道宣《续高僧传·菩提达摩传》的校刊（以下简称铃木本与宇井伯寿本）。铃木本是参考《楞伽师资记·菩提达摩传》与 1908 年朝鲜梵鱼寺刊印《禅门撮要》中收载的达摩《四行论》，将道宣《续高僧传·菩提达摩传》与《景德传灯录》卷第三十所收录的《菩提达摩略辨大乘入道四行》进行对校，载于《铃木大拙全集》第二卷（岩波书店，2000 年）；宇井伯寿本是参考《景德传灯录》《禅门撮要》以及铃木大拙校刊《少室遗书》等资料中的《达摩传》及《四行论》，将《楞伽师资记·达摩传》与《续高僧传·菩提达摩传》对校，载于《禅宗史研究》（岩波书店，1966 年）。

菩提达摩，南天竺婆罗门种，神慧疏朗，闻皆晓悟，志存大乘，冥心虚寂，通微彻数，定学高之。悲此边隅，以法相导。初达宋境南越，末又北度至魏。随其所止，诲以禅教。

于时，合国盛弘讲授，乍闻定法，多生讥谤。有道育、慧可此二沙门，年虽在后，而锐志高远。初逢法将，知道有归，寻亲事之，经四五载，给供谘接。感其精诚，诲以真法：如是安心，谓壁观也；如是发行，谓四法也；如是顺物，教护讥嫌；如是方便，教令不着。

然则入道多途，要唯两种，谓理、行也。

藉教悟宗，深信含生同一真性，客尘障故，令舍伪归真，凝①住壁观，无自无他，凡圣等一，坚住不移，不随他教，与道冥符，寂然无为，名理入也。

行入四行，万行同摄。

初报怨行者，修道苦至，当念往劫，舍本逐末，多起爱憎，今虽无犯，是我宿作，甘心受之，都无怨对。经云：逢苦不忧，识达故也。此心生时，与道无违，体怨进道故也。

二随缘行者，众生无我，苦乐随缘，纵得荣誉等事，宿因所构，今方得之，缘尽还无，何喜之有？得失随缘，心无增减，违顺风静，冥顺于法也。

三名无所求行，世人长迷，处处贪着，名之为求。道士悟真，理与俗反，安心无为，形随运转，三界皆苦，谁而得安？经曰：有求皆苦，无求乃乐也。

四名称法行，即性净之理也。

---

① "凝"，底本、大正藏本、杨曾文本皆作"疑"，据句意及铃木本与宇井伯寿本改。

摩以此法，开化魏土。识真之士，从奉归悟，录其言语①，卷流于世。自言年一百五十余岁。游化为务，不测于终。

菩提达摩传

唐　释净觉

按语：

本传取自唐净觉《楞伽师资记》。以《大正藏》为底本，主要校之以中华书局出版《中华大藏经》（原本是赵城《金藏》）第74册中《景德传灯录》卷三十所载《菩提达摩略辨大乘入道四行》，并参校柳田及篠原寿雄校本。

第二，魏朝三藏法师菩提达摩，承求那跋陀罗三藏后。

其达摩禅师，志阐大乘，泛海吴越，游洛至邺，沙门道育、惠可奉事五年，方诲②四行。谓可曰："有《楞伽经》四卷，仁者依行，自然度脱。"余广③如《续高僧④传》所明。

《略辨大乘入道四行》，弟子昙林序。

法师者，西域南天竺国人，是大婆罗门国王第三之子也。神

---

① "语"，底本、大正藏本作"诰"，大正藏本底注谓明本（嘉兴藏本）作"语"，依句意及铃木本改。
② "诲"，底本作"海"，据柳田校本及篠原寿雄校本改。
③ "广"，底本作"度"，据柳田校本改。
④ "高僧"，底本作"高师"，据柳田校本改。

惠疏朗，闻皆晓晤，志存摩诃衍道，故舍素从缁，绍隆圣种①，冥心虚寂，通鉴世事，内外俱明，德超世表。悲悔边隅正教陵替，遂能远涉山海，游化汉魏。

亡心寂默之士，莫不归信；取相存见之流，乃生讥谤。于时，唯有道育、惠可此二沙门，年虽后生，俊②志高远，幸逢法师，事之数载，虔恭谘启，善蒙师意。法师感其精诚③，诲以真道：如是安心，如是发行，如是顺物，如是方便。此是大乘安心之法，令无错谬。如是安心者，壁观。如是发行者，四行。如是顺物者，防护讥嫌。如是方便者，遣其不着。

此略序④所由，意在后文。

夫⑤入道多途，要而言之，不出两种，一是理入，二是行入。

理入者，谓藉教悟宗，深信含生凡圣，同一真性，但为客尘妄覆，不能显了。若也舍妄归真，凝住壁观，自他凡圣等一，坚住不移，更不随于言教，此即与真理冥符⑥，无有分别，寂然无为⑦，名之理入。

行入者，所谓四行。其余诸行，悉入此行中。何等为四行？

---

① "圣种"，底本作"圣"，下注甲本（第一个经过整理的版本）作"圣种"。
② "俊"，底本作"携"，据中华藏本改。
③ "诚"，底本作"成"，下注甲本作"诚"。
④ "序"，底本缺，据中华藏本补加。
⑤ "夫"，杨曾文本作"未"，据篠原寿雄本改。
⑥ "冥符"，底本作"冥状"，据中华藏本及篠原寿雄本改。
⑦ "寂然无为"，底本为"寂然无"，据中华藏本及篠原寿雄本补加。

一者报怨行①,二者随缘行,三者无所求行,四者②称法行。

云何报怨行?修道行人,若受苦时,当自念言:"我从往昔无数劫中,弃本逐末,流浪诸有,多起③怨憎,违害无限。今虽无犯,是我宿殃,恶业果熟,非天非人所能见与。"甘心忍受,都无怨诉。经云:"逢苦不忧。"何以故?识达故④。此心生时,与理相应,体怨进道。是故,说言报怨行。

第二,随缘行者,众生无我,并缘业所转⑤,苦乐齐受,皆从缘生,若得胜报荣誉等事,是我过去宿因所感,今方得之,缘尽还无,何喜之有?得失从缘,心无增减,喜风不动,冥顺于道⑥。是故,说言随缘行。

第三,无所求行者,世人长迷,处处贪着,名之为求。智者悟真,理将俗反⑦,安心无为,形随运转,万有斯空,无所愿乐,功德、黑暗常相随逐,三界久居,犹如火宅,有身皆苦,谁得而安?了达此处,故于诸有息想无求。经云:"有求皆苦,无求乃乐。"判知⑧无求,真为道行。

第四,称法行者,性净之理,目⑨之为法。此理⑩众相斯空,

---

① "报怨行",底本为"报怨",据中华藏本改。
② "者",底本、杨曾文本无,据篠原寿雄本补加。
③ "起",底本、杨曾文本作"报",据篠原寿雄本改。
④ "识达故",底本作"识达本改",其下注又谓"本"为多余,故删之,杨曾文本保留了此字,据大正藏本删。
⑤ "转",底本作"传",据中华藏本改。
⑥ "道",底本作"通",据中华藏本改。
⑦ "反",底本作"及",据中华藏本及篠原寿雄本改。
⑧ "知",底本作"如",据中华藏本改。
⑨ "目",底本作"因",据中华藏本改。
⑩ "此理",底本作"理此",据中华藏本改。

无染无着,无此无彼。经云:"法无众生,离众生垢故;法无有我,离我垢故。"智者①若能信解此理,应当称法而行。法体无悭,于身命财②则行檀舍施,心无吝惜。达解三空,不倚不着③,但为去垢,摄化众生,而不④取相。此为自利复能利他⑤,亦能庄严菩提之道。檀度既尔,余五亦然。为除妄想,修行六度,而无所行,是为称法行。

此四行,是达摩禅师亲说。余则弟子昙林记师言行,集成一卷,名之曰⑥《达摩论》也。菩提师又为坐禅众释《楞伽》要义一卷,有十二三纸,亦名《达摩论》也。此两本论文,文理圆净,天下流通。自外更有人伪造⑦《达摩论》三卷,文繁理散,不堪行用。

大师又指事问义,但指一物,唤作何物,众物皆问之,回换物名,变易问之。又云:"此身有不?身是何身?"又云:"空中云雾,终不能染污虚空,然能翳虚空不得明净。"《涅槃经》云:"无内六入,无外六尘。内外合故,名为中道。"

---

① "智者",底本缺"者"字,据中华藏本补加。
② "财",底本缺,据中华藏本补加。
③ "不着",底本作"着",据中华藏本改。
④ "不",底本作"无",据中华藏本改。
⑤ "自利复能利他",底本作"自复他",中华藏本作"自行,复能利他",据文意改。
⑥ "名之曰",底本作"名曰",据文意改。
⑦ "伪造",底本作"伪告",据文意改。

东魏嵩山少林寺释菩提达摩

唐 杜朏

按语：

本传取自杨曾文校写《新版敦煌新本·六祖坛经》附录唐京兆杜朏（字方明）撰《传法宝纪》。

杨曾文校本是以柳田校本为底本，用敦煌文书P2634、P3559重新校订，收载于1993年上海古籍出版社出版的《敦煌新本六祖坛经》及2001年宗教文化出版社出版的《新版敦煌新本·六祖坛经》附编之中。同时，参考柳田的校本。

释菩提达摩，大婆罗门种，南天竺国王第三子。机神超悟，传大法宝，以觉圣智，广为人天，开佛知见，为我震旦国人故，航海而至嵩山。

时罕有知者，唯道昱、惠可，宿心潜会，精竭求之，师事六年，志取通悟。大师当时从容谓曰："尔能为法舍身命不？"惠可因断其臂以验诚恳。【案：余传云：被贼斫臂，盖是一时谬传耳。】自后，始密以方便开发，【其方便开发，皆师资密用，故无所形言。】顿令其心直入法界。然四五年间，研寻文照，以《楞伽经》授可曰："吾观汉地化道者，唯与此经相应。"学徒有未了者，乃手传数遍云："作未来因也。"【案：余传有言壁观及四行者，盖是当时权化一隅之说。□迹之流，或所采摭，非至论也。】

其后门庭日广，时名望僧，深相忌嫉，久不得志，乃因食致毒。【此恶人名字，世亦共闻，无彰人过，故所宜隐。或当示现为迹，以相发明，盖所未测①。】大师知而食之，毒无能害。后见频啖毒不已，谓惠可曰："我为法来，今得传汝，更住无益，吾将去矣。"因集门人，重明宗极，便啖毒食，以现化焉。【自后相承，皆临迁化，必重演真宗，以成后轨矣。】尝自言一百五十岁矣。

其日东魏使宋云，自西来于葱岭，逢大师西还，谓汝国君今日死。云因问法，师门所归。对曰："后四十年，当有汉道人流传耳。"门人闻之发视，乃见空棺焉。

菩提达摩传

唐　神会

按语：

本传取自唐刘澄所集《南阳和尚问答杂征义》。其中有神会记述中国禅宗六代祖师传记，即所谓《师资血脉传》。

唐刘澄所集《南阳和尚问答杂征义》中所载神会《师资血脉传》载于杨曾文编校《神会和尚禅话录》（中华书局，1996年）。同时见载于铃木大拙与公田连太郎合作校订石井光雄《敦煌出土神会录》，题为《敦煌出土菏泽神会禅师语录》（《铃木大拙全集》第三卷，岩波书店，1968年），以及1968年台湾胡适纪念馆再版胡适《神会和尚遗集》。

---

① "测"，底本作"侧"，柳田本作"恻"，据句意改。

第一代后魏嵩山少林寺有婆罗门僧，字菩提达摩，是南天竺国王之第三子。少小出家，悟最上乘，于诸三昧证如来禅。附船泛海，远涉潮来至汉地，便遇慧可。

慧可即随达摩至嵩山少林寺，奉侍左右。于达摩堂前立。其夜雪下，至慧可腰，慧可立不移处。大师见之，言曰："汝为何事在雪中立？"

慧可白大师曰："和上西方远来至此，意欲说法济度于人。慧可不惮损躯，志求胜法。伏愿和上，大慈大悲，开佛知见，救众生之苦，拔众生之难，即是所望也。"

达摩大师言曰："我见求法之人，咸不如此。"

慧可自取刀，自断左膊，置达摩前。达摩可慧可为求胜法，弃命损躯，喻若雪山舍身以求半偈。便言："汝可。"有前先字神光，因此立名，遂称慧可。

达摩大师乃依《金刚般若经》，说如来知见，授与慧可。授语以为法契，便传袈裟以为法信，如佛授娑竭龙王女记。大师曰："《金刚经》一卷，直了成佛，汝等后人，依般若观门修学，不为一法，便是涅槃；不动身心，成无上道。"

达摩大师接引道俗经于六年，时有难起，六度被药，五度食讫，皆挖地摘出。语慧可曰："我与汉地缘尽，汝后亦不免此难。至第六代后，传法者命如悬丝。汝等好住。"言毕遂迁化，葬在嵩山。

于时有聘国使宋云，于葱岭上逢一胡僧，一脚着履，一脚跣足。语使宋云曰："汝汉家天子，今日无常。"

宋云闻之，深大惊愕，于时具记日月。宋云遂问达摩大师："在汉地行化，有信受者不？"

达摩大师云:"我后四十年外,有汉地人,当弘我法。"

宋云归至朝廷见帝,帝早已崩。遂取所逢胡僧记日月验之,更无差别。宋云乃向朝廷诸百官说。于时朝廷亦有达摩门徒数十人,相谓曰:"岂不是我和上不?"遂相共发墓开棺,不见法身,唯见棺中一只履在。举国始知是圣人。

其履今见在少林寺供养。梁武帝造碑文,见在少林寺。

菩提达摩多罗

按语:

本传取自《历代法宝记》,在此中菩提达摩与达摩多罗本是两个人。达摩多罗是四五世纪印度西北说一切有部的禅师,东晋时佛陀跋陀罗在庐山译的《达摩多罗禅经》介绍的就是他与佛大先的禅法。此经上卷记载从佛—迦叶—阿难……僧伽罗叉—达摩多罗—不若蜜多罗的禅法传承世系。撰写于7世纪末的《法如禅师行状》、8世纪前期的北宗史书《传法宝纪》皆提到此经,然而皆以菩提达摩代替达摩多罗。《历代法宝记》又进一步把此二人的名字合并称之为"菩提达摩多罗"或"达摩多罗"。这一提法一直影响到后世的禅宗史书,实为流传过程中的一种混乱、错误。

本传校刊以《大正藏》为底本,主要参校金九及柳田校本。

梁朝第一祖菩提达摩多罗禅师者,即南天竺国王第三子。幼而出家,早禀师氏,于言下悟,阐化南天,大作佛事。

是时观见汉地众生有大乘性，乃遣弟子佛陀、耶舍二人往秦地，说顿教悟法。秦中大德，乍闻狐疑，都无信受，被摈逐出①于庐山东林寺。时有法师远公问曰："大德将何教来，乃被摈出？"于是二婆罗门伸②手告远公曰："手作拳，拳作手，是事疾否？"远公答曰："甚疾。"二婆罗门言："此未为疾，烦恼即菩提，此即为疾。"远公深达，方知菩提烦恼本不异。即问曰："此法彼国复从谁学？"二婆罗门答曰："我师达摩多罗也。"远公既深信已，便译出《禅门经》一卷，具明大小乘禅法。西国所传法者，亦具引禅经序上。二婆罗门译经毕，同日灭度。葬于庐山，塔庙见在。

达摩多罗闻二弟子汉地弘化，无人信受，乃泛海而来至。梁武帝出城躬迎，升殿问曰："和上从彼国将何教法来化众生？"达摩大师答："不将一字教来。"帝又问："朕造寺度人，写经铸像，有何功德？"大师答曰："并无功德③。此乃有为之善，非真功德。"武帝凡情不晓，乃辞出国。北望有大乘气，大师来至魏朝，居嵩高山，接引群品六年。学人如云奔，如雨骤，如稻麻竹苇，唯可大师得其④髓。

时魏有菩提流支三藏、光统律师，于食中着毒饷大师。大师食讫，索盘吐蛇一升。又食着毒再饷，大师取食讫，于大盘⑤石上坐，毒出石裂。前后六度毒。

---

① "逐出"，底本作"出遂"，据金九本改。
② "伸"，底本作"申"，据上下文意改。
③ "并无功德"，底本后有"答曰"二字，据柳田校本删。
④ "其"，底本作"我"，据金九本改。
⑤ "盘"，底本作"槃"，据金九本改。

大师告诸弟子："我来本为传法，今既得人①，久住何益。"遂传一领袈裟以为法信。语惠可："我缘此毒，汝亦不免此难。至第六代传法者，命如悬丝。"言毕，遂因毒而终。

　　每常自言："我年一百五十岁，实不知年几也。"大师云："唐国有三人得我法，一人得我髓，一人得我骨，一人得我肉。得我髓者惠可，得我骨者道育，得我肉者尼总持也。"葬于洛州熊耳山。

　　时魏聘国使宋云，于葱岭逢大师，手提履一只。宋云问："大师何处去？"答曰："我归本国，汝国王今日亡。"宋云即书记之。宋云又问："大师今去，佛法付嘱谁人？"答："我今去后四十年，有一汉僧，可是也。"

　　宋云归朝，旧帝果崩，新帝已立。宋云告诸朝臣说："大师手提一只履，归西国去也。其言'汝国王今日亡'，实如所言。"诸朝臣并皆不信。遂发大师墓，唯有履一只。

　　萧②梁武帝造碑文。西国弟子般若蜜多罗，唐国三人：道育、尼总持等，唯惠可承衣得法。

---

① "人"，底本"人"后有"厌"字，据金九本删。
② "萧"，底本作"箫"，据金九本改。

达摩传

南唐　静、筠二禅德

按语：

本传取自1975年日本花园大学图书馆藏高丽复刻本影印五代南唐静、筠二禅德编撰《祖堂集》卷二（日本中文出版社，1972年），载蓝吉富主编《禅宗全书》第1册（文殊出版社，1988年）。台湾《佛光大藏经》编修委员会1994年12月编撰的《佛光大藏经·史传部》中，也收载有根据花园大学图书馆藏高丽复刻本影印的校刊版《祖堂集》。近年中国大陆出版的校刊本有：吴福祥、顾之川点校本（岳麓书社，1996年），张华点校的简体字本（中州古籍出版社，2001年）。《祖堂集》受《宝林传》的影响很大，其中有一些内容几乎与《宝林传》所载是一致的，因此在校记时也参考了《宝林传》。另外，《大正藏》第85册有署名终南山僧慧观撰序，沙州三界寺沙门道真记《泉州千佛新著诸祖师颂》中收录有禅宗从大迦叶尊者至马祖道一禅师的诸祖颂，也有参考。

第二十八祖菩提达摩和尚者，南天竺国香至大王第三太子也，得般若多罗法。

般若多罗乃告曰："汝今得法，亦莫远化，待吾灭后六十七年，当往震旦大施法药。汝勿速去，当有难起，衰于日下。"

达摩问曰："我去彼国行化，有菩萨不？"

师云:"彼国获道者如稻麻竹苇,不可称计。吾灭度后六十七年,各别着人,此国留难,水中文布,自善降之。汝至彼国,南方勿住,彼国天子①不见佛理,好作有缘而爱功德。汝至彼国,则出不住。听吾谶曰:

路行跨水复逢羊,

【路行者,来也。跨水者,过海也。复逢羊者,洛阳也。达摩大师从南天竺国过海而来。初到广州,次普通八年丁未岁入梁国。】

独自恓恓暗渡江。

【独自者,无伴侣也。恓恓者,若恓也。暗渡江者,梁武帝不悟大理,变容不言,师知机不契,则潜过江,向北魏国也。】

日下可怜双象马,

【日下者,京都也。可怜者,好。双象马者,志公、傅大士也。】

两株嫩桂久昌昌。

【两株者,二木也。二木是林字也。嫩桂者,少也,则是少林寺也。久昌昌者,九年面壁而出,大行佛法也。】"

达摩又问师:"此后更有难不?"

师云:"吾灭度后一百五年而有小难,听吾谶曰:

心中虽吉外头凶,

【心中者,周字也。外头凶者,周王无道,灭佛

---

① "天子",底本作"天人","人"恐为"子"之误。这里的"天子",应指梁武帝。

法也。】

川下僧房名不中。

【川下僧房者，俗号僧房为邑，川下邑为邕字也。后周文帝姓宇文名泰。邕不中者，后周沙汰灭佛法。】

为遇毒龙生武子，

【毒龙者，武帝父王也。生武子者，生武帝也。】

忽逢小鼠寂无穷。

【小鼠者，庚子也，周武帝庚子崩寂。无穷者，尽灭无也。】"

又问："此后更有难不？"

师云："吾灭度后一百六年有小难，父子相连，亦当不久，作一二三五岁。当此事过，以有人见其意，吾不能明。"略与谶曰：

路上忽逢深处水，

【路上者，李字也。深水者，渊字也。唐高祖神尧皇帝，姓李名渊也。】

等闲见虎又逢猪。

【等闲见虎者，寅也。唐高祖戊寅年登位也。又逢猪者，亥也。高祖丁亥年崩。】

小小牛儿虽有角，

【小小牛儿者，高祖武德四年九月　日，有前道士太史令傅奕①,先是黄巾,党其所习,遂上表废佛法事,十有一条,大略而云:"释经是损国破家,未开益世,请胡佛邪教,退还天竺,凡是沙门放归桑梓,则国家昌泰,李孔教行矣。"高祖纳奕奏书,乃下诏,问诸沙门曰:"弃父母鬓发,去君臣花服,利在何间?益在何情?损益二宜,请动妙释。"时有琳法师上表,得延五年。高祖崩,太宗登位,再兴佛法矣。具如别传。言半角者,正当挃触而无害即是。】

清溪龙出总须输。

【清溪者,山名也。龙者,琳法师护法之龙,能令傅奕等邪见之徒总须伏也。】

又问师:"于此后有圣人出不?"

师云:"林下见有一人,当得于道,亦契菩提。听吾谶曰:

震旦虽阔无别路,

【震旦者,唐国也。无别路者,唯有一心之法,让大师化导如此也。】

要假侄孙脚下行。

【侄孙者,今时传法弟子也。】

金鸡解衔一颗米,

【金鸡者,金州也,让师是金州人也。一颗米者,意取道一,江西马祖名道一。】

---

① 傅奕(555~639),唐初学者。相州邺(今河北临漳西南、河南安阳北一带)人。隋开皇中,以仪曹事汉王谅。唐武德初,拜太史丞,迁太史令。著名的反佛教人士,曾上书废佛教。详见《旧唐书·傅奕传》、《广弘明集》卷十一。

供养十方罗汉僧。

【让和尚付法与道一,故言供养。十方者,马和尚是汉州十方县罗汉寺出家也。】"

达摩大师同学兄名佛大先,此佛大先是佛驮跋陀罗三藏之弟子。佛驮跋陀罗复有弟子名那连耶舍,于南天大化,后来此土东魏高欢邺都,与五戒优婆塞万天懿译出梵本《尊胜经》一部。万天懿问:"彼天有菩萨传教不?"那连耶舍答曰:"西天诸祖二十七师悉说此法,名般若多罗,亦有弟子,名菩提达摩,至此土后魏第八帝讳诩大和十年①,至于洛阳少林寺化导,至九年示灭,经于一十五年矣。"又问:"此师后有人能继不?"三藏谶曰:

尊胜今藏古,

【尊胜者,妙智也。古者,可大师。本有妙高之性,性被恼覆之,未现了,故言藏也。】

无肱亦有肱。

【肱者,手也。可大师求法断臂也。】

龙来方受宝,

【龙来者,初祖西来也。方受宝者,二祖传法。】

捧物复嫌名。

【捧者,惠也。本名神光,复遇达摩嫌之,改名言为惠可。】

又问:"此后谁当继此耶?"

---

① "后魏第八帝讳诩大和十年",这其中的"大和十年"恐为"太和十年",因为"后魏第八帝"宣武帝(500~515年在位)没有使用"太和"年号。"太和"是北魏的第七代君主孝文帝元宏(471~499年在位)的第三个年号,也是他的最后一个年号,共计近23年。

三藏谶曰：

初首不称名，

【后周第三主己卯之岁，有一居士不说年岁，不称姓名，故言不称名。】

风狂又有声。

【风狂者，三祖有风病。有声者，远近皆知有病，故言有声也。】

人来不喜见，

【人来不喜见，患风之形状。】

白宝初平平。

【白宝者，玉也。玉边作祭，璨字也。三祖名璨大师。】

又问："此师后更有人继不？"

又谶曰：

起自求无碍，

【有一沙弥年十四，名道信，来礼拜问："唯愿和尚教某甲解脱法门。"故言求无碍。】

师传我没绳。

【师者，三祖也。我没绳者，既无人缚汝，即是解脱。】

路上逢僧礼，

【路上者，道也。礼者，信也。四祖大师名道信。】

脚下六枝分。

【脚下者，门下也。四祖下横出一宗。六枝者，牛头融禅师等六祖。】

又问:"此师后更有人继不?"

三藏又谶曰:

三四全无我,

【三四者,七也。五祖七岁遇道信大师。无人我,出家也。】

隔水受心灯。

【隔水者,五祖于蕲州①蕲水郡得传四祖心印,故言受心灯。】

尊号过诸量,

【过量者,弘字也。】

逢嗔不起憎。

【不起者,忍字也。】

又问:"此师后谁能继之?"

三藏又谶曰:

捧物何曾捧,

【捧者,惠字。】

言勤又不勤。

【勤者,能也。六祖名能。】

唯书四句偈,

【唯书四句偈者,神秀和尚呈四句偈,惠能和尚亦呈四句偈,故言四句偈。】

---

① "蕲州",位于湖北。南梁置,隋大业三年,改州为蕲春郡。唐武德四年(621),改蕲春郡为蕲州。天宝元年(742)改蕲州为蕲春郡,乾元元年(758)复为州。唐辖境相当于今湖北长江以北,巴河以东地区。宋时蕲州蕲春郡,治蕲春县。蕲春即为蕲水,以水为郡名。

将对瑞田人。

　　【瑞田人者，神秀和尚南阳嘉禾县瑞田人①。】

又问："此师后明其法者能继之不？"

三藏又谶曰：

心里能藏事，

　　【能藏者，怀，则怀让也。】

说向汉江滨。

　　【说向者，说法也。汉江滨者，马大师汉州②人也。马大师求佛心印，让和尚说向道一也。】

湖波探水月，

　　【湖波者，曹溪也。探水月者，得也。让大师于六祖身边得传心印。】

将照二三人。

　　【二三者，六。让大师传法弟子六人。言六人者，一道一得心，二智达得眼，三常浩得眉，四神照得鼻，五坦然得耳，六严峻得舌，是为六人也。】

三藏又谶曰：

领得珍勤语，

　　【领得者，马大师于让大师处领语也。】

离乡日日敷。

---

① "神秀和尚南阳嘉禾县瑞田人"，南阳，即今河南省南阳市。而《楞伽师资记》与《旧唐书·神秀传》皆说神秀是汴州尉氏（今河南省开封市尉氏县）人。

② "汉州"，即今四川省广汉市，唐置，时辖雒、什邡、德阳、绵竹、金堂5县，民国时废。马祖道一（709~788）为汉州什邡县（今四川省什邡市马祖镇）人。

【离乡者，南方也。日日者，昌字也。敷者，演也。马大师归至洪州南昌寺敷演大教是也。】

移梁来近路，

【移梁者，梁都也。近路者，洪州观察使姓路，遂请大师自虔州①南康县移入洪州开元寺，故言来近路。】

余算脚天徒。

【余者，我字也。从马大师二十年外，有契道者千万，遍行天下，故言脚天徒。】

三藏又谶曰：

艮地生玄旨，

【艮地者，东北也。神秀和尚从五祖下传一枝法在北，自为立宗旨也。】

通尊媚亦尊。

【通尊者，谥号大通禅师也。媚者，秀也。亦尊者，三帝所尊敬，故亦尊也。】

比肩三九族，

【比肩者，同学也。三九族者，十二人也。秀大师同学十二人。】

足下一有分。

【从秀和尚足下各分宗旨，南北有异。】

三藏又谶曰：

灵集愧天恩，

---

① "虔州"，底本误作"虎州"，参唐权德舆《唐故洪州开元寺石门道一禅师塔铭并序》（载《权载之文集》卷二十八）之"虔之龚公山"，并据《旧唐书·地理志》，虔州辖七县，其中有南康县，故改"虎"为"虔"。

【灵者，神也①；集者，会也；愧者，荷也；天恩者，泽也。神会大师住洛京荷泽寺。】

生互二六人。

【生互者，师资也。二六者，会大师弟子十二人也。】

法中无气味，

【法中者，佛法也。会大师传佛知见甚深法也。无气味者，缘北宗秀大师弟子普寂于京盛行，通其经教；当此之时，曹溪宗旨于彼未盛行，故言无气味也。】

石上有功勋。

【石上者，秀大师弟子磨却南宗碑，神秀欲为六代，何其天之不从，乃得会大师再立实录，故有功勋。】

三藏又谶曰：

本是大虫男，

【印宗法师本是小乘，喻如大虫，不是师子。】

回成师子谈。

【回者传也，回小作大。印宗法师礼六祖便悟上乘，是成师子吼。】

官家封马岭，

【封者，印也。马岭者，宗也。印宗曾为讲经法师也。】

同详三十三。

【同详者，同学也。六祖弟子祥、岑等三十三人。祥禅师住于峡山。】

---

① "也"，底本无，据文意补加。

三藏又谶曰：

八女出人伦，

【八女者，安字也。出人伦者，为国师也。】

八个绝婚姻。

【八个者，安字。绝婚姻者，安徒难为绍继之。】

朽床添六脚，

【朽床者，老字也。六脚者，则天、中宗；腾腾、坦然、圆寂，百五十五年住世，破灶堕和尚六住嵩山，是为六脚也。①】

心祖众中尊。

【心祖者，姓也。安和尚颖悟佛理为国师，故众中尊也。】

三藏又谶曰：

走戊与朝邻，

【走戊者，越字。忠国师是越州人也。与朝邻者为国师。】

鹅鸟子出身。

【鹅者，鹅州也，今越州是。鸟者，鸣鹤县也，今诸暨县是。国师生此县也。】

二天虽有感，

【二天者，肃宗、代宗二帝也。有感者，帝礼为师也。】

三化寂无尘。

---

① 从上下文看，"六脚"是指六人，也许是指支持者武则天、中宗皇帝及慧安（老安）的弟子腾腾、坦然、圆寂、破灶堕。

【三化寂无尘者，二帝与国师俱寂也。】

三藏又谶曰：

说小何曾小，

　　【希字是也。】

言流又不流。

　　【迁字是也。】

草若除其首，

　　【石头无草。】

三四继门修。

　　【传法弟子人数。准其传法人数，应云"十七继门修"也。】

尔时那连耶舍说此谶已，告万天懿云："今此国，吾灭后二百八十年中有大国王善敬三宝。此前诸贤悉出于世，化导群品约有千百亿。后所得法，只因一师，兴大饶益，开甘露门，能为首者当菩提达摩焉。"

尔时达摩和尚泛海东来，经于三载。梁普通八年丁未之岁九月二十一日，至于广州上舶。刺史萧昂出迎，奏闻梁帝。十月一日而至上元，武帝亲驾车辇，迎请大师升殿供养。

是时志公和尚监修高座寺，彼谓寺主僧灵观曰："汝名灵观，实灵观不？"灵观曰："唯愿和尚指示。"志公曰："从西天有大乘菩萨而入此国。汝若不信，听吾谶曰：

仰观两扇，

　　【仰观者，霄也。两扇者，梁也。萧梁帝是。】

低腰捻钩。

　　【低腰捻者，十字也；钩者，月字也。十月到也。】

九乌射尽,

　　【九乌者,日也;射尽者,二十九,卜月尽。】

唯有一头。

　　【一头者,十月初一日。总言初祖十月一日到也。】

至则不久,

　　【在梁国十九日,便过江北,故言不久。】

要假须刀。

　　【断仁义也。】

逢龙不住,

　　【初祖见武帝,故言逢龙。祖师所答不称帝意,便过江,故言不住。】

过水则逃。

　　【过江入魏。】"

尔时灵观则以纸笔录于记之。

尔时武帝问:"如何是圣谛第一义?"师曰:"廓然无圣。"帝曰:"对朕者谁?"师曰:"不识。"又问:"朕自登九五已来,度人造寺,写经造像,有何功德?"师曰:"无功德。"帝曰:"何以无功德?"师曰:"此是人天小果,有漏之因,如影随形,虽有善因,非是实相。"武帝问:"如何是实功德?"师曰:"净智妙圆,体自空寂,如是功德,不以世求。"武帝不了达摩所言,变容不言。

达摩其年十月十九日,自知机不契,则潜过江北,入于魏邦。

志公特至帝所,问曰:"我闻西天僧至,今在何所?"梁武帝曰:"昨日逃过江向魏。"志公云:"陛下见之不见,逢之不逢。"

梁武帝问曰:"此是何人?"志公对曰:"此是传佛心印观音大士。"武帝乃恨之曰:"见之不见,逢之不逢。"即发中使赵光文往彼取之。志公云:"非但赵光文一人,阖国取亦不回。"

大师自到东京,有一僧名神光,昔在洛中久传庄老。年逾四十,得遇大师,礼事为师,从至少林寺,每问于师,师并不言说。又自叹曰:"古人求法,敲骨取髓,刺血图像,布发掩泥,投崖饲虎。古尚如此,我何惜焉?"时大和①十年十二月九日,为求法故,立经于②夜,雪乃齐腰。

天明,师见问曰:"汝在雪中立,有如何所求耶?"

神光悲啼泣泪而言:"唯愿和尚开甘露门,广度群品。"

师云:"诸佛无上菩提,远劫修行。汝以小意而求大法,终不能得。"

神光闻是语已,则取利刀自断左臂,置于师前。师语神光云:"诸佛菩萨求法,不以身为身,不以命为命。汝虽断臂求法,亦可在。"遂改神光名为惠可。

又问:"请和尚安心?"

师曰:"将心来,与汝安心。"

进曰:"觅心了不可得。"

师曰:"觅得岂是汝心?与汝安心竟。"

---

① "大和",恐为"太和"之误,因为"大和"(827年农历二月~835年农历十二月)是唐文宗的年号,共计9年。"太和"是北魏的第七代君主孝文帝元宏(471~499年在位)的第三个年号。慧可遇达摩的时间也非唐代。

② "于",底本为"干",据佛光大藏经本,吴福祥、顾之川及张华点校本改。

达摩语惠可曰:"为汝安心竟,汝今见不?"

惠可言下大悟。惠可白和尚:"今日乃知一切诸法本来空寂,今日乃知菩提不远。是故菩萨不动念而至萨般若海,不动念而登涅槃岸。"

师曰:"如是,如是。"

惠可进曰:"和尚此法有文字记录不?"

达摩曰:"我法以心传心,不立文字。"

大师语诸人言:"有三人得我法。一人得我髓,一人得我骨,一人得我肉。得我髓者惠可,得我骨者道育,得我肉者尼总持。我法至六代,陵迟传法之人。"

惠可进曰:"何故第六代陵迟传法之人?"

达摩云:"为邪法竞兴,乱于正法。我有一领袈裟传授与汝。"

惠可白和尚:"法既以心传心,复无文字,用此袈裟何为?"

大师云:"内授法印,以契证心;外传袈裟,以定宗旨。虽则袈裟不在法上,法亦不在袈裟,于中三世诸佛递相授记。我今以袈裟亦表其信,令后代传法者有禀承,学道者得知宗旨,断众生疑故。"

惠可便顶礼,亲事九年,昼夜不离左右。达摩大师乃而告曰:"如来以净法眼并袈裟付嘱大迦叶,如是展转乃至于我。我今付嘱汝,汝听吾偈曰:

　　吾本来此土,传教救迷情。

　　一花开五叶,结果自然成。"

师付法已,又告惠可曰:"吾自到此土,六度被人下药,我皆拈出。今此一度,更不拈出,吾已得人付法。"

尔时达摩领众云往禹门千圣寺，止得三日。

时有期城太守杨衒之①问师曰："西国五天，师承为祖，未晓此意，其义云何？"

师曰："明佛心宗，寸无差误，行解相应，名之曰祖。"

又问："唯此一等，更有别耶？"

师答曰："须明他心，知其古今；不厌有无，亦非取故；不贤不愚，无迷无悟。若能是解，亦名为祖。"

杨衒之又问曰："弟子久在恶业，不近知识，勤生恭敬，被小智慧而生缠缚，却成愚惑，不得悟道而致于此。伏愿师指示大道，通达佛心，修行用心。何名法祖？"

师以偈答曰：

亦不睹恶而生嫌，

亦不观善而勤措，

亦不舍愚而近贤，

亦不抛②迷而就悟。

达大道兮过量，

通佛心兮出度。

不与凡圣同躔，

超然名之曰祖。

杨衒之作礼："唯愿和尚久住世间，化导群品！"

师曰："吾则去矣，不宜久停。人多致患，常疾于我。"

杨衒之而问："是何人也？愿师指示，当为知之。"

---

① "杨衒之"，底本作"杨衍"，据《洛阳伽蓝记》及《景德传灯录》卷三《菩提达摩传》改，不再标出。

② "抛"，底本作"拖"，据吴福祥、顾之川及张华点校本改。

师曰:"吾宁往矣,终不明焉,恐损此人。汝若要委,听吾谶曰:

江槎分玉浪,

【江者,流也。槎者,支也。玉浪者,三藏,总言流支三藏也。】

管炬开金锁。

【管炬者,光也。开者,统也。金锁者,毒药也①。】

五口相共行,

【五口者,吾字也。相共行者,与吾争行佛法,生嫉法心也。】

九十无彼我。

【九十者,卒字也;无彼我者,无彼此之我也。】"

杨衒之而作礼曰:"且辞尊长,愿善保庆!"

时后魏第八主孝明帝大和十九年②入涅槃,寿龄一百五十,葬在熊耳吴坂也。武帝敕昭明太子而述祭文。

灭度后三年,魏使时有宋云西岭为使,却回,逢见达摩手携只履,语宋云曰:"汝国天子已崩。"宋云到魏,果王已崩。遂闻奏后魏第九主孝庄帝,乃开塔,唯见一只履,却取归少林寺供养。

因武帝自制师碑文。代宗皇帝谥号"圆觉大师",敕"空观"之塔。自魏丙辰之岁迁化,迄今壬子岁,得四百一十三年矣。

---

① "也",底本无,据句意补加。
② "后魏第八主孝明帝大和十九年",恐为误,因为北魏第九主孝明帝没有使用此年号。《五灯会元》卷一《菩提达摩传》作"魏文帝大统二年丙辰十月五日"。如果依《祖堂集》后文所说"自魏丙辰之岁迁化,迄今壬子岁,得四百一十三年",那么从"大统二年"(536)至"唐保大十年"(952)的时间应为四百一十六年。

净修禅师赞曰：

　　菩提达摩，化道无为。
　　九年少室，六叶宗师。
　　示灭熊耳，只履西归。
　　梁天不荐，惠可传衣。

菩提达摩传

宋　道原

按语：

　　本传取自 1944 年刊《普会藏》本宋代道原《景德传灯录》卷三。校之以《大正藏》《中华大藏经》《佛光大藏经》。

　　第二十八祖菩提达摩者，南天竺国香至王第三子也，姓刹帝利，本名菩提多罗。

　　后遇二十七祖般若多罗至本国受王供养，知师密迹，因试令与二兄辨所施宝珠，发明心要。既而尊者谓曰："汝于诸法，已得通量。夫达摩者，通大之义也，宜名达摩。"因改号菩提达摩。

　　师乃告尊者曰："我既得法，当往何国而作佛事？愿垂开示。"尊者曰："汝虽得法，未可远游，且止南天竺，待吾灭后六十七载，当往震旦。设大法药，直接上根，慎勿速行，衰于日下。"

　　师又曰："彼有大士堪为法器否？千载之下有留难否？"

　　尊者曰："汝所化之方，获菩提者不可胜数。吾灭后六十余

年,彼国有难,水中文布,自善降之。汝至时,南方勿住。彼唯好有为功业,不见佛理。汝纵到彼,亦不可久留。听吾偈曰:

路行跨水复逢羊,

独自凄凄【校:"凄凄",玉①作"栖栖"。】暗度江。

日下可怜双象马,

二株嫩桂久昌昌。"

复演八偈,皆预谶佛教隆替。【事具《宝林传》及《圣胄集》】师恭禀教义,服勤左右垂四十年未尝废阙。逮尊者顺世,遂演化本国。

时有二师,一名佛大先,一名佛大胜多,本与师同学佛陀跋陀小乘禅观。佛大先既遇般若多罗尊者,舍小趣大,与师并化,时号二甘露门矣。而佛大胜多更分途而为六宗:第一有相宗,第二无相宗,第三定慧宗,第四戒行宗,第五无得宗,第六寂静宗,各封已解,别展化源,聚落峥嵘,徒众甚盛。

大师喟然而叹曰:"彼之一师已陷牛迹,况复支离繁盛而分六宗。我若不除,永缠邪见。"

言已,微现神力至第一有相宗所。问曰:"一切诸法,何名实相?"彼众中有一尊长萨婆罗,答曰:"于诸相中不互诸相,是名实相。"师曰:"一切诸相而不互者若名②实相,当何定耶?"彼曰:"于诸相中实无有定,若定诸相,何名为实?"师曰:"诸相不定便名实相,汝今不定当何得之?"彼曰:"我言不定,不说诸相,当说诸相,其义亦然。"师曰:"汝言不定,当为实相。定

---

① "玉",是指赵城藏本宋代王随《传灯玉英集》。
② "名",底本作"明",据大正藏本、佛光大藏经本改。

不定故，即非实相。"彼曰："定既不定，即非实相，知我非故，不定不变。"师曰："汝今不变，何名实相？已变已往，其义亦然。"彼曰："不变当在，在不在故，故变实相，以定其义。"师曰："实相不变，变即非实。于有无中，何名实相？"萨婆罗心知圣师悬解潜达，即以手指虚空曰："此是世间有相，亦能空故，当我此身得似否？"师曰："若解实相，即见非相；若了非相，其色亦然。当于色中，不失色体；于非相中，不碍有故。若能是解，此名实相。"彼众闻已，心意朗然，钦礼信受。

师又瞥然匿迹，至第二无相宗所。问曰："汝言无相，当何证之？"彼众中有智者波罗提，答曰："我明无相，心不现故。"师曰："汝心不现，当何明之？"彼曰："我明无相，心不取舍；当于明时，亦无当者。"师曰："于诸有无，心不取舍，又无当者，诸明无故。"彼曰："入佛三昧，尚无所得，何况无相而欲知之？"师曰："相既不知，谁云有无？尚无所得，何名三昧？"彼曰："我说不证，证无所证；非三昧故，我说三昧。"师曰："非三昧者，何当名之？汝既不证，非证何证？"波罗提闻师辩析，即悟本心，礼谢于师，忏悔往谬。师记曰："汝当得果，不久证之。此国有魔，非久降之。"言已，忽然不现。

至第三定慧宗所。问曰："汝学定慧，为一为二？"彼众中有婆兰陀者，答曰："我此定慧，非一非二。"师曰："既非一二，何名定慧？"彼曰："在定非定，处慧非慧，一即非一，二亦不二。"师曰："当一不一，当二不二，既非定慧，约何定慧？"彼曰："不一不二，定慧能知，非定非慧，亦复然矣。"师曰："慧非定故，然何知哉？不一不二，谁定谁慧？"婆兰陀闻之，疑心冰释。

至第四戒行宗所。问曰:"何者名戒,云何名行?当此戒行,为一为二?"彼众中有一贤者,答曰:"一二二一,皆彼所生,依教无染,此名戒行。"师曰:"汝言依教,即是有染。一二俱破,何言依教?此二违背,不及于行;内外非明,何名为戒?"彼曰:"我有内外,彼己【校:"己",宋作"巳",元作"已"。宋注云:浙本"己"字作"巳",依《广灯》。邵本作"无"字,依《宝林》也。洪旧本作"巳"字;《正宗记》作"以"字。未详孰是。元注同,但云浙本"己"字作"已"。】① 知竟,既得通达,便是戒行。若说违背,俱是俱非;言及清净,即戒即行。"师曰:"俱是俱非,何言清净?既得通故,何谈内外?"贤者闻之,即自惭服。

至第五无得宗所。问曰:"汝云无得,无得何得?既无所得,亦无得得。"彼众中有宝净②者,答曰:"我说无得,非无得得;当说得得,无得是得。"师曰:"得既不得,得亦非得,既云得得,得得何得?"彼曰:"见得非得,非得是得,若见不得,名为得得。"师曰:"得既非得,得得无得;既无所得,当何得得?"宝净闻之,顿除疑网。

至第六寂静宗所。问曰:"何名寂静?于此法中,谁静谁寂?"彼有尊者,答曰:"此心不动,是名为寂;于法无染,名之

---

① "己",底本作"巳"。从上下文看,"彼巳"校改为"己"为宜。底本校注中的"宋",是"宋本",是上海涵芬楼据常熟瞿氏铁琴铜剑楼藏本的影印本。"浙本""邵本""洪旧本",皆是宋本校注中提到的,不得其详。"元本"是日本《大正藏》第51册所载本,是据元延祐三年(1316)湖州道场禅幽庵刻本排印的。《广灯》是宋李遵勖编《天圣广灯录》,《宝林》是唐惠炬编撰《宝林传》,《正宗记》是宋契嵩《传法正宗记》。

② "宝净",大正藏本、中华藏本、佛光大藏经本皆作"宝静"。本段下同。

为静。"师曰:"本心不寂要假寂静,本来寂故何用寂静?"彼曰:"诸法本空,以空空故,于彼空空,故名寂静。"师曰:"空空已空,诸法亦尔,寂静无相,何静何寂?"彼尊者闻师指诲,豁然开悟。

既而六众,咸誓归依。由是化被南天,声驰五印,远近学者,靡然向风。经六十余载,度无量众。

后值异见王轻毁三宝,每云:"我之祖宗皆信佛道,陷于邪见,寿年不永,运祚亦促。且我身是佛,何更外求!善恶报应,皆因多智之者妄构其说。"至于国内耆旧为前王所奉者,悉从废黜。

师知已,叹彼德薄,当何救之。又念无相宗中二首领,其一波罗提者,与王有缘,将证其果;其二宗胜者,非不博辩,而无宿因。时六宗徒众亦各念言:"佛法有难,师何自安?"师遥知众意,即弹指应之。六众闻之,云:"此是我师达摩信响,我等宜须速行,以副慈命。"言已至师所,礼拜问讯。师曰:"今一叶翳虚,孰能剪拂?"宗胜曰:"我虽浅薄,敢惮其行。"师曰:"汝虽辩慧,而道力未全。"宗胜自念:"我师恐我见王作大佛事,名誉显达,映夺尊威。纵彼福慧为王,我是沙门,受佛教旨,岂难敌也。"

言讫潜去,至王所,广说法要及世界苦乐人天善恶等事。王与之往返征诘,无不诣理。王曰:"汝今所解,其法何在?"宗胜曰:"如王治化,当合其道,王所有道何在?"王曰:"我所有道将除邪法,汝所有法将伏何人?"师不起于坐,悬知宗胜义堕。遽告波罗提曰:"宗胜不禀吾教,潜化于王,须臾即屈,汝可速救。"

波罗提恭禀师旨云:"愿假神力。"言已,云生足下,至王前,默然而住。时王正问宗胜,忽见波罗提乘云而至,愕然忘其问答。曰:"乘空之者是正是邪?"答曰:"我非邪正,而来正邪。王心若正,我无邪正。"王虽惊异,而骄慢方炽,即摈宗胜令出。波罗提曰:"王既有道,何摈沙门;我虽无解,愿王致问。"王怒而问曰:"何者是佛?"答曰:"见性是佛。"王曰:"师见性否?"答曰:"我见佛性。"王曰:"性在何处?"答曰:"性在作用。"王曰:"是何作用,我今不见。"答曰:"今见作用,王自不见。"王曰:"于我有否?"答曰:"王若作用,无有不是;王若不用,体自①难见。"王曰:"若当用时,几处出现?"答曰:"若出现时,当有其八。"王曰:"其八出现,当为我说。"波罗提即说偈曰:

　　在胎为身,处世名人,
　　在眼曰见,在耳曰闻,
　　在鼻辨香,在口谈论,
　　在手执捉,在足运奔。
　　遍现俱该沙界,收摄在一微尘。
　　识者知是佛性,不识唤作精魂。

王闻偈已,心即开悟,乃悔谢前非,咨询法要,朝夕忘倦,迄于九旬。

时宗胜既被斥逐,退藏深山。念曰:"我今百岁,八十为非,二十年来方归佛道,性虽愚昧,行绝瑕疵,不能御难,生何如死。"言讫,即自投崖。俄有一神人以手捧承置于岩石之上,安然无损。宗胜曰:"我忝沙门,当与正法为主,不能抑绝王非,是以捐身自责,何神祐助,一至于斯?愿垂一语,以保余年。"

―――――――――――――

① "自",大正藏本、中华藏本、佛光大藏经本皆作"亦"。

于是神人乃说偈曰：

师寿于百岁，八十而造非。
为近至尊故，熏修而入道。
虽具少智慧，而多有彼我。
所见诸贤等，未尝生珍敬。
二十年功德，其心未恬静。
聪明轻慢故，而获至于此。
得王不敬者，当感果如是。
自今不疏怠，不久成奇智。
诸圣悉存心，如来亦复尔。

宗胜闻偈欣然，即于岩间宴坐。

时异见王复问波罗提曰："仁者智辩，当师何人？"答曰："我所出家，即娑罗寺乌沙婆三藏为授业师；其出世师者，即大王叔菩提达摩是也。"王闻师名，惊骇久之。曰："鄙薄忝嗣王位，而趣邪背正，忘我尊叔。"遽敕近臣，特加迎请。

师即随使而至，为王忏悔往非。王闻规诫，泣谢于师，又诏宗胜归国。大臣奏曰："宗胜被谪投崖，今已亡矣。"王告师曰："宗胜之死，皆自于吾，如何大慈，令免斯罪？"师曰："宗胜今在岩间宴息，但遣使召，当即至矣。"

王即遣使入山，果见宗胜端居禅寂。宗胜蒙召，乃曰："深愧王意，贫道誓处岩泉。且王国贤德如林，达摩是王之叔，六众所师，波罗提法中龙象，愿王崇仰二圣，以福皇基。"使者复命，未至，师谓王曰："知取得宗胜否？"王曰："未知。"师曰："一请未至，再命必来。"良久使还，果如师语。师遂辞王曰："当善修德，不久疾作，吾且去矣。"

经七日，王乃得疾，国医诊治，有加无瘳。贵戚近臣，忆师前记，急发使告师曰："王疾殆至弥留，愿叔慈悲远来诊①救。"师即至王所，慰问其疾。时宗胜再承王召，即别岩间。波罗提久受王恩，亦来问疾。波罗提曰："当何施为，令王免苦？"师即令太子为王宥罪施恩，崇奉僧宝，复为王忏悔云："愿罪消灭。"如是者三，王疾有间。

师心念："震旦缘熟，行化时至。"乃先辞祖塔，次别同学，然至王所，慰而勉之曰："当勤修白业，护持三宝，吾去非晚，一九即回。"王闻师言，涕泪交集，曰："此国何罪，彼土何祥？叔既有缘，非吾所止。唯愿不忘父母之国，事毕早回。"王即具大舟，实以众宝，躬率臣寮，送至海壖。

师泛重溟，凡三周寒暑，达于南海，实梁普通八年丁未岁九月二十一日也。广州刺史萧昂具主礼迎接，表闻武帝。帝览奏，遣使赍诏迎请。十月一日至金陵。【校：宋元注云：嵩禅师以梁僧宝唱《续法记》为据作《正宗记》，言达摩以梁武普通元年庚子岁至此土，其年乃后魏明帝正光元年也。若如此则与后入灭启圹等年皆相合。若据此，称普通八年丁未岁九月二十一日至南海，十月一日至金陵，则甚误也。盖普通八年三月已改为大通元年，则九月不应尚称普通八年也。南海者，今广州也，去金陵数千里，刺史奏闻而武帝诏迎，岂可十日之间便至金陵耶？又按《南史》萧昂本传，不言昂为广州刺史，但《王茂传》末有广州长史萧昂，然不知何年在任，今止可云：达于南海，实梁普通元年，广州刺史具主礼迎接，表闻武帝。帝览奏，遣使赍诏迎请，十月一日至金陵。】

---

① "诊"，底本作"㐱"，佛光大藏经本、大正藏本均作"畛"，当为"诊"。

帝问曰："朕即位已来，造寺、写经、度僧，不可胜纪，有何功德？"师曰："并无功德。"帝曰："何以无功德？"师曰："此但人天小果有漏之因，如影随形，虽有非实。"帝曰："如何是真功德？"答曰："净智妙圆，体自空寂。如是功德，不以世求。"帝又问："如何是圣谛第一义？"师曰："廓然无圣。"帝曰："对朕者谁？"师曰："不识。"帝不领悟。

师知机不契，是月十九日潜回【校：《广灯》"回"作"过"字。】江北，十一月二十三日届于洛阳，当后魏孝明太和十年也。【宋元注云：当云后魏孝明正光元年也。若据太和十年，乃后魏文帝时，是年即南齐武帝永明四年丙寅岁也。】寓止于嵩山少林寺，面壁而坐，终日默然，人莫之测，谓之壁观婆罗门。

时有僧神光者，旷达之士也。久居伊洛，博览群书，善谈玄理，每叹曰："孔老之教，礼术风规；庄易之书，未尽妙理。近闻达摩大士住止少林，至人不遥，当造玄境。"乃往彼，晨夕参承。师常端坐面墙，莫闻诲励。

光自惟曰："昔人求道，敲骨取髓，刺血济饥，布发掩泥，投崖饲虎。古尚若此，我又何人！"其年十二月九日夜，天大雨雪，光坚立不动。迟明，积雪过膝。师悯而问曰："汝久立雪中，当求何事？"光悲泪曰："惟愿和尚慈悲，开甘露门，广度群品。"师曰："诸佛无上妙道，旷劫精勤，难行能行，非忍而忍，岂以小德小智、轻心慢心，欲冀真乘，徒劳勤苦！"光闻师诲励，潜取利刀，自断左臂，置于师前。师知是法器，乃曰："诸佛最初求道，为法忘形。汝今断臂吾前，求亦可在。"师遂因与易名曰慧可。

光曰："诸佛法印，可得闻乎？"师曰："诸佛法印，匪从人得。"光曰："我心未宁，乞师与安。"师曰："将心来，与汝安。"曰:"觅心了不可得。"师曰:"我与汝安心竟。"

后孝明帝闻师异迹,遣使赍诏征。前后三至,师不下少林。帝弥加钦尚,就赐摩衲袈裟三【校:宋元明清作"二"。】领、金钵、银水瓶、缯帛等。师牢让三返,帝意弥坚,师乃受之。自尔,缁白之众倍加信向。

迄九年已,欲西返天竺,乃命门人曰:"时将至矣,汝等盍各言所得乎?"时门人道副对曰:"如我所见,不执文字,不离文字而为道用。"师曰:"汝得吾皮。"尼总持曰:"我今所解,如庆喜见阿閦佛国,一见更不再见。"师曰:"汝得吾肉。"道育曰:"四大本空,五阴非有,而我见处,无一法可得。"师曰:"汝得吾骨。"最后慧可礼拜后,依位而立。师曰:"汝得吾髓。"

乃顾慧可而告之曰:"昔如来以正法眼付迦叶大士,展转嘱累而至于我。我今付汝,汝当护持。并授汝袈裟以为法信,各有所表,宜可知矣。"可曰:"请师指陈。"师曰:"内传法印以契证心,外付袈裟以定宗旨。后代浇薄,疑虑竞生,云吾西天之人,言汝此方之子,凭何得法,以何证之?汝今受此衣法,却后难生,但出此衣并吾法偈用以表明,其化无碍。至吾灭后二百年,衣止不传,法周沙界,明道者多,行道者少;说理者多,通理者少;潜符密证,千万有余。汝当阐扬,勿轻未悟,一念回机,便同本得。听吾偈曰:

  吾本来兹土,传法救迷情。
  一华①开五叶,结果自然成。"

师又曰:"吾有《楞伽经》四卷,亦用付汝,【校:宋元注云:

---

① "华",通"花"。

此盖依《宝林传》之说也。按宣律师《续高僧传·可大师传》云：初达摩以《楞伽经》授可曰："我观汉地唯有此经，仁者依行，自得度世。若如传所言，则是二祖未得法时，达摩授《楞伽》使观之耳。"今《传灯》乃于付法传衣之后言："师又曰：'吾有《楞伽经》四卷，亦用付汝。'"则恐误也，兼言吾有，则似世间未有也。此但可依马祖所言云："又引《楞伽经》文，以印众生心地。"则于理无害耳。】即是如来心地要门，令诸众生开示悟入。吾自到此，凡五度中毒，我常自出而试之，置石石裂。缘吾本离南印来此东土，见赤县神州有大乘气象，遂逾海越漠，为法求人，际会未谐，如愚若讷，今得汝传授，吾意已终。"【别记云，师初居少林寺九年，为二祖说法，只教曰：外息诸缘，内心无喘，心如墙壁，可以入道。慧可种种说心性理，道未契。师只遮其非，不为说无念心体。慧可曰："我已息诸缘。"师曰："莫不成断灭去否？"可曰："不成断灭。"师曰："何以验之，云不断灭？"可曰："了了常知故，言之不可及。"师曰："此是诸佛所传心体，更勿疑也。"】言已，乃与徒众往禹门千圣寺，止三日。

有邺城太守杨衒之，早慕佛乘，问师曰："西天五印师承为祖，其道如何？"师曰："明佛心宗，行解相应，名之曰祖。"又问："此外如何？"师曰："须明他心，知其今古，不厌有无，于法无取，不贤不愚，无迷无悟。若能是解，故称为祖。"又曰："弟子归心三宝，亦有年矣，而智慧昏蒙，尚迷真理，适听师言，罔知攸措。愿师慈悲，开示宗旨。"师知恳到，即说偈曰：

亦不睹恶而生嫌，亦不观善而勤措。

亦不舍智而近愚，亦不抛迷而就悟。

达大道兮过量，通佛心兮出度。

不与凡圣同躔，超然名之曰祖。

衔之闻偈，悲喜交并，曰："愿师久住世间，化导群有。"师曰："吾即逝矣，不可久留。根性万差，多逢患难。"衔之曰："未审何人，弟子为师除得。"师曰："吾以传佛秘密，利益迷途，害彼自安，必无此理。"衔之曰："师若不言，何表通变观照之力。"师不获已，乃为谶曰：

江槎分玉浪，

管炬开金锁，

五口相共行，

九十无彼我。①

衔之闻语，莫究其端，默记于怀，礼辞而去。

师之所谶，虽当时不测，而后皆符验。时魏氏奉释，禅俊如林。光统律师、流支三藏者，乃僧中之鸾凤也。睹师演道，斥相指心，每与师论议，是非锋②起。师遐振玄风，普施法雨，而偏局之量，自不堪任，竟起害心，数加毒药。至第六度，以化缘已毕，传法得人，遂不复救之，端居而逝，即后魏孝明帝太和十九年丙辰岁十月五日也。【校：宋元注云：依《续法记》，则十月五日乃孝庄帝永安元年，即梁大通二年戊申岁。其年即明帝武泰元年也。二月明帝崩，四月庄帝即位，改元建义，至九月又改永安也。后云"汝主已厌世"，谓是岁明帝崩也。据《传灯》云，丙辰岁即东魏文帝大统二年，西魏静帝天平三年，梁大同二年，与厌世之说全乖也。又太和十九年，乃后魏文帝时，即南齐明帝建武二年乙亥岁，殊相辽邈耳。】其年十二月二十八日葬熊耳山，起塔于定林寺。

后三岁，魏宋云奉使西域回，遇师于葱岭，见手携只履，翩

---

① 达摩的谶语暗喻详见《祖堂集》卷二所释，在此不一一详注。
② "锋"，底本作"蜂"，据大正藏本、佛光大藏经本改。

翩独逝。云问："师何往?"师曰："西天去。"又谓云曰："汝主已厌世。"云闻之茫然，别师东迈。暨复命，即明帝已登遐矣。迨孝庄即位，云具奏其事。帝令启圹，唯空棺，一只革履存焉。【校：宋元注云：若依《续法记》，则后三岁乃庄帝永安三年庚戌岁，当梁武中大通二年也。其年十二月庄帝方崩。奉使回时，帝尚在耳。若据《传灯》，则后三岁乃己未岁，即西魏文帝大统五年，东魏静帝兴和元年，当梁武大同五年也。如此，则岂复有孝庄帝耶？又称宋云遇师于葱岭，尤误也。宋云使西域回时，已在魏明帝正光年中矣。然则遇师于葱岭者，盖是魏末别遣使往西域回耳。○但当云：后三岁魏使有自西域回者，遇师于葱岭，见手携只履，翩翩独逝。问师："何往?"曰："西天去。"又谓使曰："汝主已厌世。"使闻之茫然，别师东迈，暨复命，即明帝已登遐矣。而孝庄即位，奉使具奏其事，帝令启圹，唯空棺，一只革履存焉。】举朝为之惊叹，奉诏取遗履于少林寺供养，至唐开元十五年丁卯岁，为信道者窃在五台华严寺，今不知所在。

初梁武遇师，因缘未契，及闻化行魏邦，遂欲自撰师碑而未暇也，后闻宋云事乃成之。代宗谥圆觉大师，塔曰空观。师自魏丙辰岁告寂，迄皇宋景德元年甲辰，得四百六十七年矣。【校：宋元注云：当云自魏至庚子岁告寂，迄皇宋景德元年甲辰，得四百七十五年矣。凡此年代之差，皆由《宝林传》错误，而杨文公[①]不复考究耳。】

[①] 杨文公，是宋代杨亿（974~1020），字大年，文公是其谥号。北宋建州浦城（今属福建省浦城县）人。真宗时任翰林学士左司谏知制诰，奉诏参与刊削裁定《景德传灯录》。

二、二祖慧可传记

齐邺中释僧可传

唐 道宣

按语：

此传取自唐道宣《续高僧传》卷十六，即由中华书局出版《中华大藏经》（原本是赵城《金藏》）第61册所载《续高僧传》，校之以《大正藏》第50册的载录本及《大正藏》卷51宋道原《景德传灯录》卷三《慧可传》。

释僧可，一名慧可。俗姓姬氏，虎牢人。外览坟素①，内通藏典。末怀道京辇，默观时尚，独蕴大照，解悟绝群。虽成道非新，而物贵师受，一时令望咸共非之，但权道无谋，显会非远，自结斯要，谁能系之？

年登四十，遇天竺沙门菩提达摩游化嵩洛。可怀宝知道，一见悦之，奉以为师。毕命承旨，从学六载，精究一乘，理事兼融，苦乐无滞，而解非方便，慧出神心。可乃就境陶研，净秽埏

---

① "坟素"，泛指古代典籍，如晋潘岳《闲居赋》："傲坟素之场圃，步先哲之高衢。"

埋方知，力用坚固不为缘陵。达摩灭化洛滨，可亦埋形河涘①。而昔怀嘉誉，传檄邦畿，使夫道俗来，仪请从师范。可乃奋②其奇辩，呈其心要，故得言满天下，意非建立；玄籍遐览，未始经心。

后以天平之初③，北就新邺④，盛开秘苑⑤，滞文之徒，是非纷举。时有道恒禅师，先有定学王宗邺下，徒侣千计。承可说法，情事无寄⑥，谓是魔语。乃遣众中通明者，来殄可门。既至，闻法泰然心服，悲感盈怀，无心返告。恒又重唤，亦不闻命，相从多使，皆无返者。他日遇恒，恒曰："我用尔许功夫开汝眼目，何因致此？"诸使答曰："眼本自正，因师故邪耳。"恒遂深恨谤恼于可。货赇俗府非理屠害，初无一恨几其至死。恒众庆快。遂使了本者，绝学浮华；谤黩者，操刀自拟。始悟一音所演，欣怖

---

① "河涘"之"涘"，指水边，因此"河涘"就是指在黄河边。宇井伯寿在《禅宗史研究·慧可传记》一节中，依道宣此处记载说："达摩圆寂后，慧可在黄河旁居住。"（东京：岩波书店，1966年，第39页）
② "奋"，底本作"夺"，据大正藏本改。
③ "天平之初"，当为东魏天平年（534~537）之间，这期间，北魏分裂成东魏与西魏。"天平"是东魏孝静帝元善见的第一个年号。
④ "新邺"，邺城始建于春秋时期，先后成为曹魏、冉魏、前燕、北魏、东魏、北齐六个朝代的都城，是当时北方政治、军事、经济、文化中心。邺本有二城：北城位于漳水之北，即今河北省邯郸市临漳县西南邺镇、三台村迤东一带（距县城约18千米）；南城兴建于东魏初年，在今河南省安阳市境内漳水之南，东西六里，南北八里六十步，较北城大。因此，此处的"新邺"，在今河南省安阳市北，为东魏的都城。
⑤ "苑"，底本作"菀"，据大正藏本改。
⑥ "情事无寄"，乃是慧可承达摩不重经文，不固守坐禅程序，于一切无所执着，直探心源的禅法主张。

交怀，海迹蹄滢浅深斯在。可乃从①容顺俗。时惠清猷乍托吟谣，或因情事澄汰，恒抱写割烦芜，故正道远而难希，封滞近而易结，斯有由矣。遂流离邺、卫，亟展寒温。道竟幽而且玄，故末绪卒无荣嗣。

有向居士者，幽遁林野木食。于天保之初，道味相师，致书通好曰："影由形起，响逐声来。弄影劳形，不知形之是影；扬声止响，不知声是响根。除烦恼而求涅槃者，喻去形而觅影；离众生而求佛果，喻默声而寻响。故知②迷悟一途，愚智非别。无名作名，因其名则是非生矣；无理作理，因其理则争③论起矣。幻化非真，谁是谁非？虚妄无实，何空何有？将知得无所得，失无所失。未及造谈，聊申④此意，想为答之！"

可命笔述意曰："说此真法皆如实，与真幽理⑤竟不殊。本迷摩尼谓瓦砾，豁⑥然自觉是真珠。无明智慧等无异，当知万法即皆如。愍此二见之徒辈，申词措笔作斯书。观身与佛不差别，何须更觅彼无余。"其发言入理未加铅墨，时或缵之，乃成部类，具如别卷。

时复有化公、廖⑦公、和禅师等，各通冠玄奥，吐言清迥，托事寄怀。闻诸口实，而人世非远，碑记罕闻。微言不传，清德

---

① "从"，底本作"纵"，据句意及大正藏本改。
② "知"，底本无，据《景德传灯录·慧可传》加。
③ "争"，底本作"诤"，据《景德传灯录·慧可传》改。
④ "申"，底本作"伸"，据《景德传灯录·慧可传》改。
⑤ "真幽理"，底本作"真理幽"，据大正藏本及《景德传灯录·慧可传》改。
⑥ "豁"，底本作"壑"，据大正藏本及《景德传灯录·慧可传》改。
⑦ "廖"，大正藏本作"彦"。

谁序？深可痛矣！

时有林法师，在邺盛讲《胜鬘》① 并制文义。每讲人聚，乃选通三部经者，得七百人，预在其席。及周灭法②与可同学共护经像。

初达摩禅师以四卷《楞伽》授可曰："我观汉地，惟有此经，仁者依行，自得度世。"可专附玄理如前所陈。遭贼斫臂，以法御心，不觉痛苦。火烧斫处，血断，帛裹乞食如故，曾不告人。后林又被贼斫其臂，叫号③通夕。可为治，裹乞食供林。林怪可手不便，怒之。可曰："饼食在前，何不自裹？"林曰："我无臂也，可不知耶？"可曰："我亦无臂，复何可怒？"因相委问，方知有功。故世云"无臂林"矣。

每可说法竟，曰："此经④，四世之后变成名相，一何可悲！"

---

① 《胜鬘》，即《胜鬘经》，全称《胜鬘狮子吼一乘大方便方广经》，也称《狮子吼经》。南朝宋求那跋陀罗译。共一卷。为佛教如来藏思想体系的经典，收载于《大正藏》第12册。
② "周灭法"，指北周武帝宇文邕（543~578），于建德三年（574）下诏灭佛，建德六年（577）灭北齐，并在北齐境内即其都邺城内推行灭佛政策，此时慧可与林法师为伴，护持经像，隐藏民间。《神会语录·第二代北齐可禅师传》中云："值周武帝灭佛法，遂隐居舒州岘山。"杨曾文编校《神会和尚禅话录》，北京：中华书局，1996年，第105页。这里的舒州岘山，宇井伯寿认为当是指安徽省潜山市西北的皖公山。宇井伯寿《禅宗史研究·慧可传记》，东京：岩波书店，1966年，第42页。
③ "号"，通"嚎"，指大声呼喊。
④ "此经"，就是指上文达摩授予慧可的南朝宋元嘉二十年（443）由求那跋陀罗所译四卷《楞伽经》，全称《楞伽阿跋多罗宝经》，亦称《入楞伽经》《大乘入楞伽经》。关于此经还有北魏菩提流支所译十卷本、唐代于阗（今新疆和田）僧人实叉难陀所译七卷本。由于求那跋陀罗的译本最早，更接近本经的原始义，因此流传广、影响大。

有那禅师者，俗姓马氏。年二十一，居东海，讲《礼》《易》①。行学四百，南至相州②，遇可说法。乃与学士十人，出家受道。诸门人于相州东设斋，辞别，哭声动邑。那自出俗，手不执笔及俗书，惟服一衣一钵，一坐一食，以可常行，兼奉头陀③。故其所往，不参邑落。

有慧满者，荥阳④人，姓张。旧住相州隆化寺。遇那说法，便受其道。专务无着，一衣一食，但畜二针。冬则乞补，夏便通舍，覆赤而已。自述一生无有怯怖，身无蚤虱，睡而不梦。住无再宿，到寺则破柴造履，常行乞食。贞观十六年（642），于洛州⑤南，会善寺侧，宿柏墓中，遇雪深三尺。其旦，入寺见昙旷法师，怪所从来。满曰："法友来耶，遣寻坐处。"四边五尺许雪，自积聚不可测也。故其闻，有括访诸僧逃隐。满便持衣钵，周行聚落，无可滞碍，随施随散，索尔虚闲。有请宿斋者，告云："天下无人方受尔请。"故满每说法云："诸佛说心，令知心

---

① "《礼》《易》"，指孔子所整理六经中的《礼经》、《易经》（即《周易》）。
② "相州"，古州名，治所在隋代前之北魏、东魏、北齐、北周一直在邺城（今河北省临漳县西，河南省安阳市北郊），北齐承光元年（577）正月，北周军队破邺灭齐，北周以邺为相州，邺城于北周大象二年（580）被杨坚所毁。北周灭佛时（574~578），慧可在安徽皖公山隐居一段时间后，又回到了邺城即当时北周的相州，故言那禅师至相州遇到慧可。
③ "头陀"，底本作"头陁"，据大正藏本改。头陀，汉译为抖擞，即抖擞衣服、饮食、住处等三种贪着的行法，以此去除尘垢烦恼。苦行之一。修头陀行者要遵守十二条规则，故也叫作十二头陀。俗称行脚乞食的苦行僧人为头陀，亦称行者。
④ "荥阳"，今河南省荥阳市。
⑤ "洛州"，唐朝初年的时候将河南郡改名为洛州，治所在洛阳县（现在洛阳市东北）。

相是虚妄法。今乃重加心相,深违佛意。又增论议,殊乖大理。"故使那、满等师,常赍四卷《楞伽》,以为心要,随说随行,不爽遗委。后于洛阳①中无疾坐化,年可七十。斯徒,并可之宗系,故可别叙。

齐朝邺中沙门惠可

唐　释净觉

按语:

本传取自唐净觉《楞伽师资记》。笔者以矢吹庆辉校刊的载入《大正藏》第 85 册之本为底本,主要校之以中华书局出版《中华大藏经》(原本是赵城《金藏》)第 74 册中《景德传灯录》卷三所载《第二十九祖慧可大师》,并参考柳田及篠原寿雄的校本。

第三,齐朝邺中沙门惠可,承达摩②禅师后。其可禅师,俗姓姬,武牢③人。年四十④,遇达摩禅师⑤游化嵩洛,奉事六载,

---

① "洛阳",底本作"洛陶",据大藏经本改。
② "达摩",底本作"达摩",柳田本作"达摩",一般多作"达摩",故改之。
③ "武牢",即虎牢,今河南省荥阳市汜水镇。
④ "年四十",底本作"年十四"。道宣《续高僧传》卷十六《齐邺中释僧可传》中说:"年登四十,遇天竺沙门菩提达摩游化嵩洛。"可知应是"年四十"之误,故改之。
⑤ "师",底本脱"师"字,据柳田本、篠原寿雄本加。

精究一乘，附于玄理。略说修道，明心要法，直①登佛果。

《楞伽经》云：牟尼寂静观，是则远离生死，是名为不取。今世、后世，净十方诸佛，若有一人，不因坐禅而成佛者，无有是处。《十地经》云：众生身中，有金刚佛性②，犹如日轮，体明圆满，广大无边。只为五荫，重云覆障，众生不见。若逢智风，飘荡五阴，重云灭尽，佛性圆照，焕然明净。

《华严经》云：广大如法界，究竟如虚空。亦如瓶内灯光，不能照外；亦如世间云雾，八方俱起，天下阴暗，日光岂得明净，日光不坏，只为云雾障，一切众生清净之③性，亦复如是。只为攀缘妄念诸见，烦恼重云，覆障圣道，不能显了。若妄念不生，默然净坐，大涅槃日，自然明净。

俗书云：冰生于水，而冰遏水。冰泮而水通。妄起于真，而妄迷真，妄尽而真现。即心海澄清，法身空净也。故学人依文字语言为道者，如风中灯，不能破暗，焰焰谢灭。若净坐无事，如密④室中灯，则能⑤破暗，照⑥物分明。若了心源清净，一切愿足，一切行满，一切皆办⑦，不受后有。得此法身者，恒沙众生

---

① "直"，底本作"真"，据柳田本、篠原寿雄本改。
② "金刚佛性"，底本作"金刚佛"，据柳田本、篠原寿雄本改。
③ "之"，底本无，据柳田本、篠原寿雄本加。
④ "密"，底本为"蜜"，恐"密"之误，据柳田本、篠原寿雄本改。
⑤ "能"，底本作"解"，据柳田本、篠原寿雄本改。
⑥ "照"，底本作"昭"，据柳田本、篠原寿雄本改。
⑦ "办"，底本作"辨"。"一切皆办"，《遗教经》云："制之一处，无事不办。"（见后秦鸠摩罗什译《佛遗教经》，《大正藏》第12册，第1111页上。）故改为"办"，"一切皆办"或"无事不办"，意为一切事情皆可得成就。

中,莫过有一人①,亿亿劫中,时有一人,与此相应耳。

若精诚不内发,三世中纵值恒沙诸佛,无所为。是知,众生识心自度,佛不度众生。佛若能度众生,过去逢无量恒沙诸佛,何故我等不成佛?只是精诚不内发,口说得,心不得,终不免逐业受形。故佛性犹如天下有日月,木②中有火。人中有佛性,亦名佛性灯,亦名涅槃镜。是故,大涅槃镜,明于日月,内外圆净,无边无际。犹如炼金,金质灭尽,金性不坏。众生生死相灭,法身不坏。亦如塈团坏,亦如波浪灭,水性不坏。众生生死相灭,法身不坏。坐禅有功,身中自证。故画日饼,尚未堪餐,说食焉能使饱。虽欲去其前塞,翻令后楣弥坚。

《华严经》云:譬如贫穷人,昼夜数他宝,自无一钱分。多闻亦如是。又读者暂看,急须并却,若不舍还,同文字学,则何异煎流水以求冰,煮沸汤而觅雪。是故诸佛说说,或说与不说③,诸法实相中,无说无不说,解斯举一千从。

《法华经》云:非实非虚,非如非异。大师④云:说此真法皆如实,与真幽理竟不殊。本迷摩尼谓瓦砾,豁然⑤自觉是真珠。无明智慧等无异,当万知法即皆如。愍⑥此二见诸徒辈,申词措

---

① "人",底本作"行",依句意改。
② "木",底本作"水",据柳田本、篠原寿雄本改。
③ "或说与不说",底本作"或说说于不说",据柳田本、篠原寿雄本改。
④ "大师",指慧可。所说的内容即道宣《续高僧传》卷十六《齐邺中释僧可传》中慧可答复向居士信的内容。
⑤ "然",底本作"能",据篠原寿雄本及唐道宣《续高僧传·慧可传》改。《大正藏》第50册,第551页下。
⑥ "愍",底本作"敏",据柳田本、篠原寿雄本改。

笔作斯书①。观身与佛不差别，何须更觅彼无余。又云：吾本发心时，截一臂。从初夜雪中立，直至三更，不觉雪过于膝，以求无上道。

《华严经》第七卷中说：东方入正受，西方三昧起。于②眼根中入正受，于色法中三昧起。示现色法不思议，一切天人莫能知。于色法中入正受，于眼起定念不乱。观眼无生无自性，说空寂灭无所有，乃至耳鼻舌身意，亦复如是。童子身入正受，于壮年身三昧起；壮年身入正受，于老年身三昧起；老年身入正受，于善女人三昧起；善女人入正受，于善男子三昧起；善男子入正受，于比丘尼身三昧起；比丘尼身入正受，于比丘身三昧起；比丘身入正受，于学无学三昧起；学无学③入正受，于缘觉身三昧起；缘觉身入正受，于如来身三昧起。一④毛孔中入正受，一切毛孔三昧起；一切毛孔入正受，一毛端头三昧起；一毛端头⑤入正受，一切毛端三昧起；一切毛端入正受，一微尘中三昧起；一微尘中入正受，一切微尘三昧起。大海水入正受，于大盛火三昧起；一身能作无量身，以无量身作一身。解斯举一千从，万物皆然也。

---

① "书"，底本无，据柳田本、篠原寿雄本加。
② "于"，底本作"其"，据柳田本、篠原寿雄本改。
③ "学无学"，底本作"无学"，据柳田本、篠原寿雄本、东晋佛驮跋陀罗译"六十华严"卷七加。《大正藏》第9册，第439页上。
④ "一"，底本无，据柳田本、篠原寿雄本、东晋佛驮跋陀罗译"六十华严"卷七加。《大正藏》第9册，第439页上。
⑤ "端头"，底本作"端"，据柳田本、篠原寿雄本、东晋佛驮跋陀罗译"六十华严"卷七加。《大正藏》第9册，第439页上。

北齐嵩山少林寺释惠可

唐　杜朏

按语：

本传取自杨曾文校写《新版敦煌新本·六祖坛经》附录唐京兆杜朏（字方明）撰《传法宝纪》。并参考1971年柳田圣山据P3559本的校本，收在由筑摩书房出版的《初期的禅史Ⅰ》之中。

释僧可，一名惠可，武牢人，俗姓姬氏。少为儒，博闻尤精《诗》《易》。知世典非究竟法，因出家。年四十，方遇达摩大师，深求至道，六年勤恳，而精心专竭，始终如初闻。大师言："能以身命，为法不吝。"便断其左臂，颜色不异，有若遗土。大师知堪闻道，乃方便开示，即时其心直入法界。四五年精究明彻。大师既示西还，后居少林寺。行住坐卧，心冥真境，随机化道，如响应声，触物指明，动为至会。故门人窃有存录。后魏天平中，游邺、卫，多所化度。僧有深忌者，又默鸩之。惠可知便受食，毒不能害。时有向居士、化公、廖公禅师，咸因得本心，皆作①道用。自后门人滋广，开悟甚多。临终谓弟子僧璨曰："吾身法而受传嘱，今以付汝，汝当广劝开济。亦以《楞伽经》与人手传。"因叹曰："此经四世后，变成名相，悲哉！"

---

① "作"，底本作"任"，据柳田本改。

北齐可禅师

唐　神会

按语：

本传取自唐刘澄集《南阳和尚问答杂征义》。录自杨曾文编校《神会和尚禅话录》（中华书局，1996年）。校之以铃木大拙与公田连太郎合作校订石井光雄《敦煌出土神会录》，题为《敦煌出土菏泽神会禅师语录》，收载于1968年岩波书店出版的《铃木大拙全集》第三卷。也参考了胡适《神会和尚遗集》，由1968年台湾胡适纪念馆出版。

第二代北齐可禅师，承达摩大师之后。俗姓周①，武牢②人也。时年四十，奉事达摩。经于九年，闻说《金刚般若波罗经》，言下证"如来实无有法即佛，菩提离一切法，是名诸佛"。得授记已，值周武帝灭佛法，遂隐居舒州岘山③。达摩灭

---

① "周"，关于慧可，诸本皆言其姓"姬"，唯此言姓"周"，不过此中言姓周，也可以是指姓姬，因为姬姓是中华上古八大姓之一，为黄帝之姓、周朝以及吴国、鲁国、燕国、卫国、晋国、郑国等诸侯国的国姓。慧可是虎牢人，虎牢在今河南省荥阳市汜水镇，相传周穆王获虎为押畜于此，故名。而周穆王（约前1054~前949），姬姓，名满。周昭王之子，西周第五位君主。故此言姓"周"，也可以是指姓姬。
② "武牢"，道宣《续高僧传·慧可传》作"虎牢"，胡适校注认为"武牢及虎牢，唐朝人避讳，改'虎'作'武'"。
③ "舒州岘山"，宇井伯寿认为当是指安徽省潜山市西北的皖公山。宇井伯寿《禅宗史研究·慧可传记》，东京：岩波书店，1966年，第42页。

后，经四十年外，重开法门，接引群品。于时璨禅师奉事，首末经六年。经①依《金刚经》说如来知见，言下便悟："受持读诵此经，即为如来知见。"密授默语，以为法契；便传袈裟，以为法信，即如文殊师利授善财记。可大师谓璨曰："吾归邺都还债。"

遂从岘山至邺都说法，或于市肆街巷，不恒其所。道俗归仰，不可胜数。经一十年，时有灾难，竞起扇乱，递相诽谤，为妖邪坏乱佛法。遂经成安县令翟仲偘，其人不委所由，乃打煞慧可。死经一宿重活，又被毒药而终。扬《楞伽》邺都故事，第十卷具说。

北齐朝第二祖惠可禅师

按语：

本传取自不著撰人的《历代法宝记》，本传以《大正藏》本为底本，主要参校柳田及金九校本。

北齐朝第二祖惠可禅师，俗姓姬，武牢人也。时年四十，奉事大师六年。先名神光，初事大师，夜于大师前立。② 其夜大雪，至腰不移。大师曰："夫求法者③，不贪躯命。"遂截一臂，乃流白乳。大师默传心契，付袈裟一领。大师云："我缘此毒，汝亦

---

① "经"，底本作"师"，据铃木本改。"经依"是经过、通过之意。
② "初事大师，夜于大师前立"，底本作"初事大师前立"，据金九校本改。
③ "者"，底本无，据金九校本加。

不免，善自保爱！"可大师问和尚①："此法本国承上所传嘱付法者，请为再说。"大师答②："具如禅经序上说。"又问大师："西国谁人承后，亦传信袈裟否？"大师答："西国人信敬，无有矫诈。承后者是般若波罗蜜多罗，承后不传衣。唐国众生，有大乘性，诈言得道得果，遂传袈裟以为法信。譬如转轮王子，灌其顶者，得七真宝，绍隆王位。得其衣者，以表法正相承。"

可大师得付嘱，以后四十年，隐岘③山洛相二州。后接引群品，道俗归依不可胜数。经二十年，开化时有难起。又被菩提流支、三藏光统律师徒党，欲损可大师。师付嘱僧璨法已，入司空山隐。可大师后佯狂，于四衢城市说法，人众甚多。菩提流支徒党，告可大师云："妖异奏敕。"敕令所司，推问可大师。大师答："承，实妖。"所司知众疾，令可大师审。大师确答："我实

---

① "和尚"，底本作"和上"，"上"，恐是"尚"之误，故改之。和尚是指菩提达摩。"和尚"或"大师"都是对僧人的敬称。
② "大师答"，底本无，但据上下文意，此处应脱漏此句，故加之。
③ "岘"，底本作"岘"，《神会语录·第二代北齐可禅师传》中云："值周武帝灭佛法，遂隐居舒州岘山。"故改之。见杨曾文编校《神会和尚禅话录》，北京：中华书局，1996年，第105页。舒州岘山即安徽省潜山市西北的皖公山。

妖。"敕令成安县①令翟仲侃②依法处刑。可大师告众人曰:"我法至第四祖,化为名相。"语已悲泪,遂示形身流白乳,肉色如常。所司奏帝,帝闻悔过,此真菩萨,举朝发心,佛法再兴。大师时年一百七岁,其墓葬在相州成安县③子陌河北五里,东柳沟④去墓一百步,西南十五里,吴儿曹口。是《楞伽》邺都故事具载,弟子承后传衣得法僧璨。后释法琳造碑文⑤。

第二十九祖可大师章　断臂求法品　第四十

唐　智炬　胜持

按语:

本文取自于《宋藏遗珍》中所载《宝林传》卷八中的《慧

---

① "成安县",底本作"城安县",据后文言慧可葬于"相州城安县子陌河北五里,东柳沟去墓一百步,西南十五里,吴儿曹口"。"相州",古州名,治所在隋代前之北魏、东魏、北齐、北周一直在邺城(今河北省临漳县西,河南省安阳市北郊),而临漳县又隶属河北省邯郸市,为六朝古都。因此相州城安县就是现今的河北省邯郸市下辖县成安县。故改之。
② "翟仲侃",底本作"翟冲侃",《神会和尚禅话录》所载唐刘澄集《南阳和尚问答杂征义》中《北齐可禅师》曰:"遂经成安县令翟仲侃,其人不委所由,乃打煞慧可。"(见杨曾文编校《神会和尚禅话录》,北京:中华书局,1996年,第105页)其中作"翟仲偘","冲"恐是"仲"之误,"侃"同"偘",故改之。
③ "相州成安县",底本作"相州城安县"。
④ "沟",底本作"构",恐误,故改之。
⑤ "后释法琳造碑文",此碑文见载于唐慧炬、天竺三藏胜持撰《双峰山曹侯溪宝林传》卷八《第二十九祖可大师章断臂求法品第四十》,蓝吉富主编《禅宗全书》第1册,台北:文殊出版社,1988年,第173页。

可传》及后所附《法琳碑》,并参考柳田圣山的研究及田中良昭《宝林传译注》(内山书店,2003年)加以校刊。考之《宝林传》中的《慧可传》与唐道宣《续高僧传》卷十六《慧可传》(《大正藏》第51册,以下简称《续高僧传》)、唐净觉《楞伽师资记》(《大正藏》第85册,以下简称《楞伽师资记》),特别是与唐杜朏《传法宝纪》(见杨曾文《新版敦煌新本·六祖坛经》附编,宗教文化出版社,2001年。以下简称《传法宝纪》)及《历代法宝记》(《大正藏》第51册)、唐刘澄集《南阳和尚问答杂征义》中神会记述中国禅宗六代祖师传记,即所谓《师资血脉传》收载于杨曾文编校《神会和尚禅话录》(中华书局,1996年。以下简称《师资血脉传》)中所载有很多相似的地方,故也参考之。五代南唐静、筠二禅德的《祖堂集》卷二(吴福祥、顾之川点校本,岳麓书社,1996年)、宋代道原《景德传灯录》卷三(《大正藏》第51册)、宋契嵩《传法正宗记》卷六(《大正藏》第51册),都基本延续了《宝林传》相关的一些记载,故也参考之。

《宝林传》是一部根据禅宗南宗的祖统说编定的通记禅宗西天二十八祖和东土六祖事迹的著作。全称《双峰山曹侯溪宝林传》,十卷(今存七卷,佚三卷)。唐贞元十七年(801),金陵沙门智炬(又作"惠炬""慧炬")与天竺沙门胜持集。原书自南宋起佚失。

《宝林传》自问世就受到极大的欢迎,直到宋代仍影响很大。唐代就有受其影响而产生的第一部禅宗灯史《圣胄集》,由华岳禅僧玄伟于唐昭宗光化年间(898~901)所撰;在《宝林传》的影响下出现的第二部禅宗灯史是五代后梁开平四年(910),南岳沙门惟劲编撰的《续宝林传》。五代南唐静、筠二禅德的《祖堂集》，宋代道原《景德传灯录》、李遵勖《天圣广灯录》、惟白《建中靖国续灯录》，以及《五灯会元》等，都基本延续了"西天二十八祖和东土六祖说"及"佛祖传法偈"。契嵩在《传法正宗论》卷上说："若《宝林传》者，虽其文字鄙俗，序致烦乱，不类学者著书。"又说："其枝细他缘，张皇过当，或烦重事理相反，或错误差舛，殆不可按。"（见《大正藏》第51册，第774页中、第775页下）但其所著《传法正宗记》仍吸收《宝林传》的基本内容。宋代以后，《宝林传》一方面为禅宗僧人采用编撰禅宗灯史，另一方面又受到禅宗以外的诸如天台宗僧人的批评，《宝林传》可谓是在矛盾与发展中继续流转于世。在元明以后，《宝林传》逐渐淡出了世人的视线。

在《宝林传》消失了七八百年之后，1932年日本佛教学者常盘大定于京都的青莲院发现《宝林传》第六卷；翌年，中国在山西赵城广胜寺发现《金版大藏经》，从中发现《宝林传》的第一至第五卷和第八卷。这样，中日共发现七卷。常盘大定对所发现的第六卷作了研究，在1933年11月《东方学报》东京第4册发表《宝林传的研究》，第二年连同论文并此卷影印本以《宝林传的研究》由东方学院东京研究所出版。1935年上海影印宋版藏经会和北平三时学会将赵城金藏中的《宝林传》第一至第五卷和第八卷及常盘大定第六卷共七卷，编入《宋藏遗珍》第三函（在第31~33册）。还缺第二、第十两卷，后第二卷以《圣胄集》补之，仍缺第十卷。

《宝林传》自发现以来，中日两国学者先后对其展开了研究，有不少研究成果问世。常盘大定在中国赵城金藏中发现六卷《宝林传》之后，又继续进行研究。对原来其《宝林传的研究》作了修改与补充，后收录到1941年春秋社松柏堂出版的《续中国（原作"支那"）佛教的研究》之中。陈垣对中日两国发现的《宝林传》残本也作了研究，在其《中国佛教史籍概论》卷五中发表了研究成果。柳田圣山在吸收前人的研究成果上，在1967年法藏馆出版的《初期禅宗史书的研究》（此书在2000年又再版）第五章《〈宝林传〉的成立和祖师禅的完成》中分五节，对《宝林传》作了较为全面的论述。1959年，胡适对《宝林传》的研究成果《跋宝林传残本七卷》发表，载于胡适纪念馆1970年出版《胡适手稿》第七集卷三，1983年日本中文出版社、柳田圣山主编的《胡适禅学案》中也有收载。从1978年开始，日本驹泽大学佛教学部禅学研究会也对《宝林传》的各卷残本展开研究。2003年，日本内山书店出版了田中良昭著《宝林传译注》。此外，日本学者围绕《宝林传》也发表了不少论文。

中日学者通过研究一致认为《宝林传》是伪造的，因此其中错谬之处甚多。不过中国学者大多数不太认同《宝林传》的史料价值，对其评价不是很高，例如陈垣、胡适等。日本学者对《宝林传》则存有比较客观的态度，认为其中确有伪造错漏的地方，但也有值得信任与参考的地方，例如柳田圣山认为《宝林传》对一些祖师旁出的法系支派，有很多记载就是可靠的。特别是二祖慧可门下旁出的法系及支派在《宝林传·法琳碑》中的记载不仅可靠而且是所有史料中最全的。因此，笔者认为，对《宝林传》错漏的地方应予以考证，采取谨慎的态度，而对其正确无误的地方，则应予以肯定认可。(参见柳田圣山《初期禅宗史书的研究》第五章《〈宝林传〉的成立和祖师禅的完成》，法藏馆，2000年，第 277 页）而且，无论《宝林传》是否伪造，其作为早期禅宗的史书，从中能帮助我们了解中国早期禅宗的发展、传播。更何况它对后世禅宗史书的编撰有着深远的影响，所以《宝林传》在中国禅宗史上也有一定的价值与贡献。

在本书"附编二"中有《〈宝林传〉中二祖慧可传记研究》一文，对《宝林传》及其中所载二祖慧可相关问题作了专门的论证说明，可供参考、查阅。

尔时，惠可大师者，武牢①人也，姓姬氏。父寂，初无其子，共室念言："我今至善，家无惠子？深自叹羡，何圣加卫！"时后魏第六主孝文帝②永兴十五年③正月一日，夜现光明，遍于一宅，因兹有孕，乃生此子。目受胎瑞，名曰光光。年至十五，九经通诵，每发言说，常人难会。心好儒学，每赞仲尼，性近逍遥，频推伯氏。一言一气不与凡同，每吐每谈，恒加妙健。

年近三十，重览佛书，每集贤良，犹宗子史。自兹已降，不处家庭，远迈参风，时加慨叹。偶至龙门香山寺④，事宝静禅师，

---

① "武牢"，即虎牢，今河南省荥阳市汜水镇。
② "后魏第六主孝文帝"，即北魏第七位皇帝孝文帝元宏（467~499），在位时间为 471~499 年，共 29 年。在位使用年号延兴、承明、太和。
③ "永兴十五年"，永兴不是后魏第七主孝文帝使用的年号，在北魏时期有两个皇帝使用过永兴的年号，一个是北魏明元帝拓跋嗣使用永兴年号（409 年农历闰十月~413 年农历十二月），历时 4 年余；还有一个是北魏孝武帝元脩的第二个年号永兴（532 年农历十二月），历时一个月。因此"后魏第六主孝文帝永兴十五年"，这个记载是错误的，应不可信。
④ "香山寺"，位于今河南洛阳城南 13 千米处的香山西坳，与龙门石窟相邻。

常修定慧。既出家已,而至东京永穆寺具戒。年四十二①,却步香山寺,侍省尊长。又经八载,忽于夜静,见一神人,谓光曰:"当欲受果,何于此住,不南往乎,而近于道。"是时,本名曰光,光见神人现故,乃号"神光"。

于第二夜,头痛如裂,其师宝静欲与灸②之,空中有声:"且莫且莫,此是换骨,非常痛焉。"师即便止,遂说前事见神之由以白宝静。师曰:"汝依此言,必是吉瑞,汝顶变矣,非昔首焉,上有五峰,垂坠玉轸,其相异矣,其祥吉矣。汝勿久住,便当行乎。"于时,神光礼辞宝静,徐徐进步,直往南行。

时有西国达摩大师,乃示总持之林苑③与不二之川泽者也,发悲悯之佛心,传金风于东夏。大教斯而复隐,其谁导而知之!于是神光大师乃凑玄旨,逐礼辞,近随而从之。

不经旬日,至少林寺,频有扣门,师不发机。复于一夜,中庭雪立,大师乃见,而问之曰:"汝在雪中立有何事?"神光悲泣而言曰:"惟愿和尚大慈大悲,开甘露门,广度群品,是所愿也。"达摩告曰:"诸佛无上菩提旷劫修行,汝不以小意,欲求大法,终不能得。"神光闻是语已,即取利刀自断左臂,置达摩前。达摩大师乃喜曰:"一真之法,尽可有矣。"语曰:"诸佛菩萨求

---

① 这句话说慧可年四十二到香山寺,稍后的《祖堂集》《景德传灯录》《传法正宗记》等皆言三十二。若按此说慧可四十二岁到香山寺,又侍省尊长八年,依此推论他见达摩时应为五十岁。但《续高僧传》《楞伽师资记》《传法宝纪》《师资血脉传》《历代法宝记》皆言慧可是在年登四十岁时见达摩。

② "灸",在此并不是取其烤或焚等意,而是指其师欲对其灸药,用医学的方法治疗之意。

③ "苑",底本作"菀",据文意改。

法,不以身为身,不以命为命,汝虽断臂,求亦可在。"① 是时,达摩大师遂改"神光"字②"惠可"。

侍奉左右,经于九年③,即以无上法宝及以一领袈裟,付嘱惠可,并宣法偈。师谓可曰:"吾自到此国来,六度被药,我为未付法教,且皆捻出。今此一度被菩提流支三藏、光统法师等食中下药,吾不捻出也。"④ 是时,达摩密语惠可曰:"此事非误,汝勿言矣。何以故?恐损其人,当我悲悯,汝须好去,吾自善安,以吾袈裟用为法信。"

又告曰:"所得吾法者四人,一人得吾髓,一人得吾骨,一人得吾肉,一人得吾血。得吾血者,偏头副;得吾肉者,尼总持;得吾骨者,僧道育;得吾髓者,汝惠可。汝善守护,勿令断绝。"⑤

---

① 以上记载慧可断臂求法之事,与《传法宝纪》、《历代法宝记》、唐刘澄集《南阳和尚问答杂征义》中神会记述中国禅宗六代祖师传记(即《师资血脉传》,载杨曾文编校《神会和尚禅话录》,北京:中华书局,1996年,以下简称《师资血脉传》)中所载相同。
② "字",《祖堂集》卷二《达摩传》中作"名",依文意及慧可其他传记应当作"名"。
③ "经于九年",道宣《续高僧传》、净觉《楞伽师资记》、杜朏《传法宝纪》、《历代法宝记》皆作"六年",不过稍早的神会《师资血脉传》中有关慧可的传记中作"经于九年",之后稍晚出现的《祖堂集》《景德传灯录》皆作"九年"。
④ 此段话达摩自言被六度下毒,今此一度被菩提流支三藏、光统法师等食中下药的记载与《传法宝纪》《师资血脉传》《历代法宝记》所载相同。
⑤ 此段话中达摩告诉惠可有四人得法,一为僧副、二为尼总持、三为道育、四为慧可;这四人中,道育在《续高僧传》《楞伽师资记》《历代法宝记》都被提到,尼总持在《历代法宝记》中也被提到,因此达摩弟子这四人在《宝林传》的记载应该是真实可信的。

又告曰:"汝得吾法,并受信衣,各有所禀,宜可知矣。"可曰:"请和尚述其本事而有何表?"师曰:"内传法印,以契证心。外受袈裟,以定宗旨。不错谬故,而自明焉。吾灭度后二百年中,此衣不传,法周沙界。明道者多,行道者少;说理者多,通理者少,后得道还近千万。汝所行道,勿轻未学,此人回志便及菩提,初心菩萨与佛功等。"① 尔时,惠可大师得付嘱已,广宣流布,度脱无数。

于天平年中②,后周第二主己卯之岁③,有一居士,不说年几,候有四十。及所礼拜,不称姓字。云:"弟子身患风疾,请和尚为弟子忏悔。"可大师曰:"汝将罪来,为汝忏悔。"居士曰:"觅罪不见。"大师曰:"我今为汝忏悔竟,宜依佛法僧。"居士曰:"但见和尚即知是僧,未审世间何者是佛,云何为法?伏愿和尚而为开示。"可大师曰:"是心是佛,是心是法,法佛无二,汝知之乎?"居士曰:"今日始知罪性不在内外中间,如其心然,法佛无二也。"是时,大师知是法器。后与剃发,云:"是师宝,

---

① 此段记载达摩传法及袈裟给慧可以为法信与《历代法宝记》所载相符,如中载:"大师默传心契,付袈裟一领。……可大师问和尚:'此法本国承上所传嘱付法者,请为再说。'大师答:'具如禅经序上说。'又问大师:'西国谁人承后,亦传信袈裟否?'大师答:'西国人信敬,无有矫诈。承后者是般若波罗蜜多罗,承后不传衣。唐国众生,有大乘性,诈言得道得果,遂传袈裟以为法信。譬如转轮王子,灌其顶者,得七真宝,绍隆王位。得其衣者,以表法正相承。'"
② "天平年中",《续高僧传·慧可传》作"天平之初";《传法宝纪》言"天平年中"慧可游化邺、卫。"天平年中",当为东魏天平年间(534~537),这期间,北魏分裂成东魏与西魏。"天平"是东魏孝静帝元善见的第一个年号。结合后面的"后周第二主己卯之岁",这里"天平年中"恐误。
③ "后周第二主己卯之岁",即北周明帝武成元年己卯之岁(559)。

宜名僧璨。"其年三月十八日，于光福寺受具戒，① 却归觐侍。

经于二载，大师告曰："如来以大法眼付嘱迦叶，如是展转乃至达摩大师，师付于我，我今将此正法眼藏付嘱于汝，并师袈裟以为信故。汝受吾教，听吾偈言：'本来缘有地，因地种花生，本来无有种，花亦不能生。'②"

说此偈已，又告璨曰："吾归邺都③还债，汝善护持，勿令法眼断绝。"大师又曰："汝后有难，当勿出焉。"璨问曰："和尚圣者，当预知之。"师曰："非吾能明，是先代祖师而有谶云。"璨问曰："是何祖师？"师曰："是西天第二十七祖般若多罗预知于此，云吾灭度后一百五年而有小难。谶曰：'心中虽吉外头凶，川下僧房名不中；为遇毒龙生武字，勿④逢小鼠寂无穷。'吾算此年恐及于彼，汝善行化，勿令断灭。"⑤

---

① 僧璨在天平年中，后周第二主己卯之岁（559）三月十八日，于光福寺受具戒之事首次见于《宝林传》之记载。
② 这首传法偈颂与敦煌本《六祖坛经》所载相近，如经中载曰："本来缘有地，从地种花生。当来元无地，花从何处生。"之后的灯史如《景德传灯录》等继承了本传的记载。
③ "邺都"，三国时代魏的国都，晋代改称为临漳，今河南省安阳市。
④ "勿"，底本作"忽"，据田中良昭《宝林传译注》改。
⑤ 以上僧璨见慧可及慧可传法给僧璨，在较早出的《传法宝纪》《师资血脉传》《历代法宝记》中皆有记载，不过比较简略。而其中慧可对僧璨的传法偈、谶言等都不见记载，唯本传最先传出，后出的《祖堂集》《景德传灯录》《传法正宗记》则承继而有载。但其中慧可告僧璨"吾归邺都还债"，在《师资血脉传》中有载。关于慧可对僧璨的传法偈、谶言有些学者则认为是伪造的，如杨曾文教授就持这样的观点（参见其《唐五代禅宗史》，北京：中国社会科学出版社，1999年，第579～581页），但究竟是否伪造难以考证。

大师言讫，便往邺都化导群品①三十四载。后而变行，复异寻常，或在城市或于巷陌，不拣处所，说法度人。或为人所使，事毕却往。②彼有智者每劝之曰："和尚高人，莫与他使。"可大师曰："我自调心，何关汝事？"

其年正月一日，有辩和法师于邺都管成安县匡救寺讲《涅槃经》。是时，大师至彼寺门说法，集众巨多，法师讲下人却衰少。时，辩和法师再三怪于大师，逐于县令翟仲侃言之云："彼邪见道人，打破讲席，乱坏佛法，诳惑百姓。"于时，翟令不委事由，非理损害而终。③葬在磁州滏阳东北七十余里④，时当隋第一主

---

① "往邺都化导群品"，在《续高僧传》《传法宝纪》《师资血脉传》《历代法宝记》中皆有记载。
② 此段言慧可在邺都弘化时变行，在《师资血脉传》中载曰："遂从岘山至邺都说法，或于市肆街巷，不恒其所。"《历代法宝记》中言："可大师后佯狂，于四衢城市说法。"
③ 这段记载慧可在邺都弘化时遭到辩和法师与县令翟仲侃的加害，《续高僧传》则言是道恒，如言："恒遂深恨谤恼于可，货赇俗府非理屠害。"《传法宝纪》中则言："后魏天平中，游邺、卫，多所化度。僧有深忌者，又默鸩之。惠可知便受食，毒不能害。"《师资血脉传》中则言："时有灾难，竞起扇乱，递相诽谤，为妖邪坏乱佛法。遂经成安县令翟仲侃，其人不委所由，乃打煞慧可。死经一宿重活，又被毒药而终。"《历代法宝记》则记言："菩提流支徒党，告可大师云：'妖异奏敕。'……敕令城安县令翟仲侃依法处刑。"翟仲侃，即翟仲侃。从这些记载中我们可知慧可在邺都弘化时确实是遭到他人迫害，只是迫害的人记载不同，有说是道恒，有说是菩提流支徒党，而本传中言是辩和法师。至于迫害人之二的县令翟仲侃，《师资血脉传》《历代法宝记》倒是与本传所载相同。
④ "葬在磁州滏阳东北七十余里"，磁州，治今隶属于河北邯郸市。滏阳（县治在今河北省邯郸市磁县城），北周保定元年（561）置，设置成安郡，治领磁县、滏阳县。隋开皇十年（590）废成安郡，始置磁州，滏阳县为州治。据《磁县县志》载，在慧可寂后五十年即贞观十六年（642），在其示寂的地方建有元符寺。元符寺位于今成安县城西北9千米之东二祖村村北（该村原属滏阳县、磁县，1945年后属成安县）。

文帝开皇十三年癸丑之岁,示于灭度,春秋一百七岁。①

遇唐内供奉沙门法琳撰碑文②曰:

夫思不可得,测不可知,惟禅门之法乎,故无形无相,潜流沙界,使有情者归于妙觉,味道者普会于真如。或开小也言说,或谈大也不二,无心即心,即色非色,至如乘幽入微,处默显寂,卧佛性海,登涅槃山,暗而惟明,凡而大圣,其谁能之?可禅师矣!

禅师,讳惠可,武牢人也,俗姓姬氏。③ 禅师抱气非凡,禀天灵骨,头如五岳,掌若开莲。少为儒生,博闻世典,庄易大

---

① 这句话说慧可圆寂的时间当在隋开皇十三年(593),世寿107岁,如果这样推论慧可的生年当在北魏太和十一年(487)。关于慧可圆寂的时间及世寿在《历代法宝记》也有载:"所司奏帝,帝闻悔过,此真菩萨,举朝发心,佛法再兴。大师时年一百七岁。"可见,《宝林传》言慧可卒年和世寿也非全是空穴来风。

② "唐内供奉沙门法琳撰碑文",法琳(572~640),俗姓陈,原籍颍川。儒释道三教兼通。当时,佛教和道教的斗争非常激烈,法琳作《破邪论》《辨正论》等奋起而护法,故被称为"唐护法沙门"。曾受谗言而遭流放,示寂于百牢关(今陕西省勉县西南)菩提寺。彦琮(557~610)曾撰有《唐护法沙门法琳》三卷,载《大正藏》第50册。另外,在道宣《续高僧传》卷二十四也有其传。法琳所撰此碑在《历代法宝记》中有提到,如言:"是楞伽邺都故事具载,弟子承后传衣得法僧璨。后释法琳造碑文。"契嵩《传法正宗记》言:"武德中高僧法琳,闻其风尝为碑之。"(《大正藏》第51册,第745页上)如果法琳确有为慧可立碑,那么此碑所立的时间当在唐武德年中(618~626)。

③ "禅师,讳惠可,武牢人也,俗姓姬氏",关于此《续高僧传》:"释僧可,一名慧可。俗姓姬氏,虎牢人"。《楞伽师资记》:"其可禅师,俗姓姬,虎牢人。"《传法宝纪》:"释僧可,一名惠可,武牢人,俗姓姬氏。"《师资血脉传》:"第二代北齐可禅师,承达摩大师之后。俗姓周(按:指姓姬),武牢人也。"《历代法宝记》:"北齐朝第二祖惠可禅师,俗姓姬,武牢人也。"可见此碑与上诸史料所载相同。

义，无不精研。① 每闻老耽谈天竺我师，夫子说西方之圣，未曾不引领西望，冀闻甚深之法乎。三十年间，寤寐慨叹。时有西国达摩大师乃总持之林苑②，不二之川泽也。为金棺久寂，微言且绝，大教斯隐，其谁导之？于是发悲悯心，传风东夏，策杖请益，蹴踏禅门，如满月之显高山，若渤澥之吞巨海。

禅师年逾四十方始遇也③，不舍昼夜，精勤九年。大师曰："夫求法者，不以身为身，不以命为命，方可得也。"④ 禅师乃雪立数宵，断臂而无顾，投地碎身，营求开示。⑤ 大师乃喜曰："我心将毕，大教已行，一真之法，尽可有矣。"命之已，执手默付

---

① "少为儒生，博闻世典，庄易大义，无不精研"，关于此《续高僧传》言慧可："外览坟素，内通藏典。"《楞伽师资记》："精究一乘，附于玄理。"《传法宝纪》："少为儒，博闻尤精《诗》《易》。"可见，此碑所载与上述史料吻合。
② "苑"，底本作"茆"，据文意改。
③ "禅师年逾四十方始遇也"，言慧可年登四十遇菩提达摩，这与其他早期史料所载相同。《续高僧传》载："年登四十，遇天竺沙门菩提达摩游化嵩洛。"《楞伽师资记》："年四十，遇达摩禅游化嵩洛。"《传法宝纪》："年四十，方遇达摩大师，深求至道。"《师资血脉传》："时年四十，奉事达摩。"《历代法宝记》："时年四十，奉事大师六年。"
④ "大师曰：'夫求法者，不以身为身，不以命为命，方可得也。'" 此与《传法宝纪》"大师言：'能以身命，为法不吝。'"及《历代法宝记》"大师曰：'夫求法者，不贪躯命。'"所载甚同。
⑤ "禅师乃雪立数宵，断臂而无顾，投地碎身，营求开示"，此慧可断臂求法，《续高僧传》中言："遭贼斫臂。"《传法宝纪》则载："便断其左臂，颜色不异。"《历代法宝记》："遂截一臂，乃流白乳。"此碑所载与《传法宝纪》《历代法宝记》《宝林传》相同。

以心灯，特奉《楞伽》，将为决妙。① 尔乃启慈颜授真教，开宝镜照心河。如天牧云，风卷尘雾，德鉼育水，置异器中。

其时则净五眼、朗三明、会一乘、圆万德。乃法山峨峨，禅河汨汨。东山之法，于是流焉。② 即非久植宿因，其孰能至于此也。然门人滋广，开悟③者甚多，散满诸山，落落星布，随方利物，波涌云萃。或居岩而栖心，或道世而怡德。

其众学徒请益往来如市，稻麻竹苇未足为多。至如聪鉴精微，明镜照隐，决禅河于口海，朗慧日于心端。大师印之，唯可禅师矣。继明踵迹，则僧璨得之。④ 相承宝光，明明大照，导苍生而无尽，将万劫而无坠也。

---

① "命之已，执手默付以心灯，特奉《楞伽》，将为决妙"，此句言达摩以《楞伽经》传慧可，令之相传下去。此记载与《续高僧传》《传法宝纪》中所载相同，如《续高僧传》中言："初达摩禅师以四卷《楞伽》授可曰：'我观汉地，惟有此经，仁者依行，自得度世。'可专附玄理如前所陈。"《传法宝纪》中也载："临终谓弟子僧璨曰：'吾身法而受传嘱，今以付汝，汝当广劝开济。亦以《楞伽经》与人手传。'"
② "东山之法，于是流焉"，此句陈垣认为："东土四祖信与五祖忍，并曾住蕲州东山寺，后人始目其法为东山法门。四祖卒于永徽二年，五祖卒于高宗上元二年，琳先以贞观十四年卒，何能于二祖碑预有东山法门之语，此皆不足信者也。"（陈垣《中国佛教史籍概论》卷五，上海：上海书店出版社，2005 年，第 86 页）但田中良昭认为这句话的意思是说继慧可之后其法孙（法系）将如东山之流，源源不绝；同时，还指慧可之禅法乃是后来禅宗之源流。（《宝林传译注》，东京：内山书店，2003 年，第 421 页）宇井伯寿更认为东山法门虽是指道信和弘忍禅法的通称，但其称呼之起源当从法琳碑始。（《禅宗史研究》，东京：岩波书店，1966 年，第 39 页）
③ "悟"，底本作"寤"，据文意及田中良昭《宝林传译注》改。
④ "继明踵迹，则僧璨得之"，这与其他史料所载无异。

嗟呼！达摩大师乃观音圣人也①，现多身于像运，霪甘露于沙界。一沐法雨，群动洗心，长开道光，寂寂恒照。大师思宝珠已明，智灯将曜，法化有人，西归示灭。

但法琳生居像末，长遇明时，天泽普流，预蒙出俗。虽形如草芥，学劣镂冰，心不证于正真，敢见闻于法将。复备综玄教，历践多门，超圣刹那，滞凡累劫。究妙觉于情界，得真如于俗品者，未若斯法门也。

吁嗟！彼禅师，不知其所之。唯法斯在，不以书记，焉知法之尊。或恐苍山变谷，渤澥成田，万古摧残，高风见隐，乃为赞曰：

善哉大士，应物为器。秉心唯德，释门宗志。因达而通，为法指臂。一受不退，位登圣地。心唯佛心，事唯佛事。累世重光，易劫之美。

此可大师下，除第三祖自有一支而有七人。第一者岘山②神定，第二者宝月禅师，第三者花闲居士，第四者大士化公，第五者向居士，第六者弟子和公，第七者廖居士。

第二宝月者，有一弟子名曰智岩，后为牛头第二祖师是也。第三花居士，有弟子名曰云昙邃，雪人也。此昙邃出三弟子，第一者延陵惠简，第二者彭城惠瑶，第三者定林寺惠刚。下自出四代，惠刚弟子六合大觉，大觉弟子高邮昙影，（昙影）弟子泰山

---

① "达摩大师乃观音圣人也"，田中良昭认为此说法首出于《宝林传》。（田中良昭《宝林传译注》，东京：内山书店，2003年，第422页）
② 岘山，即岘山，《师资血脉传》中云："值周武帝灭佛法，遂隐居舒州岘山。"故改之。岘山即安徽省潜山市西北的皖公山。

明练，明练弟子扬州静泰，此上七代并是可大师之苗裔矣。①

第二十九祖慧可禅师

南唐　静、筠二禅德

按语：

本传取自 1975 年日本花园大学图书馆藏高丽复刻本影印五代南唐静、筠二禅德编撰《祖堂集》卷二，原由日本中文出版社 1972 年出版，载蓝吉富主编《禅宗全书》第一册（文殊出版社，1988 年）。台湾佛光大藏经编修委员会 1994 年编撰的《佛光大藏经·史传部》中，也有收载根据花园大学图书馆藏高丽复刻本影印的校刊版《祖堂集》。还有吴福祥、顾之川点校本，张华点校的简体字本，也参考了《宝林传》。另外，《大正藏》第 85 册，有署名终南山僧慧观撰序、沙州三界寺沙门道真记的《泉州千佛新著诸祖师颂》，其中有收录禅宗从大迦叶尊者至马祖道一禅师

---

① 此段对慧可门下弟子及旁出法系支脉在《续高僧传》《传法宝纪》《历代法宝记》中均有或多或少的记载。相比较而言此碑所记载比任何史料都齐全，正如柳田圣山认为《宝林传·法琳碑》中二祖慧可门下旁出的法系及支派在《宝林传》中的记载不仅可靠而且是所有史料中最全的（参见柳田圣山《初期禅宗史书的研究》第五章《〈宝林传〉的成立和祖师禅的完成》，京都：法藏馆，2000 年，第 377 页）。常盘大定在其《宝林传的研究》（《续支那佛教的研究》，东京：春秋社，1943 年，第 273~274 页）中及田中良昭在其《宝林传译注》（东京：内山书店，2003 年，第 425~426 页）中也都肯定了《法琳碑》中对慧可门下弟子及法系记载的真实性。

的诸祖颂,也有参考。

第二十九祖师慧可禅师者,是武牢人也,姓①姬氏。父寂,初无其子,共室念言:"我今至善家而无慧子,深自叹羡,何圣加卫?"时后魏第六主孝文帝永宜十五年②正月一日,夜现光明,遍于一宅。因兹有孕,产子,名曰光。

光年十五,九经通诵。至年三十,往龙门香山寺,事宝静禅师,常修定慧。既出家已,至东京永和寺具戒。年三十二,却步香山,侍省尊长。又经八载,忽于夜静见一神人而谓光曰:"当欲受果,何于此住,不南往乎而近于道?"本名曰光,光因见神现,故号为神光。至于第二夜,忽然头痛如裂。其师欲与灸③之,空中有声报云:"且莫!且莫!此是换骨,非常痛焉。"师即便止。遂说前事见神之由,以白宝静。宝静曰:"必是吉祥也。汝顶变矣,非昔首焉。五峰垂坠玉轸,其相异矣!"

遂辞师南行,得遇达摩,豁悟上乘。师乃云:"一真之法,尽可有矣,汝善守护,勿令断绝。汝传信衣,各有所表。"慧可曰:"有何所表?"达摩曰:"内传心印,以契证心;外受袈裟,

---

① "姓",底本无,据《宝林传》卷八《慧可传》加。
② "永宜十五年","永宜",查北魏第六主献文帝(拓跋弘)及第七主孝文帝(元宏),其在位时均无此年号。宇井伯寿推论慧可的生卒年为北魏太和十一年至隋开皇十三年(487~593)(见宇井伯寿《禅宗史研究·慧可传记》,东京:岩波书店,1966年,第47页)。若此推论是正确的,那么当知,这里"永宜十五年",应该是北魏太和十一年之误。
③ "灸",同"炙",张华的点校本将"灸"解释为针灸,笔者认为不妥,"灸"在此并不是取其烤或焚等意,而是指其师欲对其灸药,用医学的方法治疗之意。

而定宗旨，不错谬故。吾灭度后二百年中，此袈裟不传。法周沙界，明道者多，行道者少；说理者多，通理者少。于后得道，还近千万。汝所行道，勿轻末学。此人回志，便获菩提，初心菩萨，与佛功等。"

尔时，可大师得付法已，广宣流布，度诸有情。于天平年中，后周第二主孝闵己卯之岁①，有一居士，不说年几，候有四十②。及至礼师，不称姓名，云："弟子身患风疾，请和尚为弟子忏悔。"师云："汝将罪来，为汝忏悔。"居士曰："觅罪不可见。"师云："我今为汝忏悔竟。汝今宜依佛法僧宝。"居士问："但见和尚则知是僧，未审世间何者是佛？云何为法？"师云："是心是佛，是心是法，法佛无二，汝知之乎？"居士曰："今日始知，罪性不在内外中间，如其心然，法佛无二也。"师知是法器而与剃发，云："汝是僧宝，宜名僧璨。"亦受具戒。师告曰："如来以大法眼付嘱迦叶，如是展转乃至于我。我今将此法眼付嘱于汝，并赐袈裟以为法信。汝听吾偈曰：

　　本来缘有地，因地种花生。

　　本来无有种，花亦不能生。"

说此偈已，告璨曰："吾往邺都还债。"便去彼所，化导群生，得三十四年。或在城市，随处任缘；或为人所使，事毕却还。彼所有智者，每劝之曰："和尚是高人，莫与他所使。"师云："我自调心，非关他事。"

---

① "后周第二主孝闵己卯之岁"，疑误，北周第二主为明帝，武成元年即为己卯之年。
② "候有四十"，底本作"候有十四"，《宝林传》卷八《慧可传》作"候有四十"，《五灯会元》卷一亦作"四十"，故改之。

时有辩和法师，于邺都管成安县匡救寺讲《涅槃经》。是时，大师至彼寺门说法，集众颇多，法师讲下人少。辩和怪于师，遂往县令翟①仲侃说之："彼邪见道人，打破讲席。"翟令不委事由，非理损害而终。葬在磁州滏阳②东北七十余里。寿龄一百七岁，示于时灭，当隋第一主文帝开皇十三年癸丑之岁。唐内供奉沙门法琳撰碑文，德宗皇帝谥号大弘禅师、大和之塔。自隋癸丑岁迁化，迄今唐保大十年壬子岁，得三百五十九年矣。净修禅师赞曰：

　　二祖硕学，操为坚礭③。
　　心贯三乘，顶奇五岳。
　　天上麒麟，人间鹙鹭④。
　　断臂立雪，混而不浊⑤。

---

① "翟"，底本作"瞿"，《神会和尚禅话录》所载唐刘澄集《南阳和尚问答杂征义》中《北齐可禅师》曰："遂经成安县令翟仲侃，其人不委所由，乃打煞慧可。"（见杨曾文编校《神会和尚禅话录》，北京：中华书局，1996年，第105页）《历代法宝记》中也作"翟"，故改之，下同。
② "磁州滏阳"，底本作"磁州涂阳"。"涂阳"，应作"滏阳"。《景德传灯录》卷三《第二十九祖慧可大师》："后葬于磁州滏阳县东北七十里。"涂阳不属于磁州地域。因为磁州治今隶属于河北省邯郸市。北周保定元年（561）置滏阳县和成安郡。隋开皇十年（590）于滏阳县置磁州，领滏阳、临水二县，大业初州废。
③ "礭"，同"确"。
④ "鹙鹭"，是古代汉族民间传说中的五凤之一，身为黑色或紫色。许慎《说文解字》："鹙，鹙鹭，凤属，神鸟也。从鸟狱声。"《春秋·国语·周上》曰："周之兴也，鹙鹭鸣于岐山。"鹙鹭象征着较为坚贞不屈的品质。
⑤ "浊"，底本作"独"，敦煌《泉州千佛新著诸祖颂》作"浊"（见《大正藏》第85册，第1322页上），故改之。

第二十九祖慧可大师

宋　道原

按语：

本传取自宋道原《景德传灯录》卷三，载《大正藏》第51册，校之以1945年刊《普慧藏》本宋代道原《景德传灯录》卷三，载蓝吉富主编《禅宗全书》第2册，文殊出版社，1988年。另外，还参考了《中华大藏经》本《景德传灯录》。

第二十九祖慧可大师者，武牢人也，姓姬氏。父寂，未有子时，尝自念言："我家崇善，岂无令子？"祷之既久，一夕，感异光照室，其母因而怀妊。及长，遂以照室之瑞，名之曰光。自幼志气不群，博涉诗书，尤精玄理，而不事家产，好游山水。后览佛书，超然自得。即抵洛阳龙门香山，依宝静禅师出家，受具于永穆寺。浮游讲肆，遍学大小乘义。

年三十二却返香山，终日宴坐。又经八载，于寂默中倏见一神人，谓曰："将欲受果，何滞此耶？大道匪遥，汝其南矣。"光知神助，因改名神光。翌日，觉头痛如刺，其师欲治之，空中有声曰："此乃换骨，非常痛也。"光遂以见神事白于师。师视其顶骨，即如五峰秀出矣，乃曰："汝相吉祥，当有所证，神令汝南者，斯则少林达摩大士必汝之师也。"光受教，造于少室。其得法，传衣事迹，《达摩章》具之矣。

自少林托化西归，大师继阐玄风，博求法嗣。至北齐天平二年①【当作天保二年，乃辛未岁也。天平，东魏年号；二年，乙卯也】，有一居士，年逾四十，不言名氏，聿来设礼，而问师曰："弟子身缠风恙，请和尚忏罪。"师曰："将罪来，与汝忏。"居士良久云："觅罪不可得。"师曰："我与汝忏罪竟，宜依佛法僧住。"曰："今见和尚，已知是僧，未审何名佛法？"师曰："是心是佛，是心是法，法佛无二，僧宝亦然。"曰："今日始知，罪性不在内，不在外，不在中间，如其心然，佛法无二也。"大师深器之，即为剃发云："是吾宝也，宜名僧璨。"其年三月十八日，于光福寺受具。自兹，疾渐愈。执侍经二载，大师乃告曰："菩提达摩【旧本云达摩菩提】远自竺乾以正法眼藏密付于吾，吾今授汝，并达摩信衣，汝当守护，无令断绝，听吾偈曰：

　　本来缘有地，因地种华生。

　　本来无有种，华亦不曾生。"

大师付衣法已，又曰："汝受吾教，宜处深山，未可行化，当有国难。"璨曰："师既预知，愿垂示诲。"师曰："非吾知也，斯乃达摩传般若多罗悬记云'心中虽吉，外头凶'是也。吾校年代，正在于兹，当谛思前言，勿罹世难。然吾亦有宿累，今要酬之。善去善行，俟时传付。"大师付嘱已，即于邺都随宜说法。一音演畅，四众归依，如是积三十四载。遂韬光混迹，变易仪

---

① "北齐天平二年"，若依夹注中所说为天保二年，当是指公元551年。若按《宝林传》中慧可与僧璨的传记皆指为"后周第二主天平三年乙卯之岁"，而此中"天平"是东魏孝静帝元善见的第一个年号，结合后面的"后周第二主己卯之岁"，这里"天平年中"，恐是误。"后周第二主己卯之岁"，即北周明帝武成元年己卯之岁（559）。

相,或入诸酒肆,或过于屠门,或习街谈,或随厮役。人问之曰:"师是道人何故如是?"师曰:"我自调心,何关汝事?"

又于筦城县匡救寺①三门②下谈无上道,听者林会。时有辩和法师者,于寺中讲《涅槃经》。学徒闻师阐法,稍稍引去。辩和不胜其愤,兴谤于邑宰翟仲侃。仲侃惑其邪说,加师以非法,师怡然委顺。识真者,谓之偿债。时年一百七岁,即隋文帝开皇十三年癸丑岁三月十六日也。【皓月供奉,问长沙岑和尚③:"古德云:'了即业障本来空,未了应须偿宿债。'只如师子尊者、二祖大师,为什么得偿债去?"长沙云:"大德不识本来空。"彼云:"如何是本来空?"长沙云:"业障是。"又问:"如何是业障?"长沙云:"本来空是。"彼无语。长沙便示一偈云:"假有元非有,假灭亦非无。涅槃偿债义,一性更无殊。"】后葬于磁州滏阳县东北七十里,唐德宗谥"大祖禅师"。自师之化,至皇宋景德元年甲辰,得四百一十三年【当作一十二年】。

---

① "筦城县匡救寺",即现今河北省成安县匡救寺,即匡教寺,《古今图书集成·博物汇编神异典》第一百零八卷僧寺部《畿辅通志》文说:"匡教寺在成安县南二里许,曹溪二祖慧可说法处,隋开皇中(581~600)筑台,明嘉靖、万历、崇祯间屡有增修。"
② "三门",即"山门",指寺院正面之楼门。以寺院多居山林之处,故有此名。一般有三个门,象征三解脱门(空门、无相门、无作门),故又称三门。或仅有一门,亦称之为三门。
③ "长沙岑和尚",即湖南长沙景岑招贤禅师(788~868),嗣法于南泉普愿禅师(748~834),宋普济《五灯会元》卷四有其传。

三、三祖僧璨传记及碑铭

隋朝舒州思空山粲禅师

唐 东都沙门 释净觉

按语：

本传取自唐净觉《楞伽师资记》，以载入《大正藏》第 85 册的版本为底本，主要参考柳田本、篠原寿雄本加以校刊。

第四，隋朝舒州思空山粲禅师，承可禅师后，其粲禅师，罔知姓位，不测所生。按《续高僧传》曰："可后，粲禅师隐思空山，萧然净坐，不出文记，秘不传法。"唯僧道信，奉事粲十二年，泻①器传灯，一一②成就，粲印道信了了见佛性处。语信曰："《法华经》云：'唯此一事，实无二，亦无三。'故知，圣道幽通，言诠之所不逮；法身空寂，见闻之所不及。即文字语言，徒劳施设也。"

大师云："诸③人皆贵坐终，叹为奇异，余今立化，生死自

---

① "泻"，底本作"写"，据文意及柳田本改。
② "一一"，底本作"灯"，据柳田本、篠原寿雄本改。
③ "诸"，底本作"余"，语意不通，故改之。

由。"言讫,遂以手攀树枝,奄然气尽,终于岘公山①,寺中见有庙影。

《详玄传》② 曰:惟一实之渊旷,嗟万相之繁难。真俗异而体同③,凡圣分而道合;寻涯也豁乎无际,眇乎无穷,源于无始,极于无终。解惑④以兹齐贯,染净于此俱融,该⑤空有而阒⑥寂,括宇宙以通同。若纯金不隔于环玔,等积水不惮于连漪。

注⑦云:此明理无间杂,故绝边际之谈,性非物造,致息终始⑧之论。所以,明暗泯于不二之门⑨,善恶融于一相之道,斯即无动而不寂,无异而不同。若水之为波澜,金之为器体。金为器体,故无器而不金⑩;波为水用,亦无波而异水也。观无碍于缘起,信难思于物性,犹宝殿之垂珠,似瑶台之悬镜,彼此异而相入,红紫分而交映。物不滞其自他,事莫权其邪正。邻虚舍大千之法,刹那总三际⑪之时,惧斯言之少信,借帝网以除疑。盖普眼之能瞩,岂或识以知之。

---

① "岘公山",即舒州岘山,为今安徽省潜山市西北的皖公山。
② "《详玄传》",被认为是三祖僧璨对天台宗智顗(538~597)大师同门仙城慧命(531~568)所著的《详玄赋》的注释。因此,《详玄传》也被认为是表达禅宗三祖僧璨思想的书。见宇井伯寿《禅宗史研究·僧璨与详玄传》,东京:岩波书店,1966年,第69页。
③ "真俗异而体同",底本作"俗异于体同",据柳田本、篠原寿雄本改。
④ "惑",底本作"或",据柳田本、篠原寿雄本改。
⑤ "该",底本作"谙",据柳田本、篠原寿雄本改。
⑥ "阒",底本作"闻",据柳田本改。
⑦ "注",底本作"经",据柳田本、篠原寿雄本改。
⑧ "始",底本无,据柳田本、篠原寿雄本加。
⑨ "不二之门",底本作"不言门",据柳田本改。
⑩ "金",底本作"全",据柳田本、篠原寿雄本改。
⑪ "际",底本作"除",据柳田本、篠原寿雄本改。

注云：此明秘密缘起，帝网法界，一即一切，参而不同，所以然者，相无自实，起必依真。真①理既融，相亦无碍。故巨细虽悬，犹镜像之相入。彼此云异②，若珠③色之交形，一即一切，一切即一④，缘起⑤无碍，理理数然也。故知大千弥广，处纤尘而不窄，三世长久，入促⑥略以能容。自可洞视于金墉之外，了无所权；入身于石壁⑦之中，未曾有隔。是以圣人得理成用，若理不可然，则圣无此力⑧。解则理通，碍⑨由情拥，普眼之惠，如实能知也。如猴著锁而停躁，蛇入筒而改曲，涉旷海以戒船，晓重⑩幽以惠烛。

注云：猴著锁喻戒制心，蛇入筒喻定息⑪乱。《智度论》云："蛇行性曲，入筒即直，三昧制心，亦复如是。"《金光明最胜王经·三身品》云："佛虽三名，而无三体也。"

---

① "真"，底本作"之"，据柳田本、篠原寿雄本改。
② "彼此云异"，底本作"彼云之异"，据柳田本、篠原寿雄本改。
③ "珠"，底本作"殊"，据柳田本、篠原寿雄本改。
④ "一即一切，一切即一"，底本作"即一一切"，据柳田本、篠原寿雄本改。
⑤ "起"，底本无，据柳田本、篠原寿雄本加。
⑥ "促"，底本"促"后有"从"字，据柳田本、篠原寿雄本删。
⑦ "壁"，底本作"后"，据柳田本、篠原寿雄本改。
⑧ "则圣无此力"，底本作"则圣此无此力"，据柳田本、篠原寿雄本改。
⑨ "碍"，底本作"无碍"，据柳田本、篠原寿雄本改。
⑩ "重"，底本作"车"，据柳田本、篠原寿雄本改。
⑪ "息"，底本作"自"，据柳田本、篠原寿雄本改。

隋皖公山释僧璨

唐　杜朏

按语：

本传取自杨曾文校写《新版敦煌新本·六祖坛经》附录唐京兆杜朏（字方明）撰《传法宝纪》，并参考1971年柳田圣山据敦煌P3559本的校本，收在筑摩书房出版的《初期的禅史Ⅰ》之中。

释僧璨，不知何处人。事可禅师，机悟圆顿，乃为入室。后遭周武破法，流遁山谷，经十余年。至开皇初，与同学定禅师，隐居皖公山【在舒州，一名思空山】。此山先多猛兽，每损居人。自璨之来，并多出境。山西麓有宝月禅师，居之已久，时谓神僧。闻璨至止，遽越岩岭相见，欣如畴昔。月公即岩禅师之师也。璨定惠齐泯，深学日至。缘化既已，顾谓弟子道信曰："自达摩祖传法至我，我欲南迈，留汝弘护。"因更重明旨极，遂与定公南隐，后竟不知其所终矣。

第三代隋朝璨禅师

唐　神会

按语：

本传取自唐刘澄集《南阳和尚问答杂征义》；录自杨曾文编

校的《神会和尚禅话录》（中华书局，1996年）；校之以铃木大拙与公田连太郎合作校订的石井光雄《敦煌出土神会录》，题为《敦煌出土菏泽神会禅师语录》，收载于岩波书店1968年出版的《铃木大拙全集》第三卷，也参考了胡适《神会和尚遗集》，由台湾胡适纪念馆1968年出版。

　　第三代隋朝璨禅师，承可大师后。不得姓名，亦不知何许人也。得师授记。避难故，佯狂市肆，托疾山林，乃隐居舒州司空山。于时信禅师年十三，奉事经九年。师依《金刚经》，说如来知见，言下便证"实无有众生得灭度者"。授默语已①为法契，便传袈裟，以为法信，如明月宝珠出于大海。璨大师与宝月禅师及定公同往罗浮山。于时，信禅师亦欲随璨大师。璨大师言曰："汝不须去，后当大有弘益。"

　　璨大师至罗浮山，三年却归至岘山②。所经住处，唱言："汝等诸人，施我斋粮。"食讫③，道俗咸尽归依，无不施者。安置斋，人食讫，于斋场中有一大树，其时于树下立，合掌而终。葬在山谷寺后。寺内有碑铭形象，今见供养。

---

① "已"，底本作"以"，据铃木本改。
② "岘山"，即皖公山。
③ "食讫"，底本无，据铃木本及上下句意加。

隋朝第三祖璨禅师

按语：

本传取自《历代法宝记》，本传以《大正藏》本为底本，主要参校柳田及金九校本。

隋朝第三祖璨禅师，不知何处人。初遇可大师，璨示见大风疾，于众中见可大师①，大师问："汝何处来，今有何事？"僧璨对曰："故投和上。"可大师语曰："汝大风患人，见我何益？"璨对曰："身虽有患，患人心与和上心无别。"可大师知璨是非常人，便付嘱法及信袈裟与僧璨②。可大师曰："汝善自保爱，吾有难，汝须避之。"璨大师亦佯狂市肆。后隐舒州司空山，遭周武帝灭佛法，隐岘公山③十余年。此山北④多足猛兽，常损居人。自璨大师至，并移出境。

付嘱法并袈裟与道信⑤后，时有岘禅师、月禅师、定禅师、岩禅师，来至璨大师所云："达摩祖师付嘱后，此璨公真神璨也。定慧⑥齐用，深不思议。"璨大师遂共诸禅师往罗浮山隐三年。后

---

① "可大师"，底本无，据金九本加。
② "与僧璨"，底本无，据金九本加。
③ "岘公山"，即舒州岘山，为今安徽省潜山市西北的皖公山。
④ "北"，底本作"比"，据金九本改。
⑤ "与道信"，底本无，据金九本加。
⑥ "定慧"，底本作"定惠"，佛教一般常称"定慧"，故改之。

至大会斋，出告众人曰："吾今欲食，诸弟子奉饮食①。"大师食毕，告众人曰②："诸人③叹言，坐终④为。唯吾生死自由。"语已⑤，一手攀会中树枝，掩然立化，亦不知年几，塔庙在岘山寺侧。弟子甚多，唯道信大师传衣得法承后。薛道衡⑥撰牌文。

第三十祖僧璨大师章却归示化品第四十一

唐　智炬　胜持

按语：

本文取自《宋藏遗珍》中所载《宝林传》卷八中僧璨的传记，并参考柳田圣山的研究及田中良昭《宝林传译注》（内山书店，2003年）加以校刊。考之《宝林传》中的《僧璨传》与《传法宝纪》及《历代法宝记》中所载有很多相似的地方，故也参考之。

---

① "饮食"，底本无，据金九本加。
② "曰"，底本无，据金九本加。
③ "诸人"，底本无，据金九本加。
④ "终"，底本无，据金九本加。
⑤ "语已"，底本作"寄"，据金九本改。
⑥ "薛道衡"，即薛道衡。《隋书·薛道衡传》载：薛道衡（540~609），字玄卿，隋河东汾阴（今山西省万荣县西）人，历仕北齐、北周、隋朝。隋文帝杨坚灭周后，道衡被授内史侍郎，加上仪同三司。薛道衡也是隋前期有名的诗人，被推为隋代最伟大的作家。《北史》卷三十六《列传第二十四》云，薛道衡"有集七十卷，行于世"，后散失，剩三十卷，明人辑有《薛司隶集》一卷。

尔时，僧璨大师者，不知何许人也，不得姓字。以后周第二主天平三年己卯之岁①，遇可大师。云："身患风疾，请和尚为弟子忏悔。"可大师曰："汝将罪来，为汝忏悔。"居士曰："觅罪不得。"可大师曰："我为汝忏悔罪竟，宜依佛法僧。"居士曰："但见和尚即知是僧，何者是佛？云何为法？伏愿和尚而为开示。"可大师曰："是心是佛，是心是法，法佛无二，汝知之乎？"居士曰："今日始知罪性不在内外中间，如其心然，法佛无二也。"是时，大师知是法器，次与剃发云："是吾宝，宜名僧璨焉。"

又其年三月十八日，于光福寺受具，当年却归，侍觐左右。经于二年，大师乃付法及衣并陈昔谶，而告县事②。是时，璨大师得付法已，遇周第三主武帝讳邕，破灭佛法③，隐于岘公山，十有余载，后渐出化。又经二十一年，至隋开皇十二年壬子之岁，导利沙界，大集群品，普雨正法。

---

① "后周第二主天平三年己卯之岁"，天平是东魏孝静帝元善见的第一个年号，结合后面的"后周第二主己卯之岁"，这里"天平年中"恐是误。"后周第二主己卯之岁"，即北周明帝武成元年己卯之岁（559）。
② "县事"，按《景德传灯录·慧可传》中慧可对僧璨说："斯乃达摩传般若多罗悬记云'心中虽吉，外头凶'是也。"参见宋道原：《景德传灯录·慧可传》，《大正藏》第51册，第221页上。
③ "周第三主武帝讳邕，破灭佛法"，周第三主武帝讳邕，即是后周武帝（543~578），宇文泰的第四个儿子，名宇文邕，是继北周孝闵帝、明帝之后的第三代帝王，在位十八年（561~578）。"破灭佛法"，指的是武帝于建德三年（574）至建德六年（577）下诏灭佛，毁寺4万座，强迫300万僧尼还俗，对佛教造成极大破坏。

是时，会中有沙弥年始十四，名曰道信。来礼大师而致问曰："惟愿和上教道信解脱法门。"师问信曰："谁人缚汝？"信答曰："无人缚。"大师曰："既无人缚，汝即是解脱，何须更求解脱？"信于言下豁然大寤①。侍奉左右，经八九年。于吉州受戒，却来侍奉璨大师。大师乃告信曰："汝既尸罗具矣，其道明矣，吾何住乎？"

又曰："如来以大法眼付嘱迦叶，如是展转乃至于我。我今将此正法眼藏并达摩袈裟付嘱于汝。汝受吾教，听吾偈言：花种非因地，从地种花生；若无人下种，花地尽无生。"又告信曰："汝善护持，勿令法眼断绝。"又告曰："昔可大师付吾法后，又于邺洛二都，而自化导，经乎三十四年。吾今付汝法后，三二年间悠悠在世。然往罗浮而暂观历，非此久止。汝当好住，吾自善去。"

言讫便往，更不住此。四年甲子，后经于二载，从罗浮还。却归旧址②，树下合掌而终。时当隋第二主炀帝大业二年丙寅之岁，入涅槃也。

---

① "寤"，同"悟"。
② "址"，底本作"止"，据文意及田中良昭《宝林传译注》改。

唐吏部尚书同中书门下三品清河郡开国公房琯①撰碑文曰：

四维上下虚空不可思量，而佛性如之。万物变化阴阳不可思量，而佛法如之。如来以诸法嘱群龙，以一性付迦叶，付阿难。至菩提达摩东来付可，可付大师。传印继明，累圣一体。自迦叶至大师，西国有七，中土三矣。至今号为三祖焉。

---

① 房琯（697~763），字次律，河南（今河南省偃师市）人，唐朝宰相，正谏大夫房融之子。房琯弘文生出身，历任校书郎、监察御史、刑部侍郎甚至地方太守等职。安史之乱爆发后，房琯随唐玄宗入蜀，拜吏部尚书、同平章事即宰相之职。在唐肃宗时被降为太子少师。唐至德二载（757）进封清河郡公。广德元年（763），被拜为特进、刑部尚书，在赴京途中不幸患病，同年八月病逝于阆州（治今四川省阆中市），终年67岁。追赠太尉。在《旧唐书》卷一百一十一与《新唐书》卷一百三十九、《资治通鉴》卷二百一十八等中皆有其传记。房氏家族历代奉佛，房琯与惠能南宗神会大师交情也不一般。《神会语录》中有与时任给事中的房琯的问答（《铃木大拙全集》第三卷，第277页），《宋高僧传》更有神会于洛阳图缋六代祖师影像、太尉房琯作《六叶图序》的记载（《宋高僧传》卷八《慧能传》，《大正藏》第50册，第755页中），可见二人的关系甚好。房琯所作三祖碑在独孤及的《镜智禅师碑铭》中提到过，如中言："碑版之文，隋内史侍郎河东薛公道衡、唐相国刑部尚书赠太尉河南房公琯继论撰之。"房琯之所以会为三祖撰碑，在此碑铭中他自己作了说明，他说："大师（按：三祖）之法传乎无穷，大师之仪翳彼荒楚。岂其道而尊重其师欤。非别驾李公孰能权兴建立。光若此者乎。上座惠钦、寺主崇英、都维那湛然、禅师道幽，孰能保护管卫，自初有终，群财众心，愿力斯毕，一佛出世再现此邦。彼舒之人良缘何其言镂金石，垂之不朽，有处士樊定超，不远千里来访三居，乃梗概其晦明存亡之奇，死生自在之异，岂伊言字能语至？"这段话语意甚明，是说有位名叫樊定超的处士受了山谷寺上座惠钦、湛然等僧众的委派，千里来访，将三祖大师的事迹等有关情况告诉房琯，才使大师之事得以镂之金石，传之后世。

房琯所作三祖碑文虽未收录于《全唐文》及其他史料中，只见于《宝林传》中，但以大胆怀疑而著称的胡适先生也认可这一碑文的可靠性。房琯三祖碑相比独孤及三祖碑也无多少相左之处，所以有一定的历史价值和意义。

大师以没生犹幻，何有于家？变灭如云，其谁之子？故蒙厥宅里，黜其姓氏，代莫得而闻焉。又以诸行生灭，是相虚妄故，随无朕，诸心无所。或持衡屠门，或操量酒肆，不及其味，不言所利。声场淫室，不累其志。仿佛乎维摩之僖欤。此盖大师天受之奇也。

后见先师可公，请为忏悔。可公曰："将汝罪来，与汝忏悔。"大师曰："觅罪不得。"可公曰："与汝忏悔矣。"大师白先师曰："今日乃知，罪性不在内、不在外、不在中间。如其心然，罪垢亦然。"先师曰："如是一言已发，廓然昭爽。"

大师含道而生，抱理而息。广量大度，遗相性情。光师察其熟根，为之宝器，认之般若，证之彼岸。祖师所付，一以与之，譬如东方明矣。而又登之以天光。于是群迷利见，蠢动皆睹矣。大师未得无求，得之不有同。夫太阳与万物齐运，后何心于晖烛耶？此又大师授之奇也。

当周武灭佛法，可公将大师隐于舒州岘公山。岘山之阳有山谷寺，超云越霭，迥出人众。寺后有绝巘，登溪更为灵境。二公即其逊焉。居五年，风疾都差，时人号为"赤头璨"。可公将还邺，谓大师曰："吾师有袈裟一领，随法传予。法在汝躬，今将付汝。"

山谷寺数有神光、甘露之瑞。人怪而问焉，大师曰："此是佛法将兴，舍利欲至耳。"后京城大获舍利，分布天下，山谷寺果置塔。此又大师玄览之奇也。先是此山多猛兽毒虫，大师至止，遂绝其患。

门人有道信者。大师异其神意，传付之道，如可公之于大师焉。告之曰："有人借问勿道于我处得法。"从此便托疾山阿向晦宴息。忽大呼城市曰："我于岘山设斋，汝等当施我斋食。"于是邑咸集，乃于斋场树下立而终焉。异香满空，七日不散。道信奔自双峰，领徒数百，葬大师于所居之处。时人始知道信得法于大师。

尔时，隋末崩离，不遑起塔。洎皇唐天宝五载，有赵郡李常①，土林精爽，朝爽朝端，问望自河南少尹左迁同安郡别驾。怆经行之丘墟，慨茔垄之芜没。兴言改举，遐迩一辞。于是启坟开棺，积薪发火，灰烬之内，其光耿然。胫骨牙齿全为舍利，坚润玉色，铿铛金振。细圆成珠，五彩相射者，不可胜数。四众争趋②，叹未曾有。远方后至，痛无所获，或取亲身一片之榇③，周棺一撮之土，顶戴虔诚。归至郡县，振木拨土，舍利复生焉。自发旧封，逮乎新定，祥光瑞气，覆冒其山。此又大师通感之奇也。宝塔肇兴，庄严云备。古木新拱，丹翠相发，松梢林于月桂，轮捉足其辰极。回廊共崇岗复抱，长钟与嵌严叠韵。两方登降，双刹俯仰。焕彼幽谷，烛乎长川。

嘻！大师之法传乎无穷，大师之仪翳彼荒楚。岂其道而尊重其师欤。非别驾李公孰能权兴建立。光若此者乎。上座惠钦、寺主崇英、都维那湛然、禅师道幽，④孰能保护营卫。自初有终，群财众心，愿力斯毕。一佛出世再现此邦。彼舒之人良缘何其言

---

① "赵郡李常"，赵郡，在河北省西南部，现属河北省宁晋县。李常，生平不详。
② "趍"，同"趋"。
③ "榇"，底本作"搦"，据田中良昭《宝林传译注》改。
④ "上座惠钦、寺主崇英、都维那湛然、禅师道幽"，这几位禅师生平皆不详。

镂金石，垂之不朽。有处士樊定超①，不远千里来访三居，乃梗概其晦明存时之奇，死生自在之异，岂伊言字能语至？

辞曰：

圣人何思兮，其心本如。如生万法兮，如等太虚。法则可说，续以心证心兮，千载不绝。迦叶至我兮，圣者十人。②貌殊心一兮，相统一。身与佛在日兮，法无有异。八万四千兮，斯为不二。大师于我兮，如彼浮云。惟桑与族兮，口未尝分。大师于物兮，幻彼邪正。不垢不净兮，一其凡圣。以蒙养正兮，人谓之狂。慧炬一发兮，光照十方。光然后人兮，示没于代。遭乱遂翳兮，仅二百载。明时胜因兮，启封以火。尽成舍利兮，证知佛果。如彼前佛兮，宝塔巍巍。与法俱崇兮，永世归依。

有人云此大师不还者误也。何以？今于韶州清远县禅居寺，现有三祖大师堂。隋甲子年末，而届于此。住得一年，便往罗浮，游诸名圣。至隋大业二年，却归山谷，而示迁奄。

于天宝五载乙酉之岁，有河南少尹李常，特往荷泽寺问神会

---

① "樊定超"，此人生卒年不详。
② "迦叶至我兮，圣者十人"，房琯在三祖碑中所提到的禅宗祖统说与神会的主张相同，神会在《南宗定是非论》中当崇远问："唐国菩提达摩既称其始，菩提达摩西国复承谁后？又经几代？"神会答："菩提达摩西国承僧伽罗叉，僧伽罗叉承须婆蜜（应作"婆须蜜"，下同），须婆蜜承优婆崛，优婆崛承舍那婆斯，舍那婆斯承末田地，末田地承阿难，阿难承迦叶，迦叶承如来付。唐国以菩提达摩而为首，西国以菩提达摩为第八代。西国有般若多罗承菩提达摩后，唐国有慧可禅师承后。自如来付西国与唐国，总有十四代。"也即是西天八祖、东土六代为十三代，僧璨正好是十一代。但这种祖统说与《宝林传》所主张的大迦叶为第二祖，菩提达摩为西天二十八祖，到僧璨为第三十祖有所不同。

和尚:"三祖大师墓在何所?弟子往往闻说入罗浮而不还,虚实耶?"会和尚答曰:"夫但取文佳合韵,赞大道而无遗。若据实由,墓在舒州山谷寺。"是时李尹虽知所止,心上怀疑。

其年七月十三日,奉玄宗敕贬李尹为舒州别驾。至任三日僧道等参李尹。李尹问曰:"此州有山谷寺不?"三纲答:"有。"李尹问曰:"承寺后有三祖大师墓,虚实?"上座僧惠观答:"实有。"

其年十一月十日,李尹与长史郑公①及州县官寮等同至三祖墓所,焚香稽白。发棺而看,果有灵骨。便以阇维,光现数道,收得舍利三百余粒。李尹既见此瑞,遂舍俸禄,墓所起塔供养。一百余粒现在塔中。使人送一百粒与东菏泽寺神会和尚。和尚于浴堂院前起塔供养。一百粒李尹家中自请供养。至天宝十载庚寅之岁,玄宗至道大圣大明孝皇帝谥号"镜智禅师",敕"觉寂"之塔。

时天宝五载十二月八日,李尹设舍利斋。时有西国三藏二人同赴此会。李尹问曰:"师名云何?"三藏曰:"名揵那。"尹问曰:"西天有多少祖师?"揵那曰:"四十九祖②。"李尹曰:"为是一宗直下,更合别宗。"三藏曰:"其数叵多。"尹曰:"多少?"三藏曰:"若从迦叶为首直下血脉相承至于般若多罗,即有

---

① "长史郑公",其人生卒年不详。
② "四十九祖",即达摩四代二十二人加上从迦叶至般若罗多二十七人,共四十九人。这四十九祖说是西天揵那三藏所创的新祖统说。

二十七师。若取罽宾师子比丘依止弟子,达摩四代二十二师①。编入此前二十七师数内,即是四十九。若取七佛并迦叶二十七师,至此土璨禅师即三十七祖也。②"

李尹又问诸老宿曰:"此土有图,空写单名并五十余祖。或前或后,或少或多,但有空名,不见说事者,何也?"是时,众中有一禅师名曰智本③,是六祖能大师弟子,住禅众寺。答曰:"诸祖师名多有差互者有其由矣。何者?昔后元魏初④,佛法伦替,圣教焚爇。其时,所有沙门悉令还俗,所有佛经不遗一字,并无流布。

---

① "达摩四代二十二师",在《宝林传》卷五也有提到,如言:彼达摩达是北天七万七千罗汉之上座也。英俊当时,五天独秀。门下有因陀罗摩、瞿罗忌利婆二人。因陀罗摩之下有达摩尸利帝、那伽难提、破楼求多罗、波罗婆提四人;瞿罗忌利婆之下有婆罗跋摩、僧伽罗叉二弟子;跋摩尸利帝之下有二人,破楼求多罗之下有三人,婆罗跋摩之下有三人,僧伽罗叉之下有五人,共列举了二十二人,达摩达下四代有如上二十二人。对比卷五此处的"达摩"即是"达摩达"。又卷五及此处所提到的二十二人在僧祐《出三藏记集》卷十二所收《萨婆多部记目录》中说一切有部53人中也都有提到,只是跟《宝林传》卷五所说二十二人名字顺序上有不同(《大正藏》第55册,第88页上~下)。
② "七佛并迦叶二十七师,至此土璨禅师即三十七祖也",这句所说的即是禅宗西天祖统说。从七佛至般若多罗二十七人加上达摩,达摩为西天二十八祖,往后东土慧可,至僧璨正好是第三十七祖。
③ 智本,为惠能的弟子。在《神会语录》的惠能传中记载,惠能先天二年(713)灭度的前二年即景云二年(711)曾命智本与其另一弟子玄楷一起在新洲龙山故宅建塔。参见田中良昭《宝林传译注》,东京:内山书店,2003年,第444页。
④ "后元魏初",就是指北魏太武帝(423~452在位)于太平真君七年(446)推行灭佛,是为中国最初的灭佛运动。

时有沙门昙曜，其时还俗，① 遂单录得诸祖师名。心中草草，不备次第。著衣领中，经四十五年。属后魏第四主文成帝再建佛法，曜为僧统。恨正法陵迟，遂集诸沙门，共再结集目为《付法藏传》②。或前或后，而有差误者，皆由此也。

自此集后又经一十三年，丙午之岁，③ 成帝敕国子监博士黄元真，再穷佛典，特究余坟。时有北天三藏吉弗烟，译名佛陀扇多也。五天通明并善神足，秦梵俱契，吴楚同该。先翻译释氏之经，次明菩萨之传。就此之中，辩其前后，于彼教纲，甄别宗承，编补五九之章，分经四六之轴。就其本传，纂彼珠金兼覆外义。仍佳宝玉高峰翠耸，回合四贤，广博异闻，目为神足。先陈

---

① "时有沙门昙曜，其时还俗"，昙曜，北魏僧人，生卒年不详。在道宣《续高僧传》卷一有其传记。在北魏太武帝灭佛时昙曜着俗装躲入深山当中。之后文成帝即位复兴佛教，昙曜出山，并担任沙门统。推进云冈石窟的开凿及《付法藏因缘传》的译出。参见《续高僧传》，《大正藏》第 50 册，第 427 页下～428 页上。
② 《付法藏传》，也称《付法藏因缘传》或《付法藏经》，六卷，北魏延兴二年（472）吉迦夜共昙曜译，收载于《大正藏》第 50 册。本书记载了佛灭度后，佛法于印度从大迦叶尊者开始递代相传至师子尊者二十三祖的传承。师子尊者被罽宾国弥罗掘王灭佛时杀害，故其传承断灭了。但这从大迦叶尊者至师子尊者的二十三祖说或于师子尊者后加上末田地的二十四祖说，是中国佛教天台宗、禅宗法统说的主要依据。
③ "自此集后又经一十三年，丙午之岁"，北魏文成帝兴安元年（452）即位，十三年之后是和平六年（465），这年在干支上是乙巳。这年的五月文成帝驾崩，献文帝即位。这里的"丙午之岁"是第二年天安元年（466）的干支，而此年文成帝已经不在世了，所以这里"丙午之岁"应是和平六年（465）乙巳之岁。

六叶①，次述五明，楷②定古今，共详佛事者，即当时之明矣，即今时之识矣。

第三十祖僧璨

南唐　静、筠二禅德

按语：

本传取自1975年日本花园大学图书馆藏高丽覆刻本影印五代南唐静、筠二禅德编撰《祖堂集》，原由日本中文出版社1972年出版，载蓝吉富主编《禅宗全书》第一册（台北：文殊出版社，1988年）。同时参考了台湾佛光大藏经编修委员会1994年编撰的《佛光大藏经·史传部》中，根据花园大学图书馆藏高丽覆刻本影印的校刊版《祖堂集》。另外，还有吴福祥、顾之川点校本（岳麓书社，1996年），张华点校的简体字本（中州古籍出版社，2001年）。在校记时也参考了《宝林传》及《大正藏》第88册，署名终南山僧慧观撰序、沙州三界寺沙门道真记的《泉州千佛新著诸祖师颂》中收录有禅宗从大迦叶尊者至马祖道一禅师的诸祖颂。

---

① "六叶"，指从菩提达摩到六祖惠能。《宋高僧传》里有神会于洛阳图缋六代祖师影像、太尉房琯作《六叶图序》的记载（《宋高僧传》卷八《慧能传》，《大正藏》第50册，第755页上）。故此处六叶当指中土禅宗从菩提达摩到惠能六代祖师。
② "楷"，底本作"揩"，据田中良昭《宝林传译注》改。

第三十祖僧璨者，即是大隋三祖。不知何许人，不得姓字。遇可大师，得付心法。大集群品，普雨正法，会中有一沙弥，年始十四，名道信，来礼师而问师曰："如何是佛心？"师答曰："汝今是什么①心？"对曰："我今无心。"师曰："汝既无心，佛岂有心耶？"又问："唯愿和尚教某甲解脱法门。"师云："谁人缚汝？"对曰："无人缚。"师云："既无人缚汝，即是解脱，何须更求解脱？"道信言下大悟，在师左右八九年间。后于吉州具戒，却归省觐于师。师命付法，而说偈曰：

　　花种虽因地，从地种花生。

　　若无人下种，花种尽无生。

　　师自隋第二主炀帝大业二年丙寅岁迁化，迄今唐保大十年壬子岁，得三百四十年矣。大明孝皇帝②谥号"智镜禅师"、"觉寂"之塔③矣。净修禅师赞曰：

　　三祖大师，法王真子。

　　语出幽微，心无彼此。

---

① "什么"，底本作"什摩"，"什摩"与"什么"相同。
② "大明孝皇帝"，即唐玄宗李隆基（685~762），712年至756年在位。唐朝在位最久的皇帝，唐睿宗第三子，庙号"玄宗"，又因其谥号为"至道大圣大明孝皇帝"，故亦称为唐明皇。另有尊号"开元圣文神武皇帝"。但依独孤及唐代宗大历七年（772）所撰《舒州山谷寺觉寂塔隋故镜智禅师碑铭并序》与《舒州山谷寺上方禅门第三祖璨大师塔铭》，可知僧璨是唐代宗李豫（727~779）大历六年（771）时赐"智镜禅师"、"觉寂"之塔额。
③ "'智镜禅师'、'觉寂'之塔"，据独孤及所撰《舒州山谷寺觉寂塔隋故镜智禅师碑铭并序》与《舒州山谷寺上方禅门第三祖璨大师塔铭》中介绍，在僧璨圆寂后，在比丘湛然与惠融的请求下，由当时任淮南节度使、扬州大督都府长史兼御史大夫张延赏与独孤及将此事奏明朝廷，朝廷降诏赐僧璨"镜智"之谥号，赐塔"觉寂"之额。

或处出林，或居廓市。

因地花生，旃檀旖旎。

第三十祖僧璨大师

宋　道原

按语：

本传取自宋道原《景德传灯录》卷三，载《大正藏》第51册，校之以1944年刊《普慧藏》本宋代道原《景德传灯录》卷三，载蓝吉富主编《禅宗全书》第2册（文殊出版社，1988年）。另外，还参考了《中华大藏经》本《景德传灯录》。

第三十祖僧璨大师者，不知何许人也。初以白衣谒二祖，既受度传法，隐于舒州之皖公山。属后周武帝破灭佛法，师往来太湖县司空山，居无常处，积十余载，时人无能知者。至隋开皇十二年壬子岁，有沙弥道信，年始十四，来礼师曰："愿和尚慈悲，乞与解脱法门。"师曰："谁缚汝？"曰："无人缚。"师曰："何更求解脱乎？"信于言下大悟，服劳九载。后于吉州受戒，侍奉尤谨。师屡试以玄微，知其缘熟，乃付衣法。偈曰：

华种虽因地，从地种华生。

若无人下种，华地尽无生。

师又曰："昔可大师付吾法后，往邺都行化，三十年方终。今吾得汝，何滞此乎？"即适罗浮山，优游二载，却旋旧址。逾月，士民奔趋，大设檀供。师为四众广宣心要讫，于法会大树下合掌立终,即隋炀帝大业二年丙寅十月十五日也。唐玄宗①谥"鉴智禅师②"、"觉寂"之塔。至皇宋景德元年甲辰岁,凡四百载矣。

初唐河南尹李常,素仰祖风,深得玄旨。天宝乙酉岁,遇荷泽神会,问曰:"三祖大师葬在何处?或闻入罗浮不回,或说终于山谷,未知孰是?"会曰:"璨大师自罗浮归山谷,得月余方示灭,今舒州见有三祖墓。"常未之信也。常③谪为舒州别驾④,因询问山谷寺众僧曰:"闻寺后有三祖墓,是否?"时上坐慧观对曰:"有之。"常欣然与寮佐同往瞻礼,又启圹,取真仪阇维之,得五色舍利三百粒。以百粒出己俸建塔焉,百粒寄荷泽神会以征前言,百粒随身,后于洛中私第设斋以庆之。

时有西域三藏犍那等在会中,常问三藏:"天竺禅门祖师多少?"犍那答曰:"自迦叶至般若多罗有二十七祖。若叙师子尊者傍出达摩达四世二十二人,总有四十九祖。若从七佛至此璨大师,不括横枝,凡三十七世。"

常又问会中耆德曰:"尝见祖图,或引五十余祖,至于支派

---

① "唐玄宗",《景德传灯录》也承袭《祖堂集》认为僧璨是在唐玄宗时被赐"鉴智禅师"、"觉寂"之塔额,但据独孤及的碑铭当是在唐代宗大历六年(771)。
② "鉴智禅师",《祖堂集》及独孤及于唐代宗大历七年(772)所撰《舒州山谷寺觉寂塔隋故镜智禅师碑铭并序》与《舒州山谷寺上方禅门第三祖璨大师塔铭》中皆作"镜智禅师"。
③ "常",即河南尹李常,底本作"会",当指神会,语意不通,据普慧藏本改。
④ "别驾",是官名,相当于现在的侍卫官。汉朝时代,就有此官名,为州刺史的佐吏,刺史如有公事出行,定随刺史同行,但不能够同车,别乘另一驾车随侍在侧,名为别驾。

差殊，宗族不定，或但有空名者，以何为验？"时有智本禅师者，六祖门人也，答曰："斯乃后魏初，佛法沦替，有沙门昙曜，于纷纭中以素绢单录，得诸祖名字，或忘失次第，藏衣领中，隐于岩穴。经三十五载，至文成帝即位，法门中兴，昙曜名行俱崇，遂为僧统，乃集诸沙门，重议结集，目为《付法藏传》。其间小有差互，即昙曜抄录时怖惧所致。又经一十三年，帝令国子博士黄元真与北天竺三藏佛陀扇多、吉弗烟等，重究梵文，甄别宗旨，次叙师承，得无纰缪①也。"

舒州山谷寺觉寂塔隋故镜智禅师碑铭并序

唐　独孤及

按语：

　　僧璨于隋大业二年（606）圆寂，至唐中期以后，禅宗开始盛行全国，从初祖菩提达摩至僧璨的地位也随之提高，得到广大信众的尊崇。在唐代很多名人纷纷为僧璨撰写碑文，如隋内史侍郎薛道衡、唐相国刑部尚书赠太尉河南房琯等都为僧璨撰写过碑文，但可惜的是有些碑文已佚失不存。据松本文三朗《达摩的研究》（第一书房，昭和十七年）中说，日本智证大师于唐大中末年（859）入唐求法，之后回国，带回很多中国禅宗祖师的著述，在其《智证大师请来目录》中有关于三祖僧璨的有两种著作，其一是《舒州岘公山释僧璨事迹》一本，另外是《璨禅师碑文》一

---

① "纰缪"，错误之意，底本作"谬"，据普慧藏本改。

本。只可惜，这两本著作也佚失不存了。

目前在《全唐文》中收载的，我们能看到的有关僧璨的碑文有四种，即独孤及于唐代宗大历七年（772）所撰《舒州山谷寺觉寂塔隋故镜智禅师碑铭并序》与《舒州山谷寺上方禅门第三祖璨大师塔铭》；郭少聿于大历二年（767）所撰《黄山三祖塔铭并序》；张彦远于咸通二年（861）撰《三祖大师阴碑》。在这四种碑文中，最具价值的是独孤及所撰的两块碑文。

独孤及（725~777），唐朝散文家，字至之，河南洛阳人，天宝末，以道举高第，补华阴尉。代宗召为左拾遗，俄改太常博士。迁礼部、吏部员外郎，历濠、舒二州刺史，以治课加检校司封郎中，赐金紫。后逝世于常州刺史任上，谥曰"宪"。《新唐书·艺文志》言其著录有《毗陵集》二十卷，为其弟子梁肃所编，权德舆作序。其事迹见崔祐甫《独孤公神道碑铭》、梁肃《独孤公行状》和《新唐书》本传。

唐代宗大历五年（770），独孤及担任舒州刺史，亲访山谷寺，长老比丘湛然等僧及路经此地的嵩山比丘惠融等希望朝廷能为僧璨赐谥号，为其塔赐额。于是，时任淮南节度使、扬州大督都府长史兼御史大夫张延赏与独孤及将此事奏明朝廷，朝廷降诏赐僧璨"镜智"之谥号，赐塔"觉寂"之额。大历七年，独孤及便为僧璨的塔撰写了两篇碑文。这两篇碑文分别收载在《全唐文》卷三百九十、三百九十二。同时，《禅宗全书》第1册中也有收载。《舒州山谷寺觉寂塔隋故镜智禅师碑铭并序》也收载于宋祖琇撰《隆兴佛教编年通论》卷十八中，名为《舒州刺史独孤及赐谥碑》（《续藏经》第75册）。

本文取自《禅宗全书》第1册《全唐文禅师传记集》，参考

《续藏经》中《隆兴佛教编年通论》卷十八《舒州刺史独孤及赐谥碑》加以校刊。

按①前志,禅师号僧璨,不知何许人。出见于周隋间,传教于惠可大师,抠衣于邺中,得道于司空山。谓身相非真,故示有疮疾;谓法无我所,故居不择地。以众生病为病,故至必说法度人;以一相不在内外,不在其中间,故足言不以文字。其教大略以"寂照妙用"摄群品,"流注生灭",观四维上下,不见法,不见身,不见心,乃至心离名字,身等空界,法同梦幻。亦无得无证,然后谓之解脱,禅门率是道也。上膺付嘱,下拯昏疑,大云垂阴,国土为化。谓南方教所未至,我是以有罗浮之行,其来不来也,其去无去也。既而以袈裟与法,俱付悟者,道存形谢,遗骨此山,今二百岁矣。

皇帝即位后五年,岁次庚戌②,及剖符是州,登禅师遗居,周览陈迹,明征故事。其茶毗起塔之制,实天宝景戌中别驾前河南少尹赵郡李公尝经始之;碑版之文,隋内史侍郎河东薛公道衡、唐相国刑部尚书赠太尉河南房公琯继论撰之。而尊道之典,易名之礼,则朝廷方以多故而未遑也。长老比丘③释湛然,诵经于灵塔之下,与涧松俱老,痛先师名氏未经邦国焉,与禅众寺大律师释澄俊,同寅叶恭,亟以为请。会是岁嵩岳大比丘释惠融至自广陵,胜业寺大比丘释开悟至自庐江,俱纂我禅师后七叶之遗

---

① "按",底本作"桉",据续藏经本改。
② "戌",底本作"戊",误,据文意改。
③ "比丘",底本作"比邱","邱"同"丘",佛教经典中一般作"比丘"。本碑中凡"比邱",皆改作"比丘"。

训,日相与叹塔之不命、号之不崇,惧像法之本根坠于地也,愿申无边众生之宏誓,以抒罔极。扬州牧御史大夫张公延赏以状闻,于是七年夏四月,上沛然降兴废继绝之诏,册谥禅师曰"镜智",塔曰"觉寂",以大德僧七人洒扫供养。天书锡命,晖焕崖谷,众庶踊跃,谓大乘中兴。是日,大比丘众议立石于塔东南隅,纪心法兴废之所以然。

及以为初中国之有佛教,自汉孝明始也,历魏、晋、宋、齐,施及梁武。言第一义谛者,不过布施持戒,天下惑于报应,而人未知禅,世与道交相丧。至菩提达摩大师,始示人以诸佛心要,人疑而未思。惠可大师传而持之,人思而未修。迨禅师三叶,其风浸广,真如法味,日渐月渍。万木之根茎枝叶,悉沐化雨,然后空王之密藏,二祖之微言,始烁然行于世间,浃于人心。当时问道于禅师者,其浅者知有为法,无非妄想;深者见佛性于言下,如灯之照物。朝为凡夫,夕为圣贤,双峰大师道信其人也。

其后信公以教传宏忍①,忍公传惠能、神秀。能公退而老曹溪,其嗣无闻焉。秀公传普寂,寂公之门徒万人,升堂者六十有三。得自在慧者一曰:"宏正,正公之廊,虎龙象又倍焉,或化嵩洛,或之荆吴,自是心教之被于世也,与六籍侔盛。呜呼!微禅师,吾其二乘矣,后代何述焉?庸讵知禅师之下生不为诸佛,故现比丘身以救浊劫乎?亦犹尧舜既往,周公制礼,仲尼述之,游夏宏之,使高堂后苍徐孟戴庆之徒,可得而祖焉。天以圣贤所振为木铎,其揆一也。诸公以为司马子长立夫子世家,谢临川撰

---

① "宏忍",即"弘忍",中国禅宗五祖。

慧远法师碑铭，将令千载之后，知先师之全身、禅门之权舆、王命之丕显。在此山也，则扬其风，记其时，宜在法流。及尝味禅师之道也久，故不让。其铭曰：

众生佛性，莫非宿植。知诱于外，染为妄识。如浪斯鼓，与风动息。淫骇贪怒，为刃为贼。生死有涯，缘起无极。如来悯之，为辟度门。即妄了真，以证觉源。启迪心印，贻我后昆。间生禅师，俾以教尊。二十八劫，迭付微言。如如禅师，膺期宏宣。世涸法灭，独与道全。童蒙来求，我以意传。摄相归性，法身乃圆。性身本空，我无说焉。如如禅师，道既弃世。将三十纪，妙经乃届。皇明昭贲，亿兆膜拜。凡今后学，入佛境界。于取非取，谁缚谁解？万有千岁，此法无坏。"

舒州山谷寺上方禅门第三祖璨大师塔铭

唐　独孤及

按语：

本文取自《全唐文》卷三百九十二，载《禅宗全书》第 1 册《全唐文禅师传记集》。此碑文内容乃是独孤及述明朝廷赐僧璨谥号及塔额之经过。由山谷寺比丘湛然等状舒州刺史独孤及，再由独孤及与淮南节度观察使、扬州大都督府长史兼御史大夫张延赏一起状奏朝廷，朝廷准奏赐僧璨谥号"镜智禅师"，塔"觉寂"之额。

右。淮南节度观察使扬州大都督府长史兼御史大夫张延赏状。得舒州刺史独孤及状，得僧湛然等状称：大师迁灭，将二百年，心法次第，天下宗仰。秀和尚、寂和尚传其遗言，先朝犹特建灵塔，且加塔册谥。大师为圣贤衣钵，为法门津梁，至今分骨之地，未沾易名之礼，伏恐尊道敬教，盛典犹阙。今因肃宗文明武德大圣大宣孝皇帝斋忌，伏乞准开元中追褒大照等禅师例，特加谥号，兼赐塔额。诸寺抽大德僧一七人，洒扫供养，冀以功德，追福圣灵。中书门下牒淮南观察使。牒奉敕，宜赐谥号"镜智禅师"，其塔余依，牒至淮敕故牒。大历七年四月二十二日牒。中书侍郎平章事元载、门下侍郎平章事王缙、兵部尚书平章事李使、司徒兼中书令使。

黄山三祖塔铭 并序

唐　郭少耸

按语：

本文取自《全唐文》卷四百四十，载《禅宗全书》第1册《全唐文禅师传记集》。作者郭少耸，太原人，此篇碑文撰写于唐大历二年（767）。碑中说相传黄山有僧璨墓，僧智藏于黄山发现了僧璨残缺的墓志铭文等，于是在唐广德二年（764）发心在原有的残基下为僧璨重建元宫、塔碑。可惜，没建成就圆寂了。之后，有其同门智空在功德主霍待壁、孙待敬等的筹促下终于完成了三祖僧璨的元宫及灵塔，塔成后由郭少耸撰写碑铭。据《景德传灯录》卷三《第三十祖僧璨大师》以及独孤及的两篇碑文可知,僧璨圆寂后葬在山谷寺,山谷寺坐落在大别山东南麓的安徽省潜山市西北9千米处的谷口凤形山上。凤形山,唐宋以来人们习惯称之为三祖山,这里是全国重点风景名胜区天柱山的南大门。而这篇碑文却言在黄山有僧璨墓,僧智藏等是在黄山给僧璨立碑,故言"黄山三祖塔铭"。黄山与三祖山虽都是在安徽省境内,但不是在一处,僧璨生前是否到过黄山,也不得而知。通过这篇碑文想必黄山应是三祖僧璨分骨之地,即僧璨圆寂后其灵骨舍利也分了一部分在黄山埋葬,故僧智藏才在黄山发现了残缺的僧璨的元宫、墓碑,并发心重建。

原夫象教东倾,正宗西域,大块连铸,造化无功,应现十方,渐流万品,惟正觉之元妙也。传如来之正教,得佛法之宝印者,即我和尚三祖讳璨矣。澄神寂靖,散识归贞,耆艾相承,传云黄山东,是有窀穸元宫焉。殁故僧智藏,寻此胜山,经遘铭记,苔文半灭,微辨云和尚讳璨矣。遂瞻仰于青山之下,顶礼于荒坟之前,于大唐广德二年岁次乙巳,发心建启灵塔元宫之上,未圆备卒此,助成僧智空,睹此营修,果未圆满,师资相传,愿绪构兴。功德主霍待璧、孙待敬等,各施净财,成兹胜业,各愿生生值善,四行果圆,难苦脱尘。又为大唐宝应元圣文武皇帝①陛下圣化无竭,大宝常存,福祚遐长,万品安乐,蠢动含灵,同沾斯福。于唐大历二年岁次丁未,庆赞已毕,传芳永代,称庆远年,若不刻石镌铭,无以示其来者。其词曰:

佛日高悬,神通应异。东流像教,号曰大智。师资相

---

① "大唐宝应元圣文武皇帝",为唐代宗李豫(727~779)的尊号。

传，三祖讳璨，应现无所，灵化无岸。凝神西域，抱归山半。道俗瞻仰，寻求圣踪，（阙）舍利于元宫之上，建宝塔于黄山之东。功德相好圆满，顶礼获福无穷。题之永为不朽，镌石以表其神功。

三祖大师碑阴记

唐　张彦远

按语：

本文取自《全唐文》卷七百九十，载《禅宗全书》第 1 册《全唐文禅师传记集》。作者张彦远（815~907），中国唐代画家、绘画理论家。字爱宾。蒲州猗氏（今山西省临猗县）人。出身宰相世家，曾任舒州刺史、左仆射补阙、祠部员外郎、大理寺卿。家藏法书名画甚丰，精于鉴赏，擅长书画，无作品传世。著《历代名画记》《法书要录》《彩笺诗集》等。

此篇碑文撰写于唐咸通二年（861）。据《景德传灯录》卷三《第三十祖僧璨大师》载，唐天宝四载（745）河南尹李常为舒州别驾时，曾亲访山谷寺僧璨墓。据独孤及撰《舒州山谷寺觉寂塔隋故镜智禅师碑铭并序》中言，在唐天宝五载（746），就见有河南尹李常为僧璨撰写的碑文。由此可见，至少在天宝五载前山谷寺就已有僧璨之碑，只是当时没有朝廷赐予的碑额。故到唐大历七年（772），在山谷寺长老比丘湛然等僧的请求下，在时任淮南节度使、扬州大督都府长史兼御史大夫张延赏与舒州刺史独孤及的奏明下朝廷为僧璨赐谥号，为其塔赐额，独孤及还撰写了两篇碑文。但在唐武宗会昌法难时，僧璨塔与碑皆毁，在大中初年（847），僧璨的塔又复建，但碑未立。直至唐咸通二年，才得以复立碑，并由时任舒州刺史的河东张彦远撰写碑阴记。

大历初，彦远曾祖魏国公留守东都，兼河南尹。洛阳当孽火之后，寺塔皆为邱墟。迎致嵩山沙门澄沼，修建大圣善寺。沼行为禅宗，德为帝师，化灭诏谥大誓①，即东山第十祖也。洎镇于蜀，皆有崇饰。在淮南奏三祖大师谥号与塔额。刺史独孤君为之碑，张从申书字。夫禀儒道以理身理人，奉释氏以修心修性，其揆一也。会昌天子灭佛法，塔与碑皆毁。像虽毁而法不能灭，是法也，不在乎塔，不在乎碑。大中初，塔复置而碑未立。咸通二年八月，遂与沙门重议刊建。舒州刺史河东张彦远遂书于碑之阴。

隋禅宗三祖僧璨塔铭砖

按语：

本文录自《文物》1985年第4期刊载陈浩《隋禅宗三祖僧璨塔铭砖》。此砖铭为1982年4月在杭州市出土。砖长15.5厘米、宽11.4厘米、厚3.6厘米。现藏于浙江省博物馆。此砖铭文字很少，但史料价值却非常高。最重要的是见证了僧璨曾于隋开皇十二年（592）隐化于安徽皖公山，而且收了道信为弟子。所以此

---

① "誓"，这个字是"誓（辯）"的讹字。

砖铭弥足珍贵。

大隋开皇十二年七月，僧璨大士隐化于舒之皖公山岫，结塔供养，道信为记。

附编二

达摩《二入四行论》的思想

中国禅宗把印度来华传授禅法的菩提达摩尊为初祖。他的禅法及禅学理论在中国禅学史上占有重要的地位，对中国禅宗及中国佛教的发展也具有极大的影响，乃至对于现代佛教的发展及现代人们的社会生活仍有着积极的意义和价值。有关记录菩提达摩禅法的著作，常见佛教内部流通的经论中，冠以菩提达摩之名的著作不少，但其中能真正断定是出自菩提达摩本人的著作，可以说并不算多。现存署名为菩提达摩，由弟子昙林所记的《二入四行论》，确系菩提达摩的语录。这在学术界和教界一直是得到认同的。此论不但在道宣的《续高僧传》中有载，而且在后来的《楞伽师资记》《景德传灯录》等禅宗灯史中也有记载。20 世纪初发现的敦煌遗书中有此论的较完备的长卷。因此，《二入四行论》也就成了研究和了解菩提达摩禅法思想的重要典籍。学术界也一直以此论来探讨菩提达摩的禅法内容。此论典集中反映了菩提达摩的禅法思想，了解这一论典的思想，对了解达摩禅法、理解中国禅宗及中国佛教都有着重要的意义。

一、菩提达摩与其弟子

有关菩提达摩的生平事迹，是历史和传说并存，扑朔迷离，所说各异，似乎都有所据。实际上说法越多，在一定程度上就越能证明他在历史上的重要地位。一般认为，记载达摩事迹最早的史料是北魏杨衒之所撰《洛阳伽蓝记》，在此书卷一曾两次提到过菩提达摩，如：

> 时有西域沙门菩提达摩者，波斯国胡人也，起自荒裔，来游中土。见金盘炫日，光照云表；宝铎含风，响出天外；歌咏赞叹，实是神功。自云："年一百五十岁，历涉诸国，靡不周遍，而此寺精丽，阎浮所无也，极物境界，亦未有此！"口唱南无，合掌连日。①

> 修梵寺有金刚，鸠鸽不入，鸟雀不栖。菩提达摩云：得其真相也。②

关于此中所记之菩提达摩是否就是后代禅宗所奉为初祖的菩提达摩，学术界争论很大，似不能下最后定论。在唐道宣所撰之《续高僧传·菩提达摩传》中，对菩提达摩的生平事迹也有记载。据道宣《续高僧传》卷十六《菩提达摩传》载，菩提达摩（通称达摩），生于南印度，婆罗门家庭，出家后倾心大乘佛法。南朝宋（420~479）到达中国宋境南越，关于这个"南越"，有的

---

① 北魏·杨衒之：《洛阳伽蓝记》卷一《永宁寺》，《大正藏》第 51 册，第 1000 页中。
② 北魏·杨衒之：《洛阳伽蓝记》卷二《修梵寺》，《大正藏》第 51 册，第 1004 页上。

学者依《景德传灯录》卷三《菩提达摩传》所载认为是指广州①，有的则认为是泛指江南一带②。不管怎么说，达摩初达宋境是到中国南方是不会错的。后至北魏嵩洛一带弘法，诲人以禅教。③ 达摩对于当时佛教界盛行讲经说法而不重视打坐修行的风尚表示不满。他特别重视禅观修行，在栖止少林寺时，经常"面壁而坐，终日默然"，被人称为"壁观婆罗门"。④ 关于达摩晚年的事迹，各传记载的也都不一样，出入很大。若依道宣《续高僧传·慧可传》中说，慧可40岁时始拜达摩为师，从学6年，达摩圆寂后，"天平之初，北就新邺，盛开秘苑"⑤。由此来看达摩应圆寂于534~537年之间。不过《续高僧传·菩提达摩传》则说他"游化为务，不测所终"⑥。也有说他是遇毒身亡，葬于熊耳山（今河南省宜阳县）。⑦ 又传魏使宋云自西域回国时在葱岭遇见达摩，时达摩手携只履翩翩独逝，这就是"只履西归"的传说。⑧

达摩在中国北方传授禅法的时候，曾经向弟子传授"二入四

---

① 杜继文、魏道儒：《中国禅宗通史》，南京：江苏古籍出版社，1993年，第39页。
② 汤用彤：《隋唐佛教史稿》，北京：中华书局，1988年，第187页。
③ 唐·道宣：《续高僧传》卷十六《菩提达摩传》，《大正藏》第50册，第551页下。(以下简称《续高僧传·菩提达摩传》，不一一详注)
④ 宋·道原：《景德传灯录》卷三《菩提达摩传》，《大正藏》第51册，第219页中。(以下简称《景德传灯录·菩提达摩传》，不一一详注)
⑤ 唐·道宣：《续高僧传》卷十六《慧可传》，《大正藏》第50册，第552页上。(以下简称《续高僧传·慧可传》，不一一详注)
⑥ 《续高僧传·菩提达摩传》，《大正藏》第50册，第551页下。
⑦ 《景德传灯录·菩提达摩传》，《大正藏》第51册，第220页中。
⑧ 《景德传灯录·菩提达摩传》，《大正藏》第51册，第220页中。

行"的禅法。又据载,他特别提倡南朝宋代求那跋陀罗译的《楞伽经》四卷,曾以此经授慧可,对他说:"我观汉地,惟有此经,仁者依行,自得度世。"① 四卷《楞伽经》全名《楞伽阿跋多罗宝经》,是早期唯识经典之一,讲世界万有皆由心(如来藏及其受"无始虚伪恶习所熏"形成的识藏)显现,虚妄不实;文字不能"显示"真谛,要人们远离"一切妄想相、言说相";众生皆有如来藏自性清净心,是众生成佛的内在根据。达摩以四卷《楞伽经》传授给弟子,就是为了教导他们参照此经的思想认真坐禅修行,重视内心觉悟,而不要受当时佛教界风气的影响一味地追求读经解经。

达摩身边的主要弟子有慧可、道育、僧副、昙林等。

慧可为达摩弟子中最有名的,也作僧可,唐代以前多写为惠可。道宣《续高僧传》卷十六有他的传,俗姓姬,虎牢(在今河南省荥阳市汜水镇)人。他非常博学,"外览坟索,内通藏典"②。在40岁时于嵩洛受达摩禅法,并四卷《楞伽》。达摩圆寂后,天平年间(534~537)到北邺(今属河南省安阳市境)传授达摩禅法,受到拘守经文的僧徒的攻击、迫害,不得不流离于邺、卫之间,与化公、廖公、和禅师、向居士、林法师等人意气相投,有着密切的交往。慧可遵守师教,重视《楞伽经》,曾附以"玄理"进行发挥。《续高僧传·慧可传》说他"发言入理,未加铅墨,时或缵之,乃成部类"③;《楞伽师资记·惠可传》说

---

① 《景德传灯录·菩提达摩传》,《大正藏》第51册,第219页下。
② 《续高僧传·慧可传》,《大正藏》第50册,第551页下。
③ 《续高僧传·慧可传》,《大正藏》第50册,第552页中。

他"精究一乘,附于玄理,略说修道,明心要法,真登佛果"①,说明他是有著作的。慧可有弟子粲禅师(即僧璨)、那禅师、端禅师、长藏师、真法师、玉法师、向居士、化公等。

道育,据《续高僧传·菩提达摩传》说,他和慧可一同亲事达摩四五年,是达摩最初入门弟子之一。他从达摩学了禅法,专重个人内心修持而少对人讲说。但他的事迹已不可考,只有《景德传灯录》卷三等记达摩临终时自许慧可得髓、道育得骨、尼总持得肉、道副(即僧副)得皮的传说②,可以想见其禅学程度之一斑。

僧副(464~524),俗姓王,太原祁县人,是达摩剃度的弟子。南齐建武年间(494~498)住钟山(今南京市)定林下寺。梁时受到武帝的信敬,请他住进开善寺。后随西昌侯萧渊藻出镇蜀部(益州,治今四川省成都市),"遂使庸蜀禅法,自此大行"③。后来又回金陵(今南京市),普通五年(524)寂于金陵开善寺,年61岁。

昙林,史书无传,自称是达摩的弟子,曾记录过达摩的《二入四行论》。《开元释教录》卷六《北魏录》载,昙林曾先后参加过佛陀扇多、般若流支、毗目智仙的译场,担任翻译《无畏德菩萨经》《圣善住意天子所问经》《毗耶娑问经》《奋迅王问经》《不必定入定入印经》《一切法高王经》《第一义法胜经》《正法念处经》《菩萨四法经》《宝髻菩萨四法经论》《转法轮经论》

---

① 唐·净觉:《楞伽师资记·惠可传》,《大正藏》第85册,第1283页中。
② 《景德传灯录·菩提达摩传》,《大正藏》第51册,第219页中~下。
③ 《续高僧传》卷十六《僧副传》,《大正藏》第50册,第550页中。

《业成就论》《回诤论》等经的笔受者。① 不过关于昙林也有学者认为，他就是《续高僧传·慧可传》所提到的"林法师"。② 据《续高僧传·慧可传》中讲，这个林法师，原"在邺盛讲《胜鬘》并制定文义"，"及周灭法（577），与可同学，共护经像"；后来也为贼断臂，号"无臂林"，由慧可乞食供养。③《慧可传》中所记载的这个"林法师"是否就是昙林，现在学术界的看法不完全相同。不过现存《菩提达摩略辨大乘入道四行》的前面，有"弟子昙林序"这是不争的事实。他在传承达摩禅法上所记的《略辨大乘入道四行》为中国禅学史留下了宝贵资料，可谓是功不可没。

二、有关《二入四行论》

达摩对弟子的言传身教，有可能被记录下来。《续高僧传·菩提达摩传》在介绍了他的"二入四行"禅法之后，说"摩以此法开化魏土，识真之士从奉归悟，录其言语，卷流于世"④。唐杜朏《传法宝纪·达摩传》之注说："余传有言壁观及四行者，盖是当时权化，一隅之说。"⑤ 也承认有人把达摩传授禅法的话记

---

① 唐·智升：《开元释教录》卷六《北魏录》，《大正藏》第 55 册，第 542 页中~下、第 543 页上~中。
② 如汤用彤先生就认为昙林就是《续高僧传·慧可传》中的那位"林法师"，详见其《汉魏两晋南北朝佛教史》，北京：北京大学出版社，1997 年，第 563 页。
③ 《续高僧传·慧可传》，《大正藏》第 50 册，第 552 页中。
④ 《续高僧传·菩提达摩传》，《大正藏》第 50 册，第 551 页下。
⑤ 唐·杜朏：《传法宝纪·达摩传》，见杨曾文《新版敦煌新本·六祖坛经·附编一》，北京：宗教文化出版社，2001 年，第 177 页。

录了下来，但认为文字不能表达达摩的心法，不同意对此执着。记述达摩禅法的著作就是由昙林作序的《二入四行论》，可是现在佛教内部流通的除了昙林所记述达摩禅法的《二入四行论》外，冠以菩提达摩学说的著作还非常多，如《少室六门集》上下二卷，包括《心经颂》、《破相论》（一名《观心论》）、《两种入》、《安心法门》、《悟性论》、《血脉论》六种。还有敦煌出土的《达摩和尚绝观论》、《释菩提达摩无心论》、《南天竺菩提达摩禅师观门》（一名《大乘法论》）等。据敦煌出土资料，作为达摩学说而流传的诸多著述之中，只有"二入四行论"似乎是达摩真正思想所在。

人们较为熟悉的《二入四行论》是《续高僧传·菩提达摩传》上所引述的那段文字，宋代道原所编的《景德传灯录》卷三十也收录了《菩提达摩略辨大乘入道四行》，前面有"弟子昙林序"①。除此之外，现存所能知道的版本有敦煌汉文献中的12个写本，敦煌藏语、吐鲁番汉文文献中各一种写本。其次就是敦煌文献以外的朝鲜《禅门撮要》本、天顺本及《少室六门》本。

在现存《二入四行论》的各种版本中，以敦煌本北宿99和日本天理大学图书馆所收藏的朝鲜明天顺八年（1464）刊印的《二入四行论》内容最为完整，也最具有使用价值。②

关于敦煌本《二入四行论》，最早发现的是日本学者铃木大

---

① 见《景德传灯录》卷三十，《大正藏》第51册，第458页中。
② 这一观点请参见杨曾文《唐五代禅宗史》，北京：中国社会科学出版社，1999年，第56页。另，陈正博士也认为天顺本是最完整、最具有价值的论典。见椎名宏雄《天顺本菩提达摩四行论》前之《序》，程正译，《中国禅学》第二卷，北京：中华书局，2003年，第13页。

拙。他在北京图书馆查阅敦煌文献，发现了《二入四行论》（北宿99），后把它的影印本收在《敦煌出土少室逸书》出版。此后又出版了《校刊少室逸书及解说》二卷，对前书所收的文献作了校编铅印，并加以解说。后来铃木大拙又据伦敦大英博物馆所藏S2715号敦煌文书对前者进行对校，刊载于其《禅思想史研究第一》之中。

铃木大拙将此论全文分为三个部分，共101段：前11段为"达摩大师二入四行论及略序等"，12~67段为"杂录第一"，68~101段为"杂录第二"。第一部分的前八段，即详略不同地记载着《续高僧传·菩提达摩传》、《景德传灯录》卷三十和《楞伽师资记》中所收录的《菩提达摩略辨大乘入道四行》。第十一段即《续高僧传·慧可传》中的向居士的信。铃木认为第56段以前基本上可看作达摩所述，后来又认为第一、二两大部分皆为所说，而第三部分为慧可所述。

柳田圣山在他的《达摩的语录·二入四行论》（筑摩书房，1969年）中则认为，此论是达摩周围的弟子根据记忆编写成的最早的语录，记载了达摩及其弟子的思想和实践。柳田将此论重新分段，共分为74段，皆加上标题、注释，并全部译成日文。柳田《语录的历史》（载《东方学报》，1985年，第57册）认为第一、二部分皆为昙林所传，与慧可无关；第三部分（杂录二）是达摩、慧可禅系的师徒间的问答，与第二部分是后世禅宗语录的"祖先"。

杨曾文教授认为柳田圣山的意见比较合乎情理。可以认为，《二入四行论》是达摩与其弟子和他们的追随者关于禅法修行言论的集录，论述了达摩禅法的基本主张。至于编写者，从情理推断,昙林除了写序之外,很可能还编录了"二入四行"的禅法和达摩及其弟子的言行。①

上述诸敦煌写本,均缺少卷首部分,所以无法确知本来的题名。收录在《楞伽师资记》及《景德传灯录》中的本书,其卷首部分虽题有"菩提达摩略辨大乘入道四行,弟子昙林序",但一直以来未被认定为达摩所说。直到近年,由于敦煌写本的陆续出现,才受到新的评价。其资料价值才得到肯定,被认为是道宣《续高僧传》中达摩及慧可传的直接资料。但对照《楞伽师资记》中所载《二入四行论》,道宣《续高僧传》中所载之文是略有删节的。于是,前面所说的诸敦煌写本等,包括杂录部分等,统称为《二入四行论》,成为今日所知之菩提达摩的唯一语录,为研究中国初期禅宗的重要资料。

关于日本天理大学图书馆所收藏的朝鲜明天顺八年刊印的《菩提达摩二入四行论》,最近由日本驹泽大学学者椎名宏雄发现、研究和校刊。此本具有敦煌本所缺的首题、尾题及其他残缺部分,是一个最完整的本子。综观天顺本的全体构成,其主要特征有三点:第一,从外形上来看,本文前半部分的达摩语录部分被分成四十四门,每一门又被附上七字门名,也即是章题;第二,本文部分,首尾完整,可补敦煌本之缺;第三,卷末附刻有《龙门佛眼禅师坐禅偈》一文。日本学者椎名宏雄的《天顺本菩提达摩四行论》,刊于1996年《驹泽大学佛教学部研究纪要》第54号。最近在《中国禅学》第2卷(中华书局,2003年)中,

---

① 杨曾文:《唐五代禅宗史》,北京:中国社会科学出版社,1999年,第58页。

载有程正博士翻译的椎名宏雄整理的《天顺本菩提达摩四行论》及《天顺本菩提达摩四行论的资料价值》两篇文章,这给研究菩提达摩禅法提供了很大的便利。

此外,朝鲜本世纪刊《禅门撮要》所收李氏朝鲜隆熙二年(1908)刊行的《四行论》(以下简称《禅门撮要》本)缺卷首昙林的序及后面诸禅师问答的部分,也分四十四门,每一门也都有章题。而天顺本后面除载有可法师的语录之外,还有缘法师、志法师、楞禅师、显禅师、暄禅师、渊法师、藏法师、贤法师、安禅师、怜禅师、洪禅师、觉禅师的语录,这是《禅门撮要》本所没有的。可以认为,这些禅师也是菩提达摩以及慧可的仰慕者、追随者,并且是达摩禅法的奉行者。

对于《禅门撮要》所收《四行论》与天顺本《菩提达摩四行论》关系,日本学者椎名宏雄认为:天顺八年甲申(1464)朝鲜国李朝国家刻经机构刊行的《菩提达摩四行论》,是一本官方出版的禅宗典籍。这本书是禅门最古老的语录,是禅宗初祖菩提达摩及其门下言论的汇集。它与敦煌出土的本子,在内容上很相似。而《禅门撮要》本若对照天顺本和敦煌本,不仅缺了序文与本文的后半部,而且在整体上被加入了杜撰的分门等。因此椎名宏雄认为天顺本与《禅门撮要》本是不同文本,《禅门撮要》本是从天顺本抄录出来的,其理由是天顺本与《禅门撮要》本相应的部分完全一致。而且两者同样缺了序文即昙林的《略序》,两者语录中都还保留有早期高丽版已绝迹传本的特征。①

---

① 以上参见椎名宏雄《天顺本菩提达摩四行论》前之《天顺本之构成》及《天顺本菩提达摩四行论的资料价值》,程正译,《中国禅学》第 2 卷,北京:中华书局,2003 年,第 13~20 页。

但若将敦煌本与天顺本进行对校，可以发现两个版本字句不同，而且增减的地方较多。一个显著不同的地方是，敦煌本的文章是未整理的，前后有不统一的地方，而天顺本是整理过的，其内容前后是统一的。这样，天顺本对文本进行统一校订、整理的痕迹，就是很明显的了。而该书的全文，敦煌本大部分都是有的，但敦煌本末尾不清楚，因此，天顺本末尾完备的内容，使它成为最为完备的《二入四行论》版本，本文所引内容大多是出自该本。

三、《二入四行论》的思想内容

一般较为熟悉的昙林所记《二入四行论》，字数虽不多，但从中可以了解达摩禅法的基本思想，并且从中可以看出达摩是以佛教般若中观思想为根本而阐述他的禅法的，因而非常契合佛教的本义，从而使得这一禅法有着相当的生命力。"二入四行"可谓是达摩禅法的基本要求，其主要内容就是理入和行入。理入即是壁观，行入就是四行。理入是纲，行入是目，纲举目张，二者相辅相成。首先讲理入。

1. 理入

何谓理入？《四行论》说：

> 夫入道多途，要而言之，不出两种：一是理入，二是行入。理入者，谓藉教悟宗，深信含生，同一真性，但为客尘妄想所覆，不能显了。若也舍伪归真，凝住壁观，无自无他，凡圣等一，坚住不移，更不随于文教，此即与理冥符，

无有分别，寂然无为，名之理入。①

　　这是说要达到觉悟解脱（入道）虽有多种途径，但最重要的有两种，首先即是理入。所谓理入，这里的"理"指的是诸法实相、毕竟空、真如法性等义，所以理入可以理解为使自己的认识与诸法实相相契合。但是这种悟入，达摩认为是需要借助于经教的，此即所谓"藉教悟宗"，即依据经教文字所说（按：指佛教经典也即是佛陀及其弟子的言教），通过自己对这些经教的认识和领悟来达到悟入解脱之道的要旨。这便是要丝毫不犹豫地深信一切众生都具有如佛一样的真如佛性，此真如佛性是超乎一切有为法之上的不灭真性。是"明灵虚彻，亘古亘今，究其本源，无有间杂"②的。只是众生由于无明烦恼的污染，障蔽了此一真如佛性，使它不能显现。达摩这里"心性本净，客尘所染"的思想，其实也就是他用来传宗的四卷《楞伽经》中所反复强调的思想。如《楞伽经》卷二中说："如来藏自性清净，转三十二相，入于一切众生身中，如大价宝，垢衣所缠。"③卷四中说："虽自性清净，客尘所覆，故犹见不净。"④ 这里讲了如来藏自性清净，而为客尘所染不能显现。既然如来藏本性清净但为客尘所染而不能显现，那么现在只要通过努力修行，破除无明烦恼（舍妄），就能让与佛一样的真如佛性显现出来（归真）。又怎样才能"舍

---

① 见椎名宏雄《天顺本菩提达摩四行论》（以下简称《天顺本菩提达摩四行论》），程正译，《中国禅学》第 2 卷，中华书局，2003 年，第 20 页。
② 宋·杨彦国：《楞伽经纂》卷一，《续藏经》第 17 册，第 359 页上。
③ 南朝宋·求那跋陀罗译：《楞伽阿跋多罗宝经》卷二，《大正藏》第 16 册，第 489 页上。
④ 南朝宋·求那跋陀罗译：《楞伽阿跋多罗宝经》卷四，《大正藏》第 16 册，第 510 页下。

妄归真"呢？达摩指出，必须"凝住壁观"，所谓壁观有两种解释。一是如同《景德传灯录·菩提达摩传》所说的那样："面壁而坐"①，"端坐面墙"，即坐禅时面对墙壁（不管是禅室的墙壁还是山洞的石壁），由于墙壁静止并且色彩单调，容易使人入定。

二是如同唐宗密《禅源诸诠集都序》卷二所解释的："达摩以壁观教人安心，外止诸缘，内心无喘，心如墙壁，可以入道。"② 这是说，我们要做到安心，就要使我们这一颗心如一道墙。把心防护得像一道墙，任何的尘劳妄想、世间的物欲都无法侵蚀进来。使心与外界完全隔绝，凝心入定，达到连自己呼吸也感觉不到的地步，心如墙壁那样寂然不动，由此可达到觉悟。

这两种观点都有可取之处，可以理解为观心如墙壁一般静止、直立，而心也如墙壁一般，不动不摇，自他皆忘，达到解脱。关于壁观，在达摩以后的弟子，如百丈怀海说："心如木石，无所辨别。"③ 黄檗希运说："心如顽石头，都无缝罅，一切法透汝心不入，兀然无著。"④ 这可以说都是在讲壁观。通过壁观达到了内证，证得了般若中道观，无自我，也无他法，无凡夫，也无圣贤，无有一切妄执，所以说"无自无他、凡圣等一，坚住不移"。如果达到了这种无自无他的境界，也就能得意而忘言，离却经教，即可以摆脱经教的束缚，这也就是所谓借教而又不依于教，最终抛弃经教语言。这和中国传统的言意之辩中言不尽意论

---

① 《景德传灯录·菩提达摩传》，《大正藏》第51册，第219页中。
② 唐·宗密：《禅源诸诠集都序》卷二，《大正藏》第48册，第403页下。
③ 南唐·静、筠撰：《祖堂集》卷十四《百丈怀海传》，吴福祥、顾之川点校，长沙：岳麓出版社，1996年，第320页。
④ 唐·裴休：《黄檗断际禅师宛陵录》，《大正藏》第48册，第386页下。

也是有相近之处的。这种无自无他，不随于文教的境界，也就是"与理冥符"。这即是说，使自己体悟的内容与真如实相（理）相融无间，也就是达到觉悟。

由以上可见达摩的理入有三个步骤：第一，"藉教悟宗"，确立"含生同一真性"，修行者才能达到"舍伪归真"这一教理的牢固信仰；第二，通过坐禅"壁观"，令心安定，专一观想上述经教之"理"，而达到无自无他、无所分别的境界；第三，由此摆脱对经教文字的依赖，使自身实证所观之"理"，此即所谓"与理冥符"，这也就是"壁观"要达到的最高目的。因此所谓理入者，其实最主要的是壁观。理入可以就是指壁观，道宣在《续高僧传·菩提达摩传》记达摩感于道育、慧可之精诚，"诲以真法。如是安心，谓壁观也；如是发行，谓四法也。如是顺物，教护讥嫌；如是方便，教令不着"①。这"如是安心""如是发行""如是顺物""如是方便"四条，是达摩安心法门的主要内容。其中最根本的是"如是安心""如是发行"两条，前者指的就是"壁观"，后者则为四行。并且道宣对达摩壁观禅法评价很高，他在《续高僧传》卷二十的《习禅总论》中说："属有菩提达摩者，神化居宗，阐导江、洛。大乘壁观，功业最高，在世学流，归仰如市。"② 达摩的壁观功效在于"安心"，也即是遣荡一切情执，心无执着，中直不移，以无着之心，契彼真如实性之理，达摩禅法，旨即在于此。

通过上述对教理的内证，达摩认为还要如理践行，这就是行

---

① 《续高僧传·菩提达摩传》，《大正藏》第 50 册，第 551 页下。
② 《续高僧传》卷二十《习禅篇》，《大正藏》第 50 册，第 596 页中。

入。行入即是下面所要讲的四行。

2. 四行

理入是见道，是成圣，依大乘佛法，就是分证成佛。然而悟了还要行，所以达摩又讲了四行。此"行"相对于"理"，不仅指修行，也包括在日常生活中的行为和表现。即是通过现实生活中的行为、表现来达到觉悟解脱（入道），此所谓四行，"其余诸行，悉入此行中"①。何等为四？

（1）报怨行：

> 修道行人，若受苦时，当自念言："我从往昔无数劫中，弃本从末，流浪诸有，多起怨憎，违害无限。今虽无犯，是我宿殃恶业果熟，非天非人所能见与。"甘心忍受，都无怨诉。经云"逢苦不忧"也。何以故？以识达故，此心生时，与理相应，体怨进道，是故说言报怨行。②

报怨行是说学佛的人对待痛苦的正确态度。即修道行人，不管遇到任何苦厄，应该这样去思维：一切今世所受的痛苦遭遇，都是因为自己往昔无量劫中，由于不明自己本具真如佛性，故舍本逐末，生起种种妄执，依六识攀缘之心起惑造业，依业而感果，轮回六道，受种种痛苦。可是往昔因不明白痛苦产生的根源，而生起抱怨和憎恨，恼害他人，造下了恶因，所以今生虽没造什么恶业，但我宿世所造恶业的果报，今既成熟，我理所当然应该接受这恶果，这恶果并不是上天或其他任何人所能强加给我的，都是我自作自受，咎由自取，所以我应甘心忍受，不应该有

---

① 拙校刊天顺本《菩提达摩四行论》，见本书第4页。
② 拙校刊天顺本《菩提达摩四行论》，见本书第4~5页。

任何抱怨和不满情绪。只有这样的忍辱受苦，不怨天尤人，才能"与理相应，体怨进道"。

（2）随缘行：

　　众生无我，并缘业所转，苦乐齐受，皆从缘生。若得胜报荣誉等事，是我过去宿因所感，今方得之，缘尽还无，何喜之有？得失从缘，心无增减，喜风不动，冥顺于道，是故说言随缘行。①

随缘行是讲对待欢乐的正确态度。在达摩看来，一切世间诸法，包括人的自身，都是由因缘合和而成，随着因缘的变化而变化，缘聚则生，缘散则灭，生灭、得失、忧喜等都是无常，没有真实的自性。因此对待人生所谓快乐的事情，也不必为之心动。这所谓快乐的事情，也不过是自己的善业所招感，其本质也是虚幻不真实的，所以当缘分散尽时，也还归于无，何喜之有？如果能这样的认识人生的苦乐等都是缘起虚幻不真实的，自心就不会受外界种种境遇的影响，而能如如不动，这样就是"冥顺于道"。

（3）无所求行：

　　世人长迷，处处贪著，名之为求。智者悟真，理将俗反，安心无为，形随运转，万有斯空，无所愿乐。功德黑暗，常相随逐。三界久居，犹如火宅。有身皆苦，谁得而安。了达此处，故于诸有，息想无求。经云"有求皆苦，无求乃乐"也。判知无求真为道行。②

所谓无所求，是让人不要有贪求，这也是基于诸法缘生无性

---

① 拙校刊天顺本《菩提达摩四行论》，见本书第5页。
② 拙校刊天顺本《菩提达摩四行论》，见本书第5页。

的思考。在般若中观看来，世间万物都如梦幻泡影一般的不真实，缘生而空无自性。可是世人不能明白这个道理，处处贪求、执着，这就名之为求。而有智慧的人，能体悟到诸法缘生无自性，所以能安心无为，自然而然地生活，没有任何贪求和爱乐。更何况想到人生的祸福就如功德天女和黑暗天女是不相离的，三界也犹如火宅，不可久居。有身有求都是痛苦，谁能在三界中得到安乐呢？如是思维，便会息灭贪求之心，而"真为道行"。

（4）称法行：

性净之理，目之为法。此理众相斯空，无染无著，无此无彼。经云："法无众生，离众生垢故；法无有我，离我垢故。"智者若能信解此理，应当称法而行。法体无悭贪，于身命财，行檀舍施，心无吝惜。达解三空，不倚不着，但为去垢，摄化众生，而不取相。此为自行，复能利他，亦能庄严菩提之道。檀施既尔，余五亦然。为除妄想，修行六度，而无所行，是为称法行。①

从内容上看，称法行实际上可以总括以上各行。这里的"法"即为"性净之理"，也即佛性、真如，与上文所讲理入的"理"是一致的。这也自然与《楞伽经》中所讲的如来藏自性清净心同义。此真性之理"众相斯空，无染无著，无此无彼"。所以不见有实在的法和众生可得，故经曰："法无众生，离众生垢故；法无有我，离我垢故。"② 如果能认识此理，就应当按照大乘佛法生活和修行、教化众生。具体来说就是修行六度：布施、持

---

① 拙校刊天顺本《菩提达摩四行论》，见本书第5~6页。
② 这里是引用后秦·鸠摩罗什译《维摩诘所说经·弟子品》中的一句经文，见《大正藏》第14册，第540页上。

戒、忍辱、精进、禅定、般若（智慧）。而且在修行六度时重要的是对空义和中道的体认。如修布施时，因了知此真性之理"众相斯空"超言绝相，所以于自己的身心、性命和财产都应布施，而不应有吝惜。并且在布施时，不见有布施的人、所施之物乃至布施的对象，如此三轮体空，不取于相，不偏不倚，这样不但能自利，也能利他。修布施度如是称法而行，其他五度也复如是行。虽修六度，但又要做到无心，不执着行相即"不取相"，"无所行"，这就名之为"称法行"。

　　以上四行都是从实际的事行去修，前三行可以说是对怨憎会、爱别离、求不得等苦的对治。是说修道者生活在人间，要重视人与人之间的和谐，息世讥嫌。不怨、不骄、不贪，不违世俗，恒顺众生，从克己中去利他。称法行则是以无所得而行六度，大乘菩萨在度化众生时，三轮体空，从利他中消除对我及我所有的执着。这样行世修行，就能自利利他，庄严菩提道。其中的六度，实际已包容了前三行的要求。由此可以认为，"理入"是要求在禅观中体认真如佛性，"行入"的四项是要求在日常修行、传教和生活中贯彻契合于真如实相的六度。这与《金刚般若波罗蜜经》（以下简称《金刚经》）中所说"以无我、无人、无众生、无寿者，修一切善法，则得阿耨多罗三藐三菩提"[①] 的思想也是一致的。也与后世禅宗在世间行菩萨道，不离世间而觉的思想一致。

　　而且作为实践的四行，其内容也不是孤立的。我们在现实生

[①]　后秦·鸠摩罗什译：《金刚般若波罗蜜经》，《大正藏》第8册，第751页下。

活中，感受最强烈的就是人生的种种痛苦，于是达摩提出，应以"报怨行"的正确态度来对待，即对于痛苦要能泰然处之。然而对于与痛苦相对的欢乐，普通人难以不动心，甚至，普通人总是把追求欢乐作为性的终极目标。菩提达摩指出，不但对痛苦要有充分的认识而处于不动，就是对欢乐也应如此，应该认识到欢乐也是暂时的，要采取"随缘行"的态度来对待。既然对现实人生中的痛苦和欢乐都能以平静的心态来对待，那么，对于世间万有也应一样。所以达摩又提出，世间万物都是缘生无性，虚幻不实的，应以"无所求行"的正确态度来对待它们。修行的人到了这种境界，往往比较容易消极无为。因此达摩更进一步指出，只是"无所求"还不够，还应"称法行"。也就是在诸法本性清净的原则指引下，广修六度万行，同时又不执着六度万行。以此自利利他，积集福德智慧资粮，从而圆满和庄严佛果。因此，菩提达摩的四行思想也可以说是沿着循序渐进、层层深入的路线，对修行人心理历程进行逐步的训练，以期彻底净化心灵而达到真正解脱。由此可见，菩提达摩的四行思想是有着十分深远的意义的。

以上菩提达摩的《二入四行论》可以说后来所展开的禅思想大意都包含在此内，所以菩提达摩被尊为中国禅宗的初祖即由来于此。

四、《二入四行论》达摩禅法的特点

从所记载的《二入四行论》来看，达摩禅法有理论与实践并重、注重般若中观思想、菩提不离自心、世出世不二等特点。

1. 理论和实践并重

从《二入四行论》总体看来，"理入"和"行入"的关系并不是机械的，而是有着密切关联的。"理入"可以看作对真解脱

道总原则的认识和概括,也就是真解脱道的纲领;行入是在"理入"的基础上,在实际生活中实践,切实体会解脱道的利益和殊胜。所以,菩提达摩由"理入"和"行入"组成的禅法思想,就是理论与修行实践两者有机的结合。因此,他的"二入四行"禅法,是他的宗教理论和宗教实践相融合的产物。由此可见,菩提达摩是主张理论和实践相结合的。

从"理入"和"行入"的内容来看,菩提达摩是特别强调"禅观悟理"与"日常修行"的结合。达摩的"理入"就是一种"静坐禅观","行入"就是在日常生活中的实践。这样全部理论和实践统统被纳入了"二入四行论"中,达摩禅的这一重要特征,在于体现其禅法的独立性与别具一格。达摩禅在当时佛教界可谓是别出一路,既与注重南方思辨佛学不同,也与倡导禅修的北方实践禅法有异,横空出世,独树一帜,用惠能的话来讲,乃是"出世破邪宗"[1]。不过也正是因为达摩禅法这理论与实践相结合、别具一格的特点,所以他当时北渡至魏传授禅法时,没有受到人们的重视,还经常受到讥谤和排挤。尽管如此,达摩以佛性与般若相结合,有理论有实践的禅法,仍具有相当的生命力。所以他的禅法经二祖慧可、三祖僧璨至四祖道信、五祖弘忍以后更是大兴于世。逐步发展成被认为是中国佛教的生命与灵魂,居于佛教一切宗派之上,对中国佛教有着深远影响的宗派。

2. 般若中观思想为其禅法主要理论基础

这是达摩《二入四行论》禅法一个明显的特点。在《四行

---

[1] 杨曾文:《新版敦煌新本·六祖坛经》,北京:宗教文化出版社,2001年,第47页。

论》中虽也有大乘佛性学说的思想,所使用的"法性""真性""自性""心性""心"等具有"佛性"的意思,但达摩却没有直接用过"佛性"这个词。从所引用的著作来看,主要引用的是般若中观思想的经论,其中明确标明经名有《佛藏经》《诸法无行经》,虽未标明经名而引用最多的是《维摩诘所说经》,此外有《中论》《金刚经》等般若类经典,还有后秦僧肇的《肇论》。因此可以说,达摩是非常重视般若中观思想的,他的禅法主要理论基础就是般若中观思想。

般若中观思想可谓是贯穿于达摩《二入四行论》中。所以道宣在《续高僧传·习禅篇》论僧稠与达摩两宗的禅法时说:"观彼两宗,即乘之二轨也。稠怀念处,清范可崇;摩法虚宗,玄旨幽赜。可崇则情事易显,幽赜则理性难通。"①《续高僧传》是说僧稠习《涅槃》圣行,四念处法。《涅槃经》虽为大乘经,而四念处法则原为小乘最胜之方便。因此僧稠特重四念处法与达摩取法大乘般若性空宗是不同的。四念处法观身、念、心、法四者,步骤井然,情事易显,容易遵行。而达摩大乘虚宗,以无分别智,无所得心,悟入实相。依此正观,立证菩提,故其旨玄妙幽赜,一般人难以启悟。若要领宗得意,菩提达摩主张用大乘壁观,契合无相之真如。因此壁观就在于遣荡一切诸相,罪福并舍,空有兼忘,必心无所得,忘言绝虑,所以道宣论中又说:"然而诵语难穷,厉精盖少。审其慕则,遣荡之志存焉;观其立言,则罪福之宗两舍。详夫真俗双翼、空有二轮,帝网之所不

---

① 《续高僧传》卷二十《习禅篇》,《大正藏》第50册,第596页下。

拘，爱见莫之能引，静虑筹此，故绝言乎？"① 达摩虚宗的特点就是，用般若遣荡一切妄执，心无所执着，不偏不倚，以无着之心，契彼真实之理，这就是壁观，也就是理入。

再以四行来说，也无不是建立在般若性空的理论基础上。所说第一抱怨行，主要谈在行持中如何对待"苦"（即观苦）这个问题，达摩祖师以缘起法来诠释苦因，从而消除行者心中的怨愤，使之达到"甘心受之，都无怨诉"的心境。事实上，世法纷纭，参差错落，阴错阳差，恶行遭善报、善行遭恶报的情况也常见之，若不以缘起法来观照，则将会心生怨诉，或者尽管不愠之于色，但却难免不恨之于心。第二随缘行，主要是谈如何对待人生的苦乐、荣辱、得失等事，它是在"报怨行"的基础上继续深入而提出的。自然，要消弭这些缘境而生的分别心，关键在于要深明一切皆是缘起空无自性的，只有如此，才会做到毁誉不动、得失一如。第三是无所求行，也是基于缘生无自性的思考，让人了知世间万法都如梦幻泡影一般的不真实，缘生而空无自性。只有这样才能安心无为，自然而然地生活，没有任何贪求和爱乐。第四称法行，说真性之理超言绝相，无染无着，无此无彼，所以还引用《维摩诘所说经》中所说的"法无众生，离众生垢故；法无有我，离我垢故"②，来说明没有实在的法和众生可得。让人既要称此理而行，广修六度，虽修六度，但又不执着一切相，行而无行，这就是称法行。

---

① 《续高僧传》卷二十《习禅篇》，《大正藏》第50册，第596页下。
② 后秦·鸠摩罗什译：《维摩诘所说经·弟子品》，《大正藏》第14册，第540页上。

由以上所述可知，达摩宗义实乃大乘空宗。综观其《二入四行论》，皆是观空无相，不执人我是非，都是彻于人空、法空、俱空的三空，人空、法空是否定主客对立的世界，俱空是更加否定，一法不立，这就是大乘般若性空宗的特色，所以道宣将达摩禅法称之为"虚宗"是很有道理的。在《续高僧传·法冲传》中，道宣又将达摩的禅法归纳为"南天竺一乘宗"①，而南天竺又是龙树空宗的发祥之地。这都是强调达摩的性空思想。所以神会所讲的达摩传《金刚经》②，虽无事实，但也反映了达摩性空之宗与般若《金刚经》思想的相通之处。临济义玄评价达摩禅法时也说："自达摩大师西土来，只是觅个不受人惑的人。"③这个"不受人惑的人"就是能通达诸法缘起空无自性，毕竟不可得的人。

正因为达摩是以般若中观思想为其禅法主要理论基础，因此在《二入四行论》的敦煌本及天顺本中，记载了不少禅师的话，其中对般若中观思想引用、阐述得相当多。

天顺本《二入四行论》第四《谈论空无破执门》中引用《中论》中的话：诸佛说空法，为破诸见故，而复着于空，诸佛所不化。④

在第三十五《诸法因缘无生门》中引用《中论》第一品

---

① 《续高僧传·法冲传》，《大正藏》第50册，第666页中。
② 这句话的原文是："达摩大师，乃依《金刚般若经》，说如来知见，授与慧可。"见杨曾文编校《神会和尚禅话录》，北京：中华书局，1996年，第104页。
③ 宋·赜藏：《古尊宿语录》卷四《镇州临济（义玄）慧照禅师语录》，《续藏经》第62册，第28页下。
④ 拙校刊天顺本《菩提达摩四行论》第四《谈论空无破执门》，见本书第7页。

《观因缘品》大意,讲万法不生,说:"问曰:'云何从缘生不名为生?'答曰:'从缘生,不从彼生,亦不自生,亦不共生,亦不无因生……所见生者,幻生非生,幻灭非灭。'"①

在第四十二《体用无住离边门》中说:"复次,无自故非有,从缘起故非无。"② 这里与《中论》中所讲的中道缘起思想相近。

该论中多处引用中观般若思想,且反复讲述般若无所得的思想,以此来阐述其禅法,可见达摩禅法及其弟子们对他禅法的理解,都是基于般若中观思想理论的。

3. 菩提不离自心,世与出世不二

这也是《二入四行论》中一个较为明显的禅法特点。从整体上来看,达摩及其弟子虽受般若中观思想较大的影响,但在关于心性问题上显然是吸收了《楞伽经》和《大涅槃经》的思想。如《二入四行论》中的"理入",是要深信含生同一真性,这个真性就是《楞伽经》中所称的如来藏自性清净心。如来藏自性清净心也就是佛性,佛性即是众生成佛的可能性。一切众生皆具有佛性,皆可以成佛,只是因为妄想、执着而不能证得,若能"凝住壁观",去除无明烦难,就可以使与佛一样的真如佛性显现出来。所以达摩主张菩提不离自心,所谓修行,不应处处外求,而应直探心源,达到内心的觉悟。在天顺本第十八《心现示义理门》说修道有快有慢,如云:"问曰:'修道得道,有迟疾不?'答曰:'迟疾较百千劫。即心是者疾,发心行行者迟。利根人知即心是

---

① 拙校刊天顺本《菩提达摩四行论》第三十五《诸法因缘无生门》,见本书第25页。
② 拙校刊天顺本《菩提达摩四行论》第四十二《体用无住离边门》,见本书第29页。

道，钝根人处处求道，不知道处，又不知即心自是阿耨菩提。'问：'云何疾得道？'答曰：'心是道体，故疾得道。行者自知惑起时，即依法看使尽。'"① 这是说"利根人知即心是道"，修道便快；"钝根人处处求道，不知道处，又不知即心自是阿耨菩提"，修道便慢。由此可知所谓修行就是去认识"心从本以来空寂"②，没有处所，便达到解脱。在这里，"即心是道""即心自是阿耨菩提"的思想，可以说是后世禅宗的"即心是佛""平常心是道"等的重要起源。

菩提达摩与其弟子既主张菩提不离自心，同时反对修行完全脱离社会，脱离现实生活。基于般若空义和不二的中道学说，他们提倡烦恼即是菩提的思想，要人在日常生活中达到觉悟。《二入四行论》中特别是四行就是让人在日常生活中达到觉悟解脱。

在天顺本《二入四行论》第十四《真俗二谛差别门》中引用般若经典说："故经云'诸佛说法，常依二谛'者，第一义谛即是世谛，世谛即是第一义谛，第一义谛即是空也。"③

在第二十七《生死涅槃无二门》中说："经云'一切众生本来寂灭，不复更灭'，又云'一切法皆是涅槃'也。不须舍生死始是涅槃。"④ 这里的思想也是典型的《般若经》及龙树《中论》

---

① 拙校刊天顺本《菩提达摩四行论》第十八《心现示义理门》，见本书第14页。
② 拙校刊天顺本《菩提达摩四行论》第十九《比喻合当现法门》，见本书第14页。
③ 拙校刊天顺本《菩提达摩四行论》第十四《真俗二谛差别门》，见本书第12页。
④ 拙校刊天顺本《菩提达摩四行论》第二十七《生死涅槃无二门》，见本书第21页。

中的思想。

是说断除烦恼而求涅槃,离开众生而求成佛,是不可能的。既然一切虚妄无实,所以就没有什么迷悟、愚智、众生与佛等的分别,那么"一切处皆是法界处","举足下足,一切皆是菩提处"①,因此不必到现实生活之外去求道,行者只要任运自在,在自然无为当中就可达到觉悟解脱。在天顺本《二入四行论》中有不少这方面的论述,如在第三十《上士无障无碍门》、第三十一《正见邪见别体门》中解释菩萨道时,说应当对世俗生活采取不二态度,即"不取世法,不舍世法",并应当在一切场所,一切"恶业处","皆作佛事,皆作涅槃",②"即善处不善处见佛"③。所以"菩萨,于生死而不舍","不须舍生死始是涅槃",④ 因为生死即是涅槃,烦恼即是菩提,世间即是出世间。达摩这种生死即是涅槃,世间即是出世间的思想对后世影响也很大。

五、《二入四行论》的思想影响

菩提达摩开启中国禅宗的源头,他被后世奉为禅宗初祖。代表他禅法思想的《二入四行论》对后世禅宗乃至整个佛教都有着极大的影响和意义。

---

① 拙校刊天顺本《菩提达摩四行论》第三十二《法界菩提差别门》,见本书第24页。
② 拙校刊天顺本《菩提达摩四行论》第三十《上士无障无碍门》,见本书第23页。
③ 拙校刊天顺本《菩提达摩四行论》第三十一《正见邪见别体门》,见本书第23页。
④ 拙校刊天顺本《菩提达摩四行论》第二十七《生死涅槃无二门》,见本书第21页。

他的"二入四行"禅法以体悟自己的"真性"为最高宗旨。真性就是佛性,也就是《楞伽经》中的"如来藏自性清净心"。后世禅宗所谓的"如来禅"就是源自达摩的禅法的。

后世佛教徒也以"教外别传、不立文字"为达摩禅法的标志,因达摩的禅法便是直以究明佛心为参禅的最高目的。《二入四行论》虽叫人"藉教悟宗",但最终还是要得意忘言,放弃对语言文字的执着,而达到与真如佛性相契无间的境界。所以后世即依此称达摩所传禅为"佛心宗"。也有人因达摩到中国来传授禅法,是以四卷《楞伽经》印心,由此而称达摩所传禅法为"佛心宗"。如马祖道一说:"达摩大师从南天竺国来,躬至中华,传上乘一心之法,令汝等开悟。又引《楞伽经》文,以印众生心地,恐汝颠倒不自信。此心之法各各有之,故《楞伽经》云,佛语心为宗,无门为法门。"① 这就是说,达摩来中土所传的是上乘一心之法,而"佛语心"则是《楞伽经》一部之大宗。所以四卷本《楞伽经》诸品都名为《一切佛语心品》,对此唐法藏《入楞伽心玄义》中解说道:"此经一部俱是楞伽心也。佛语者,准梵语正翻为佛教,于佛教《楞伽》中,此为中心要妙之说,非是缘虑等心,如般若心等,此是满部之部名,非别品名。"② 苏轼在《楞伽阿跋多罗宝经序》中说:"《楞伽阿跋多罗宝经》,先佛所说微妙第一真实了义,故谓之佛语心品。"③ 因为《楞伽经》是

---

① 宋·道原:《景德传灯录》卷六《道一禅师传》,《大正藏》第51册,第246页上。
② 唐·法藏:《入楞伽心玄义》,《续藏经》第17册,第209页上。
③ 南朝宋·求那跋陀罗译:《楞伽阿跋多罗宝经序》,《大正藏》第16册,第479页下。

以"佛语心为宗",此乃是佛所说第一真实了义,所以达摩就用四卷《楞伽经》传宗,他来中土所传授的禅法就是以佛语心为宗,所以后世依此称达摩所传禅为"佛心宗",或是"楞伽宗"。不管是"佛心宗"也好,还是"楞伽宗"也好,都可以说明达摩禅在中国禅宗发展史中的重要地位。

达摩《二入四行论》中的二入,"理入"是总的直接的把握,"行入"是间接的实施。"理入"总的把握,正是"顿悟"的精神所在,"行入"步步深入,正是"渐修"所遵循的理路,达摩禅法中顿悟和渐修并存的思想对后世禅宗也有一定的影响。六祖惠能从五祖弘忍受法南归弘传"顿教"禅法,神秀与其弟子普寂在北方弘传"渐教"禅法,形成南北二宗对峙的局面,经神会北上与北宗争禅门正统,唐末(9世纪后)借助朝廷的裁定,南宗取得正统地位,逐渐形成南宗独盛的局面。但无论是南宗还是北宗,都标榜自己的禅法是来自菩提达摩。南宗还把达摩禅法称为"最上乘禅""如来清净禅"等。他们的禅法确实源自达摩禅法,是在达摩禅法的基础上发展起来的。

由《二入四行论》所体现达摩禅法是非常重视般若中观思想的,并以此作为其禅法主要理论基础。这一禅法特点对后世禅宗影响也非常之大,他的后世弟子们都非常重视般若中观思想。如二祖慧可,道宣在《续高僧传·慧可传》中说他:"精究一乘,理事兼融。"① 对达摩的南天竺一乘宗还专附"玄理"加以发挥②,这个"玄",就是达摩虚宗之"虚"。有位向居士曾给慧可

---

① 《续高僧传·慧可传》,《大正藏》第50册,第552页上。
② 《续高僧传·慧可传》,《大正藏》第50册,第552页中。

写过一封信，专门讨论这种玄理。信的大意是发挥大乘佛教的般若空义和不二法门，认为烦恼与涅槃、众生与佛相即不二。因此离开烦恼也就没有涅槃，离开众生也就无佛；从第一谛来讲，真理（真如法性）是超言绝相的，不应执着于它描述的文字（经教）；真正的认识是与"空"相应的无所得失的精神境界。对此，慧可是表示赞同的，他用偈颂来表达他的看法，曰：

> 说此真法皆如实，与真幽理竟不殊。本迷摩尼谓瓦砾，豁然自觉是真珠。无明智慧等无异，当知万法即皆如。愍此二见之徒辈，申词措笔作斯书。观身与佛不差别，何须更觅彼无余。①

慧可的答偈出发点是强调诸法实相，空一切相，身佛无别，万法一如。在此基础上，他还认为迷执与觉悟不二、无明与智慧不二、真如与万法不二，表达了对般若中观不二法门的观点。

三祖僧璨，虽然关于他的历史记载比较少，但从唐代宗大历七年（772），舒州（治所在今安徽省）刺史独孤及撰《舒州山谷寺觉寂塔隋故镜智禅师碑铭并序》可知他的禅法，如中说：

> 其教大略以寂照妙用摄群品，流注生灭观四维上下，不见法，不见身，不见心，乃至心离名字，身等空界，法同梦幻。亦无得无证，然后谓之解脱。②

这里所说世界空幻，得意忘言，以止观（寂照）引导徒众，用《楞伽经》中的诸法生灭无常的观点看待一切事物，以"无得无证"作为最高认识境界，可以说与达摩《二入四行论》中所主

---

① 《续高僧传·慧可传》，《大正藏》第 50 册，第 552 页中。
② 唐·独孤及，《舒州山谷寺觉寂塔隋故镜智禅师碑铭并序》，蓝吉富主编《禅宗全书》第 1 册，台北：文殊出版社，1988 年，第 349 页。

张的禅法思想是一致的。如果再从被认为是后人伪托的《信心铭》来看，其实更可以看出僧璨的禅法就是在遵循达摩以来重视般若中观不二的思想上所作的发挥。如中说："真如法界，无他无自，要急相应，唯言不二。不二皆同，无不包容。"① 整个《信心铭》无不体现真如法界无自无他，强调离言离相，即用明体，以无得无证为自在解脱，带有浓厚般若三论玄味。

四祖道信更是明确说："我此法要，依《楞伽经》中'诸佛心第一'，又依《文殊说般若经》'一行三昧'。"② 这里《文殊说般若经》全名《文殊师利所说摩诃般若波罗蜜经》，为大乘般若系经典。除了这部经之外，道信在他《入道安心要方便法门》中更多引用了般若系的经典，如《维摩诘听说经》《金刚经》等。他还比较重视《金刚经》，甚至据《金刚经》中所说的"我应灭度一切众生，灭度一切众生已，而无有一众生实灭度者"③ 等语认为"修道得真空者，不见空与不空，无有诸见"④，以此来体认实相之理。继道信之后，弘忍对般若思想也很重视，他也经常引用《般若经》《维摩诘所说经》《金刚经》等般若系经典，尤其是《金刚经》。在《修心要论》中，他曾多次引用《金刚经》中的文句，如："凡所有相皆是虚妄，若见诸相非相则见如

---

① 宋·道原：《景德传灯录》卷三十，《大正藏》第51册，第457页中。
② 唐·净觉：《楞伽师资记·道信传》，《大正藏》第85册，第1286页下。
③ 后秦·鸠摩罗什译：《金刚般若波罗蜜经》，《大正藏》第8册，第751页上。
④ 唐·净觉：《楞伽师资记·道信传》，《大正藏》第85册，第1287页下。

来"①,"若以色见我,以音声求我,是人行邪道,不能见如来"②等句子。在《坛经》中也记载着弘忍常劝道俗"但持《金刚经》一卷,即得见性,直了成佛"③。并在传法给惠能时,"唤慧能堂内说《金刚经》"④。所以到六祖惠能时,他索性用《金刚经》代替《楞伽经》作为印心的经典,他更是以般若作为其禅法的主要理论基础,在传法的过程中他也特别推崇般若中观思想,这些都可以在《坛经》中得到验证。惠能以后的五家七宗,其宗义也都不离开般若。由此可见,达摩后世弟子对般若中观思想的重视乃是直承于他的。

《二入四行论》中所体现达摩菩提不离自心,世出世间不二的禅法特点,对后世禅宗也极具深远的影响,可谓是开启了中国禅宗自觉自证,不向外求,修行就在现实日常生活中的行持之新航帆。如二祖慧可"观身与佛不差别,何须更觅彼无余"⑤。三祖僧璨"不识玄旨,徒劳念静。圆同太虚,无欠无余。良由取舍,所以不如"⑥,"不用求真,唯须息见"⑦。四祖道信的"离

---

① 后秦·鸠摩罗什译:《金刚般若波罗蜜经》,《大正藏》第8册,第749页上。
② 后秦·鸠摩罗什译:《金刚般若波罗蜜经》,《大正藏》第8册,第752页上。
③ 杨曾文:《新版敦煌新本·六祖坛经》,北京:宗教文化出版社,2001年,第7页。
④ 杨曾文:《新版敦煌新本·六祖坛经》,北京:宗教文化出版社,2001年,第15页。
⑤ 《续高僧传·慧可传》,《大正藏》第50册,第552页中。
⑥ 宋·道原:《景德传灯录》卷三十,《大正藏》第51册,第457页上。
⑦ 宋·道原:《景德传灯录》卷三十,《大正藏》第51册,第457页上。

心无别有佛，离佛无别有心。念佛即是念心，求心即是求佛"①。五祖弘忍的"夫修道之本体，须识当身本来清净，不生不灭，无有分别，自性圆满清净之心。此是本师，乃胜念十方诸佛"②。六祖惠能更是"本性是佛，离性无别佛"③，"识自本心，是见本性"④，"佛是自性作，莫向身外求。自性迷，佛即是众生，自性悟，众生即是佛"⑤。以上这些都是在说明菩提不离自心，修行应着眼于内心的觉悟，自觉自证，而不是向外寻觅，也不是离开日常生活之外而可以成就解脱的，所以惠能更说："法元在世间，于世出世间，勿离世间上，外求出世间。"⑥ 神会也说："若在世间即有佛，若无世间即无佛。"⑦ 慧海也一再强调解脱不离世间："非离世间而求解脱。"⑧ 这里破除了世间与出世间的界限，把二者打成一片，肯定了在现实人世便可以成就无上佛道，成佛悟道就在日常行为日用当中。可以说他们这些禅法思想和达摩禅法如出一辙。

---

① 唐·净觉：《楞伽师资记·道信传》，《大正藏》第 85 册，第 1287 页上。
② 唐·弘忍：《最上乘论》，《大正藏》第 48 册，第 377 页上。
③ 元·宗宝编：《六祖大师法宝坛经·般若品第二》，《大正藏》第 48 册，第 350 页上。
④ 杨曾文：《新版敦煌新本·六祖坛经》，北京：宗教文化出版社，2001 年，第 19 页。
⑤ 杨曾文：《新版敦煌新本·六祖坛经》，北京：宗教文化出版社，2001 年，第 45 页。
⑥ 杨曾文：《新版敦煌新本·六祖坛经》，北京：宗教文化出版社，2001 年，第 48~49 页。
⑦ 杨曾文编校：《神会和尚禅话录》，北京：中华书局，1996 年，第 88 页。
⑧ 宋·道原：《景德传灯录》卷二十八《慧海录》，《大正藏》第 51 册，第 443 页上。

《二入四行论》篇幅不大，却精辟而又深刻地阐释了佛教修学佛法的原则和宗旨，它以简短的文字深刻而又清晰地揭示出了修行的重要途径，给修行者指明了一条成佛的道路。其以般若中观思想为主要理论基础的禅法思想，对人们的现实生活也有着重要意义，使人们能在现实生活中，处处以禅意指导人生，在生活中能打破种种名相的束缚，从而更好地解决现实生活中的种种烦恼和痛苦，达到解脱。从这种意义上说，现代的人间佛教也可以从达摩的《二入四行论》思想中得到启示，从而使大乘佛教得到更好的发展。由这一点上看，达摩的禅法《二入四行论》对人们认识和理解佛教，对人们更好地把佛教与现实生活无间地联系起来，有着重要的意义和价值。这样不仅达摩是中国禅宗的初祖，对中国禅宗有着重要影响，他的禅法对现代中国佛教的发展也同样有着积极的意义。

结语

综上所述，在署名为达摩的众多著作中，只有《二入四行论》似乎是达摩真正思想所在。达摩的《二入四行论》就是所谓的理入与行入，理入即是壁观，行入就是四行。达摩的《二入四行论》体现了理论与实践并重、重视般若中观思想并以其为主要禅法理论基础、菩提不离自心、世出世间不二等禅法特点。他的《二入四行论》无论是对后世禅宗，还是对整个佛教乃至人们的现实生活都有着深远的影响和意义。菩提达摩被尊为中国禅宗的初祖，实乃是当之无愧的。他的禅法经过后世弟子们的进一步发展，不断地壮大起来，最终成为中国佛教的生命与灵魂，影响中国佛教乃至文化一千多年，所以太虚大师说中国佛教特质在禅，是不无道理的。

《宝林传》中二祖慧可传记研究

二祖慧可，也作"惠可"或"僧可"，唐代以后多写为"慧可"。慧可大师是中国禅宗第二代祖师，无论在中国佛教史上，还是在中国思想史上，都是一位具有重要影响的人物。有关记载其生平传记的资料有《续高僧传》《楞伽师资记》《传法宝纪》《历代法宝记》《祖堂集》《景德传灯录》《宝林传》等。在众多记载其生平传记的资料当中唯《宝林传》的记载不被大多数人认可，原因是有关《宝林传》人们对其评论不一。

《宝林传》是一部根据禅宗南宗的祖统说编定的通记禅宗西天二十八祖和东土六祖事迹的著作。全称《双峰山曹侯溪宝林传》，十卷（今存七卷，佚三卷）。唐贞元十七年（801），金陵沙门智炬（又作"惠炬""慧炬"）与天竺沙门胜持集。原书自南宋起佚失。1933年在山西赵城县广胜寺发现的金代雕刻的《大藏经》（即"金藏""赵城藏"）中刊有此书的残卷，1935年由上海影印宋版藏经会和北平三时学会将它编入《宋藏遗珍》第三函（在第31~33册）。对于《宝林传》，中日学者对其价值和意义作了充分的评论，认为其中有其错谬的地方，也有其有价值的地方。本文通过对《宝林传》中二祖慧可的校刊研究认为，《宝林传》中的《慧可传》与《续高僧传》《传法宝纪》及《历代法宝记》中所载有很多相似的地方。而且，二祖慧可门下旁出的法系及支派在《宝林传》中的记载不仅可靠而且是所有史料最全的。因此，笔者认为，对《宝林传》应存有比较客观的态度，其中虽确有伪造错漏的地方，应予以考证，采取谨慎的态度，但也有正确无误的地方，对其则应予以肯定认可，以彰显《宝林传》可信与不足的地方。

一、相关时间的记载

有关《宝林传》卷八慧可的传记在前文附编一中已作了校刊。将《宝林传·惠可传》考之于比它早问世的《续高僧传》《楞伽师资记》《传法宝纪》《师资血脉传》《历代法宝记》可知其中对二祖慧可生平事迹的记载真实可信度还是非常高的。除了在以上史料基础上加了慧可出生时的神异及在龙门香山寺出家师事宝静禅师，又至东京永穆寺具戒，后又返回香山寺，侍省尊长时夜见神人及其头痛如裂等的神异；还有教内外学者所认为不可信的诸祖传法偈与谶语这些之外，对慧可其他事迹的记载大致无差。

另外，《宝林传》在时间上的错漏确实如陈垣所说："今观其书，即以年代一节论，舛误者十之八九。"①

其中之一，慧可出生时间的记载：对慧可出生的时间言是"后魏第六主孝文帝永兴十五年正月一日"，这是不可信的，因为永兴不是后魏孝文帝使用的年号，在北魏时期有两个皇帝使用过永兴的年号，一个是北魏明元帝拓跋嗣使用永兴年号（409 年闰

---

① 陈垣：《中国佛教史籍概论》卷五，上海：上海书店出版社，2005 年，第 86 页。

十月~413年十二月），历时四年余；还有一个是北魏孝武帝元脩的第二个年号永兴（532年十二月），历时一个月。因此"后魏第六主孝文帝永兴十五年"，这个记载是错误的，应不可信。而且后出的五代南唐静、筠二禅德的《祖堂集》卷二作"永宜十五年"，查后魏孝文帝，其在位时也无"永宜"年号。据宇井伯寿与田中良昭推论，慧可的生卒年为北魏太和十一年至隋开皇十三年（487~593）①，若此推论是正确的，那么当知，这里"永宜十五年"，应该是北魏孝文帝太和十年之误。

之二，有关慧可遇达摩的时间：如果按《宝林传》的记载慧可年近30岁到龙门香山寺师事宝静出家，中途到东京永穆寺具戒，年近42岁时又回香山寺侍省尊长长达八年，这样推算慧可离开香山寺南下至少是在50岁的时候，而且他南下遇菩提达摩也是在50岁左右。但诸史料皆记载慧可是在年登40岁时遇达摩，故可知其遇达摩的时间也不可信。

之三，慧可侍奉达摩的时间：《宝林传》中言为九年，道宣《续高僧传》、净觉《楞伽师资记》、杜朏《传法宝纪》、《历代法宝记》皆作六年，不过稍早一点神会《师资血脉传》中作"经于九年"。② 之后稍晚出现的《祖堂集》《景德传灯录》皆作九年。到底慧可侍奉达摩的时间是六年还是九年？不可得知，但学术界大多数以六年为准。

---

① 参见宇井伯寿《禅宗史研究·慧可传记》，东京：岩波书店，1966年，第47页；田中良昭《宝林传译注》，东京：内山书店，2003年，第408页。
② 杨曾文编校：《神会和尚禅话录》，北京：中华书局，1996年，第196页。

不过,《宝林传》中有关时间的记载不是都不可信,有一个时间我觉得是可信的,那就是慧可圆寂的时间及世寿,《宝林传》中言在隋开皇十三年(593),世寿107岁。如果这样推论慧可的生年当在北魏太和十一年(487)。关于慧可圆寂的时间及世寿在《历代法宝记》也有载:"所司奏帝,帝闻悔过,此真菩萨,举朝发心,佛法再兴。大师时年一百七岁。"① 可见,《宝林传》言慧可卒年和世寿也非全是空穴来风不可信。宇井伯寿与田中良昭即据此推论慧可的生卒年为北魏太和十一年至隋开皇十三年(487~593)。

二、有关慧可葬地的记载

《宝林传》中对慧可圆寂后的葬地的记载也比较有意义,有关慧可圆寂后的葬地其他早期史料都未提到,只有《历代法宝记》中载:"其墓葬在相州成安县子陌河北五里,东柳沟去墓一百步,西南十五里,吴儿曹口。"《宝林传》则言:"葬在磁州滏阳东北七十余里。""磁州滏阳",磁州,其治所今隶属于河北省邯郸市。滏阳(县治在今河北省邯郸市磁县),北周保定元年(561)设置成安郡,治领磁县、滏阳县。隋开皇十年(590)废成安郡,始置磁州,滏阳县为州治。因此可知,滏阳县原属于成安郡治所。《历代法宝记》中所言"相州成安县",相州,古州名,治所在隋代前之北魏、东魏、北齐、北周一直在邺城(在今河北省临漳县西,河南省安阳市北郊),而临漳县又隶属河北省邯郸市,为六朝古都,因此相州成安县就是现今的河北省邯郸市

---

① 《历代法宝记》,《大正藏》第51册,第181页上。

下辖县，位于河北省南部，邯郸市东南20千米处。《历代法宝记》与《宝林传》虽然对慧可葬地所载不同，但可知大致方位就是在今河北邯郸，不过《历代法宝记》记载得更为具体详细。在《师资血脉传》中载慧可："遂经成安县令翟仲侃，其人不委所由，乃打煞慧可。死经一宿重活，又被毒药而终。"① 可见慧可当时在邺城成安县弘化遭到县令翟仲侃的毒打，虽没被打死，但后来又被毒药害死。由此，慧可寂后葬于成安县的可能性极大。所以我们通过《宝林传》《历代法宝记》与《师资血脉传》可知慧可葬地在今邯郸市成安县是可信的。《宝林传》中说在邯郸滏阳东北七十余里，虽然与《历代法宝记》与《师资血脉传》所载不同，但综合这三种资料，可以知道慧可圆寂后葬地的大致方位在今河北省邯郸市是没有疑惑的。

三、《法琳碑》相关问题

有关《宝林传》后所附《法琳碑》，也是中日学者争论较多的地方。中国学者以陈垣为代表，对《法琳碑》提出质疑。陈垣说："法琳见《续高僧传》二十四，又有唐彦琮撰《法琳别传》。法琳未闻掌内殿道场，何云内供奉。据赞宁《僧史略》，内供奉授僧，始自唐肃宗，唐初何能有内供奉沙门，此谬之显然者。且法琳著述存于今者，尚有《破邪论》《辩正论》等，其风格绝与可大师碑文不类。"②

---

① 杨曾文编校：《神会和尚禅话录》，北京：中华书局，2011年，第197页。
② 陈垣：《中国佛教史籍概论》卷五，上海：上海书店出版社，2005年，第86页。

对于陈垣此番话，笔者认为有两个问题可以探讨。其一，陈垣认为："法琳未闻掌内殿道场，何云内供奉。据赞宁《僧史略》，内供奉授僧，始自唐肃宗，唐初何能有内供奉沙门，此谬之显然者。"笔者认为所谓内供奉在此不一定就是指一种僧官的名称，因为，据《续高僧传》卷二十四《法琳传》可知，法琳是一个内外典籍通达很有才华的人，深受当时皇室及文人墨客的青睐，在当时声望很高，曾受皇室供养，这也可以叫作内供奉，为何偏要将内供奉当成一个僧官之称呢？

其二，陈垣说："法琳著述存于今者，尚有《破邪论》《辩正论》等，其风格绝与可大师碑文不类。"要知道法琳为护持佛法连生命都可以不要，那种护法之心至诚至切，故言辞风格会犀利尖锐，慧辨无碍。而为慧可撰写碑文乃是歌功颂德，无需用犀利尖锐之语，这也是常情中之事，为何非要将不同境遇所体现的文学风格等而视之？似有不客观之处。

又陈垣对于《法琳碑》中所提到的"东山之法，于是流焉"之句，认为不可信。"因东土四祖信与五祖忍，并曾住蕲州东山寺，后人始目其法为东山法门。四祖卒于永徽二年，五祖卒于高宗上元二年，琳先以贞观十四年卒，何能于二祖碑预有东山法门之语，此皆不足信者也。"①但"东山之法，于是流焉"此句何尝不可理解成田中良昭所认为继慧可之后其法孙（法系）将如东山之流，源源不绝；同时，还指慧可之禅法乃是后来禅宗之源流。②也可以理解成宇井伯寿所认为东山法门虽是指道信和弘忍

---

① 陈垣：《中国佛教史籍概论》卷五，上海：上海书店出版社，2005年，第86页。
② 田中良昭：《宝林传译注》，东京：内山书店，2003年，第421页。

禅法的通称，但其称呼之起源当从法琳碑始。① 且考之法琳碑所载大致都与史料所记相符，并没有什么特别不可信和伪造的地方。

而且碑后所载有关慧可门下弟子及旁出法系支脉记载得比任何史料都齐全。柳田圣山认为《宝林传·法琳碑》中二祖慧可门下旁出的法系及支派在《宝林传》中的记载不仅可靠而且是所有史料最全的。② 此中提到慧可下一世的弟子有八人：僧璨、神定、宝月、花闲居士、化公、向居士、和公、廖居士。除了僧璨之外，在这七人当中化公、向居士、和公、廖居士四人在道宣《续高僧传》中有载，柳田圣山认为这实在是不可思议的事情。相比《续高僧传》此碑文中提到神定、宝月、花闲居士三人是其没有记载的。而神定和宝月二人在《传法宝纪·僧璨传》中有载："至开皇初，与同学定禅师，隐居皖公山。……山西麓有宝月禅师，居之已久，时谓神僧。闻璨至止，遽越岩岭相见，欣如畴昔。"③ 在《历代法宝记》中也有此二人："时有岷禅师、月禅师、定禅师、岩禅师，来至璨大师所。"④ 宝月的门下有弟子智岩，后为牛头第二祖，此智岩在《传法宝纪·僧璨传》中明确

---

① 宇井伯寿：《禅宗史研究·慧可传记》，东京：岩波书店，1966年，第39页。
② 柳田圣山：《初期禅宗史书的研究》第五章《〈宝林传〉的成立和祖师禅的完成》，京都：法藏馆，2000年，第377页。
③ 唐·杜朏：《传法宝纪》，载杨曾文《新版敦煌新本·六祖坛经》附编（一），北京：宗教文化出版社，2001年，第177页。
④ 《历代法宝记》，《大正藏》第51册，第181页中。

说："月公即岩禅师之师也。"① 《历代法宝记》中提到的岩禅师也即是智岩。而关于慧可门下另一弟子花闲居士,虽然在早期的史料中未提到,但从其后传承的七代法系共有八人来看,其最后一代弟子扬州静泰,据柳田圣山考证确有其人,乃是与马祖弟子同时代人。② 由此可见,法琳碑中提到慧可门下的弟子及旁出法系正如柳田圣山所认为的不仅可靠而且是所有史料中最全的,有其一定的真实性和价值。

结语

综上所述,《宝林传》卷二《惠可传》并不如某些学者所说全是胡编乱造的,其在记载慧可大致与其他史料所载相同的有关生平事迹的基础上虽加了一些内容,但所加的这些情节和内容并不影响我们对慧可相关生平事迹大致了解和掌握。其在时间上的错漏所载虽然很多,但对慧可卒年及世寿的记载却可信而且很具价值和意义,因为由此可以推论出慧可的生年。另外,对慧可圆寂后的葬地所载,《师资血脉传》《历代法宝记》可以为我们提供慧可圆寂的大致方位即是现今河北省邯郸市,也很具参考价值。《宝林传·法琳碑》所载,虽然陈垣等人认为不可信,但也并不如其所言全是错谬。考之此碑所载与其他早期有关慧可史料的记载并无太多不符的地方,并且碑中所载慧可门下弟子及旁出法系支脉记载得比任何史料都齐全。

---

① 唐·杜朏:《传法宝纪》,载杨曾文《新版敦煌新本·六祖坛经》附编(一),北京:宗教文化出版社,2001年,第177页。
② 柳田圣山:《初期禅宗史书の研究》第五章《〈宝林传〉的成立和祖师禅的完成》,京都:法藏馆,2000年,第377页。

因此，笔者通过对《宝林传》卷二《惠可传》的校刊研究认为，对《宝林传》应持以客观公正的态度，其中有其错谬的地方，也有其有价值的地方。对《宝林传》中错漏的地方应予以考证，采取谨慎的态度；而对其正确无误的地方，则应予以肯定认可。而且，无论《宝林传》是否伪造乱造，其作为早期禅宗的史书，从中能帮助我们了解中国早期禅宗的发展、传播。更何况它对后世禅宗史书的编撰有着极大和深远的影响，所以《宝林传》在中国禅宗史上也有其一定的价值与贡献。

二祖慧可邺城行迹考

二祖慧可，也作惠可，或僧可，唐代以后多写为慧可。二祖慧可作为中国禅宗第一人，前接印度菩提达摩，后启三祖僧璨，因此其无论在中国佛教史上，还是在中国思想史上，都是一位具有重要影响的人物。慧可一生的行迹区域大致可分为河南、邺城、安徽三处，而其中尤以邺城最为重要。邺城，是我国历史上的著名古都。春秋时期，五霸之首的齐桓公建立了邺城，此后直至北周大象二年（580）被杨坚下令摧毁，一代名城成为废墟。隋代建都西安后，以相州安阳为新邺城。邺城存在了1200多年，在漫长的发展历史中经历过数次的重建和破坏，从最开始的一座具有军事防卫性质的边陲小城慢慢发展，最终成为在我国北方乃至于全国都具有显赫地位的历史名城。魏晋北朝时期是邺城发展的黄金时期，它先后成为曹魏、后赵、冉魏、前燕、东魏、北齐的国都或陪都。特别是东魏、北齐时的邺城一跃而成为在整个北部中国乃至于全国范围内具有重要地位的城市，成为当时北方中国的政治、经济与文化的中心，同时也是中原北方地区的佛教文化中心。① 二祖慧可曾于东魏、北齐年间到邺城弘扬菩提达摩来华所传的禅法，因为当时邺城盛行讲习，所以慧可在传禅法过程中颇为艰难，最终也为传扬禅法而付出了自己的生命。邺城是慧可弘扬禅法及圆寂之地，是其一生行迹中重要的处所。到底慧可于什么时间到邺城？又出于什么原因到邺城？他在邺城是如何弘化的？以及最后怎样圆寂于邺城？这些都是值得探讨的问题，所以本文拟就这些问题予以考究，以追寻慧可当年弘化的行迹，缅怀其为禅宗在中国的弘扬所做的贡献。并由此了解当时邺城的佛教文化背景。

一、慧可到邺城的时间

关于二祖慧可，一些史料对其生平情况记载并不统一，多说并存。因而，其一生的事迹错综复杂很难厘清。本文主要依据《续高僧传》《宝林传》《传法宝纪》《神会和尚禅话录·师资血脉传》《历代法宝记》《祖堂集》《景德传灯录》等史料对其有关邺城的行迹作一考察。

二祖慧可，俗姓姬，虎牢（又作武牢，今河南省荥阳市汜水镇）人。关于大师的生卒年依《宝林传》的记载，宇井伯寿推论

---

① 刘志玲:《纵论魏晋北朝邺城的中心地位》,《邯郸学院学报》, 2008 年第 4 期, 第 31 页。

当为北魏太和十一年至隋开皇十三年（487~593）。①《续高僧传》《宝林传》《传法宝纪》等史料都言其少为儒生时，博览群书，通达老庄易学。《续高僧传》更赞其"解悟绝群"②，《宝林传》曰："一言一气不与凡同，每吐每谈，恒加妙健。"③ 年近三十，往洛阳龙门香山寺，依宝静禅师出家。《续高僧传》《传法宝纪》《神会和尚禅话录·师资血脉传》《历代法宝记》皆言慧可是在年登四十岁时于嵩洛见达摩。又《续高僧传》《楞伽师资记》《传法宝纪》《历代法宝记》皆言慧可于达摩门下从学六年，"精究一乘，理事兼融"④。得到达摩传付衣法。达摩示寂后，慧可的行踪各史料所记略为不同。《续高僧传》说："达摩灭化洛滨，可亦埋形河涘。"⑤《传法宝纪》中云："大师（按：达摩）既示西还，后居少林寺。"⑥《神会和尚禅话录·师资血脉传》与《历代法宝记》则言其"遂隐居舒州岘山"⑦，"可大师得付嘱，以后四十

---

① 宇井伯寿：《禅宗史研究·慧可传记》，东京：岩波书店，1966年，第47页。
② 唐·道宣：《续高僧传》卷十六《僧可传》，《大正藏》第50册，第551页下。（以下简称《续高僧传》）
③ 唐·智炬、天竺三藏胜持编撰：《宝林传》，载苏渊雷、高振农选辑《佛藏要籍选刊》第14册，上海：上海古籍出版社，1994年，第67页。（以下简称《宝林传》，不一一详注）
④ 《续高僧传》卷十六《僧可传》，《大正藏》第50册，第551页上。
⑤ 《续高僧传》卷十六《僧可传》，《大正藏》第50册，第551页上。
⑥ 唐·杜朏：《传法宝纪》，载杨曾文《新版敦煌新本·六祖坛经》，北京：宗教文化出版社，2001年，第177页。（以下简称《传法宝纪》，不一一详注）
⑦ 杨曾文编校：《神会和尚禅话录·师资血脉传》，北京：中华书局，2011年，第105页。（以下简称《神会和尚禅话录·师资血脉传》，不一一详注）

年，隐岘山洛相二州"①。但有一点确定的是诸史料皆记载了慧可到过邺城。那么慧可到底是何时到邺城的呢？

关于慧可到邺城的时间，《续高僧传》载：慧可"以天平之初，北就新邺，盛开秘苑，滞文之徒，是非纷举"②。《传法宝纪》中言："后魏天平中，游邺、卫，多所化度。"③ 可见，这两部史料都认为慧可是在天平之初或天平年中，也即天平年间到邺城。"天平"是东魏孝静帝元善见的第一个年号，当为534～537年之间，这一期间，北魏分裂成东魏与西魏。慧可到邺城的时间，学术界经过各种考察即依《续高僧传》及《传法宝纪》所载为东魏天平年间（534～537）。王荣国先生更考证是在天平二年（535）。④

《续高僧传》与《传法宝纪》虽指出了慧可到邺城的时间，但相较《宝林传》《神会和尚禅话录·师资血脉传》《历代法宝记》《祖堂集》《景德传灯录》对慧可相关记载是从略的。特别是《续高僧传》以至于连僧璨的传记都没有。所以完全依《续高僧传》而忽视其他史料对慧可的记载是不合适的，特别是成书于公元8世纪的《神会和尚禅话录·师资血脉传》与《历代法宝记》等著作中所透露出的禅宗早期信息值得我们高度重视。因此，可以根据《宝林传》等史料将《续高僧传》与《传法宝纪》所缺的补充出来。如果慧可是在东魏天平年间（534～537）到邺

---

① 《历代法宝记》，《大正藏》第51册，第181页中。
② 《续高僧传》卷十六《僧可传》，《大正藏》第50册，第551页下。
③ 《传法宝纪》，第177页。
④ 王荣国：《慧可生平几个问题》，http://www.fjdh.cn/wumin/2010/02/06491198484.html

城，若按慧可的生年是北魏太和十一年（487）来算，他40岁见达摩，参学六载之后就是46岁，他46岁时正好是北魏永熙二年（533），由此学术界推论达摩圆寂于东魏天平元年（534），达摩圆寂之后，慧可于天平年间（534~537）到邺城，时年当在四十八岁左右。又根据《续高僧传》载"及周灭法与可同学共护经像"①，北周灭佛是在574~578年间，一位林法师与慧可共护经像，他们护经像到哪？《续高僧传》与《传法宝纪》没有详说。如果根据《神会和尚禅话录·师资血脉传》所载"值周武帝灭佛法，遂隐居舒州岘山（按：安徽皖公山）"②，慧可在北周武帝灭佛时南下到了安徽皖公山，并在此一时期收僧璨为徒。另外也可得知，慧可天平年间（534~537）到邺城，至北周灭佛（574~578）时离开，那么他在邺城弘化的时间长达四十多年。故《神会和尚禅话录·师资血脉传》及《历代法宝记》中皆记载慧可在达摩寂后"经四十年外，重开法门，接引群品"③皆是可信的。

僧璨依止慧可《神会和尚禅话录·师资血脉传》中说为六年，④若按《宝林传》《祖堂集》《景德传灯录》为二年⑤。慧可付法僧璨后，又离开安徽到达邺城。若按《神会和尚禅话录·师资血脉传》中说的六年，就意味着慧可于安徽大概也是六年的时间，依此来算，慧可第二次到邺城的时间是在隋开皇二年（582）。若按《宝林传》《祖堂集》《景德传灯录》为二年，那么

---

① 《续高僧传》卷十六《僧可传》，《大正藏》第50册，第552页中。
② 《神会和尚禅话录·师资血脉传》，第105页。
③ 《神会和尚禅话录·师资血脉传》，第105页。
④ 《神会和尚禅话录·师资血脉传》，第105页。
⑤ 《宝林传》，第67页。

慧可第二次北上到邺城的时间当在北周大象二年（580）。但正在此年杨坚下令火烧邺城，一代名都成为废墟。① 此年以安阳作为新邺城也还未建成。因此慧可于北周大象二年（580）到邺城的可能性不大。应该是在隋开皇二年（582）到邺城，王晖先生也认为是这一时间到邺城。② 但此时的邺城属于相州所辖，而隋代的相州治所安阳即新邺城，在今河南省安阳市区西郊，位今安阳城西南1.5千米。隋开皇十年前，安阳城即辖原邺城。安阳与邺实为一体，三国至北周是以邺统安阳，邺城辖安阳。周隋之际，为安阳统邺，安阳辖邺城。③ 据《宝林传》《祖堂集》《景德传灯录》载慧可到邺城的最后圆寂之地为成安县，而成安县在隋代属于相州，治安阳。隋代的成安县虽属于相州，但为原东魏、北齐时原邺南城的辖地。东魏天平初年（534），成安县并入临漳县（邺南城位于河北省临漳县内），属司州魏郡。北齐天保年间（550~559），复置县，更名成安县，属司州清都郡。隋时，仍名成安县，属相州。④ 最终慧可于隋开皇十三年（593）以107岁的高龄在成安县圆寂。那么慧可二度在邺城弘化的时间只有十年左右。这与《神会和尚禅话录·师资血脉传》所载较吻合。按《神会和尚禅话录·师资血脉传》所载，慧可40岁遇见达摩，从学

---

① 唐·令狐德棻等撰：《周书·帝纪第八》，北京：中华书局，1971年，第133页。
② 王晖：《大祖禅师慧可考——兼论慧可在禅宗史上的地位与作用》，载《法音》，1994年第3期，第47页。
③ 张之：《历史上安阳与邺之关系》，载《中国古都研究》，1994年第一辑，第39页。
④ 《新唐书》卷三十九《地理三·河北道》，《二十四史》第11册，北京：中华书局，2011年，第276页。

九年，时年慧可49岁，当在东魏天平三年（536），如果按此来算，达摩圆寂应在536年后。但一般认为慧可从达摩修学六年，如果是六年的话，达摩圆寂当在533年，这样比较合理一些。在达摩圆寂后四十年间慧可都在"重开法门，接引群品"。时年慧可当在89~90岁之间。于北周武帝灭佛（574~578）时南下隐居安徽皖公山长达六年，时慧可96岁。在付法僧璨后，到邺城，此时就是隋文帝开皇二年（582）年间。这样慧可在邺城弘化十年左右，直至107岁于成安县圆寂。

依《历代法宝记》慧可于北齐武平四年（573）也即北周灭佛前到过邺城①，由此更可知《续高僧传》与《传法宝纪》中所言慧可于东魏天平年间到邺城，又于北周灭佛时离开邺城是可信的。不过这是慧可第一次北上到邺城，并且在邺城弘化长达四十年。慧可于隋开皇二年（582）第二度北上到邺城，此时邺城已叫相州，治安阳。但安阳与邺交互为州郡治所，或邺统安阳，或安阳统邺。此种状态之实质，是安阳与邺实为一体。故慧可二度北上算是故地重游了，弘化的时间约十年。最后以107岁的高龄在成安县圆寂。以上便是根据相关史料对慧可到邺城的时间及相关其他行迹的一些考察。

二、慧可到邺城的原因

慧可于东魏天平年间（534~537）到邺城，此时的邺城叫邺

---

① 《历代法宝记》中说慧可年四十，奉事大师（达摩）六年，得达摩付嘱，以后四十年，隐居安徽皖公山及洛相二州（这里洛州即今洛阳市，相州在今河南省安阳市近郊、临漳县南）。照这样来推算慧可在86岁左右也即北齐武平四年（573）到过相州也即当时邺城所在地。《大正藏》第51册，第181页中。

南城。邺城是我国历史上著名的古都,位于河北省的最南部,地处太行山东麓的漳河冲积平原。邺城地区沃野千里,漕运通畅,自曹魏在此建都(216)以降,后赵、冉魏、前燕、东魏、北齐先后以此为都。邺城有南北二城,北城为曹操所建,位于今河北省南部邯郸市的临漳县,在今漳河水之北;南城则为东魏时期高欢所建,位于今河南省安阳市,在今漳水之南。① 邺南城是东魏与北齐的都城,并且在这两个时代,邺城一跃而成为在整个中国北部乃至全国范围内具有重要地位的城市,成为当时中国北方的政治、经济与文化的中心,同时也是北方佛教的中心。② 那么,慧可缘何要到邺南城?

1. 弘扬禅宗

慧可到邺城的主要原因之一就是使禅宗在当时北方政治文化中心乃至佛教中心的邺城能传播开而有一席立足之地。

佛教自东汉初年传入中土,就在与中国传统文化和宗教礼仪观念不断磨合中缓慢发展,直至十六国时期,河北地区成为佛教东传的重镇之一。十六国后赵时期,西域高僧佛图澄就在河北一带弘扬佛法,并得到后赵皇室的极度尊崇,由是"中州胡晋略皆奉佛"③,佛寺塔庙在各地纷纷兴建起来。竺佛调、竺法雅、道安等中印高僧云集法化。北魏定鼎河洛,中原北方地区佛法大盛,

---

① 刘志玲:《纵论魏晋北朝邺城的中心地位》,《邯郸学院学报》,2008年第4期。
② 高敏:《略论邺城的历史地位与封建割据的关系》,《中州学刊》,1989年第3期。
③ 梁·慧皎:《高僧传》卷六《佛图澄传》,《大正藏》第50册,第383页下。

河北各地建寺立塔，译经注疏常见于史载。及至东魏，东魏历一帝，共存在十七年，武定八年（550）为高洋北齐（又称高齐）所代替，迁都邺城。原在洛阳的僧徒，包括一批外国的著名译师，如菩提流支、佛陀扇多等人，亦都随朝廷迁徙到了邺城，邺下佛学由此大盛。东魏、北齐继承了北魏以来崇佛之风，上起帝王将相，下迄平民百姓无不倾心礼佛。东魏、北齐皇室往往耗费巨资用以修建寺院、开窟造像。东魏孝静帝以邺城的旧宫为天平寺，大丞相高澄在自己的府第举办译经活动。①

北齐历六主共二十八年（550~577），存续时间虽短，且与北周之间战乱频仍，其都城邺却是中国佛教尤其是义学中心之所在。《续高僧传》云："且夫佛教道东，世称弘播，论其荣茂，勿盛梁齐。"②"山东江表，乃称学海，仪表有归，未能逾矣"③。汤用彤先生《汉魏两晋南北朝佛教史》云：北朝义学之兴，约在孝文帝之世。其先多来自彭城，其后洛中乃颇讲佛义，而终则在东魏、北齐，邺城称为学海焉。④ 北齐时期，无论是出家人数、寺庙规模还是财用方面，佛教都曾兴盛一时，甚至超出了鼎盛之际的元魏佛教。《释氏稽古略》云："北齐译经师六人，出经论五十二卷，僧二百万余人，建寺院四万余所。"⑤ 《释氏通鉴》云："因以国储分为三分：一以供国，一以自用，一供三宝，自是彻

---

① 朱岩石、何利群、沈丽华：《邺城佛寺的兴衰》，载《中国文化遗产》，2013年第6期。
② 唐·道宣：《续高僧传》卷十五，《大正藏》第50册，第548页下。
③ 唐·道宣：《续高僧传》卷一，《大正藏》第50册，第429页中。
④ 汤用彤：《汉魏两晋南北朝佛教史》，《汤用彤全集》第一卷，石家庄：河北人民出版社，2000年，第397页。
⑤ 元·觉岸：《释氏稽古略》卷二，《大正藏》第49册，第805页下。

情归向，通古无伦，大起寺塔，僧尼满于诸州，佛法东流，此焉盛矣。"①《广弘明集》中亦云："帝（高洋）大起佛寺，僧尼溢满诸州，冬夏供施，行道不绝。"② 至于北齐首都邺城的佛教盛况，《续高僧传·靖嵩传》云："属高齐之盛，佛教中兴，都下大寺略计四千，见住僧尼仅将八万，讲席相距二百有余，在众常听，出过一万，故宇内英杰，咸归厥邦。"③ 当时仅邺都一地，寺庙即有四千座，僧尼八万多人，开设的讲经法席二百多处。

北齐时的邺城名僧云集，西域高僧菩提流支、佛陀扇多、菩提达摩、那连提离耶舍，中土名僧慧光、法上、道凭、灵裕、慧远等先后在邺下译经注疏、讲经说法。小乘之毗昙、成实；大乘之地论、华严、维摩、法华、净土、涅槃以及禅律等佛学思想在此敷扬。总体而言北朝佛教义学渐盛，讲学之风盛极一时。尤以涅槃、地论、摄论等学派最为流行。邺城作为六朝古都，在北方处于政治、文化、军事中心，特别是在东魏、北齐的时代邺城佛教达到全盛，所以作为禅宗想在中土弘扬与传播就要到这种政治、经济、文化中心的都城去。据《续高僧传》记载，达摩圆寂后慧可"埋形河涘。而昔怀嘉誉，传檄邦畿，使夫道俗来，仪请从师范。可乃奋其奇辩，呈其心要，故得言满天下，意非建立；玄籍遐览，未始经心"④。《传法宝纪》中云："大师（按：达摩）

---

① 宋·本觉：《释氏通鉴》卷五，《续藏经》第76册，第57页中。
② 唐·道宣：《广弘明集》卷四，《大正藏》第52册，第113页中。
③ 唐·道宣：《续高僧传》卷十《靖嵩传》，《大正藏》第50册，第501页中。
④ 《续高僧传》卷十六《僧可传》，《大正藏》第50册，第552页中。

既示西还，后居少林寺。"① 说明慧可在没到邺城前曾在黄河流域的河南嵩洛等地弘化，也达到一定的影响。但在公元534年，北魏孝静帝（元善见）由洛阳迁都邺城建立为东魏，随着从洛阳来的高僧也迁都东魏，东魏后来代替洛阳成为佛教兴盛之地，并为东魏的都城。所以，为了使禅宗立足于中土，扩大在中国的弘扬，慧可在弘化的区域上也要加以调整了，就是要从嵩洛转战到邺城。

禅宗初祖菩提达摩于南朝刘宋年间（420~479）到达中国，后来也北上嵩洛一带弘化，希望将禅宗在中原北方一带传播开来。达摩虽然在当时中国北方生活了50多年，但想要将印度传来的禅法迅速于中国传播开来，不是一件容易的事情。因为南朝与北朝的北方佛教一样注重义学研究和盛行讲习。所以达摩当时在北方传播禅法备受艰辛，但仍然不被大多数中国人所接受，没有办法使禅宗在当时像毗昙、成实、三论等义学宗派那么兴盛。慧可从达摩那授法，他要继承从上祖师们的遗愿将禅法递代相承下去，弘传于中土。而如何能使禅宗在中国站稳脚跟弘传下去，就是要找到地理上的至高点——邺城，在这政治、经济、文化、军事乃至佛教的中心弘禅，对于禅宗在中土的开展会起到极大的推动作用，产生巨大影响。所以慧可在达摩圆寂后于东魏天平年间（534~537）到邺城弘禅，直至北周灭佛时才离开邺城南下。慧可在邺城弘禅长达四十年多年的时间，为使禅宗能在邺城立足、弘扬开来，他做了不懈的努力，付出了艰辛！

---

① 《传法宝纪》，第177页。

2."还债"

据《宝林传》《神会和尚禅话录·师资血脉传》《祖堂集》《景德传灯录》等史料记载,慧可传法给僧璨后对其言:"吾归邺都还债。"① "'吾亦有宿累,今要酬之。善去善行,俟时传付。'大师付嘱已,即于邺都随宜说法。"② 按这几种史料所载,都是慧可付法僧璨后才说这些话,说明当时北周灭佛后慧可南下安徽收僧璨为徒,僧璨依止修学6年。慧可付法僧璨之后,于隋开皇二年(582)二度到邺城。

慧可二度北上到安阳邺城时已高龄。他对僧璨所说这句"吾归邺都还债"颇让人寻味。所谓还债,有欠才有还,正如《楞严经》卷四所说:"汝负我命,我还汝债。"③ 因果报应丝毫不爽。东汉时期著名的佛教翻译家安世高曾来中土还命债,就是这一还债的范例。在《梁高僧传》卷一《安世高传》记载他两度还命债之事。第一次:安世高(前生)到广州,正是寇贼作乱的时候。走在路上,遇到一位少年,唾手拔刀说:"真逮到你了!"安世高(前生)微笑着说:"我过去生亏欠你一命,所以千里跋涉,特地前来偿还宿债。你现在非常愤怒不平,这本来就是过去生所积存的怨气。"于是,安世高(前生)伸长脖子挨刀,没有丝毫恐惧的样子。那位少年挥动快刀,也没有丝毫迟疑,迅速地杀了安世高(前生)。安世高(前生)的神识,回到安息国,投生为安息

---

① 《宝林传》,第67页。
② 宋·道原:《景德传灯录》卷三《慧可传》,《大正藏》第51册,第221页上。
③ 唐·般刺蜜帝译:《大佛顶如来密因修证了义诸菩萨万行首楞严经》卷四,《大正藏》第19册,第120页中。

国的太子,此即安世高。第二次:安世高再次来到中国广州寻找曾经杀害过他的少年,当时的少年已经是白发皤然的老人,乍见安世高,有着似曾相识的感受,但总想不起来。安世高对老人述说数十年前偿命的事,并追叙多生以前的业缘。此时,二人怨恨已消,握手言欢。安世高说:"我还有残余的罪报,现在我应当赶往会稽(今浙江省),来偿还过去世的命债。"老人追随着安世高往东游化,终于到达会稽。刚刚进入市镇,恰巧遇到一片打杀的乱事,霎时只见滋事者误打安世高的头部,安世高即刻倒地身亡。①

慧可以69岁左右的高龄,第二次北上邺都也有十年左右的时间。在这十年的时间里他不仅在还债,也还在弘禅。《神会和尚禅话录·师资血脉传》载:"可大师谓璨曰:'吾归邺都还债。'遂从岘山至邺都说法,或于市肆街巷,不恒其所。道俗归仰,不可胜数。经一十年,时有灾难。"②《宝林传》:"大师(慧可)言讫,便往邺都化导群品三十四载。后而变行,复异寻常,或在城市或于巷陌,不拣处所,说法度人。或为人所使,事毕却往。"③慧可在邺都以96岁左右的高龄继续弘禅,直至最后在成安县以还命债的方式圆寂。慧可还命债之事迹,《宝林传》与《祖堂集》《景德传灯录》所载基本相同,《神会和尚禅话录·师资血脉传》与《宝林传》等所载略有不同,但都是在说明一件事,就是慧可在成安县弘禅时,引起教内法师不满,法师于是伙同成安县令非

---

① 梁·慧皎:《高僧传》卷一《安世高传》,《大正藏》第50册,第323页中~下。
② 《神会和尚禅话录·师资血脉传》,第105页。
③ 《宝林传》,第68页。

理损害慧可而致慧可殒命。若慧可在成安县还债之记载属实,那么他此举可谓无比悲壮,为法忘躯。为了使禅宗在北方地区立足发展,不惜以命作为代价,因此这种壮举与其说是还债,不如说是一种弘禅的责任与使命。慧可大师此为法忘躯之壮举,值得我们敬仰与感怀!

三、慧可在邺城的行迹

关于慧可在邺城的行迹各史料记载不一,但分析和比较各史料大致可以厘清其在邺城弘化的事迹。而且这些史料通过对比考察后有一个明显的地方就是《续高僧传》与《传法宝纪》所载多为慧可东魏天平年间(534~537)第一次到邺城的事迹,而《神会和尚禅话录·师资血脉传》《历代法宝记》《宝林传》与《祖堂集》《景德传灯录》等所载皆为慧可二度到邺城的事迹。

《续高僧传》记载慧可于东魏天平年间(534~537)第一次到邺城弘禅,而遭遇的却是"滞文之徒,是非纷举"①。北朝的北方佛教注重义学研究和盛行讲习,比较注重对经教的诠释讲解,侧重在语言文字的工作上。但禅宗一向主张"不立文字,教外别传,直指人心,见性成佛"。禅宗对文字有特殊的看法,按照禅门的解释,"不立文字"的主要含义是指以心传心。当年释迦牟尼佛在灵山会上,以"拈花微笑"的方式,将"正法眼藏,涅槃妙心,实相无相,微妙法门"传授给摩诃迦叶,这被认为是禅宗"不立文字,教外别传"的开始。到了六祖惠能,他的禅学思想和禅法要求都充分体现出了"不立文字"的基本精神,也代

---

① 《续高僧传》卷十六《僧可传》,《大正藏》第50册,第552页上。

表了禅宗对文字的观点。在禅宗看来文字语言只是一种符号、工具、手段，只是用来指月的手指，并非月亮的本身。修行者应通过手指看月亮，而不能以指为月。更何况，佛法大义不可言说，超言绝虑，非语言文字所能及，因此不能执着于语言文字，而应得意忘言，去体认语言文字背后那超言绝虑的诸法实相，即证见自心佛性。① 禅宗对语言文字这一特殊的观点，与当时传统注重义学研究，讲习经典的时代风潮有些不相应。可以说禅宗相较当时盛行的涅槃学、地论、摄论等学派，更注重实践修持。

  而且禅宗的祖师们在通过实践修持后有所证悟，即便是有所说，这个所说的语言文字也皆是从大悲智海中自然之流露，言简义深，对佛教义理的发挥也不拘泥于语言文字的外相。正如当年菩提达摩回答梁武帝实无功德的公案一样。② 禅宗祖师们对佛教义理的诠释往往与传统佛教有别。这在惠能的《坛经》中体现得更为明显。惠能于唐高宗仪凤元年（676）在法性寺（今光孝寺），著名涅槃学者印宗法师向惠能征诘深奥的义理，而惠能回答得都非常简单。印宗见惠能所说虽言辞简单，但义理又极为恰当，乃是从自性心灵之海所流出，即从自性智慧之海所流出，而不是从文字语言中搜寻而来。并且惠能还为印宗讲从上禅宗历代祖师所递相传授的唯直指人心，见性成佛的顿悟妙法，而不论如

---

① 惠能大师关于语言文字的观点参见元·宗宝编：《六祖大师法宝坛经·付嘱第十》："执空之人有谤经，直言不用文字。既云不用文字，人亦不合语言。只此语言，便是文字之相。又云：'直道不立文字。'即此不立两字，亦是文字。见人所说，便即谤他言著文字。汝等须知，自迷犹可，又谤佛经。不要谤经，罪障无数。"《大正藏》第48册，第360页中。

② 宋·道原：《景德传灯录》卷三《第二十八祖菩提达摩传》，《大正藏》第51册，第218页下。

何通过修禅定而得解脱。在传统佛教看来,戒、定、慧三学,由戒而定,由定而慧,禅定是佛教所有宗派重要的修行方法,也是佛教得解脱的重要修行方式,而惠能却说禅宗历代祖师皆言不由禅定而得解脱,所以作为教下讲习代表的印宗感到非常惊讶,不能理解。①

正因为禅宗对语言文字有别传统佛教的观点及禅宗祖师们注重实修及对佛教义理有别传统的发挥与诠释,加上当时北朝东魏乃至北齐佛教盛行义学研究及讲习,不注重实践修证,所以慧可在邺城的弘化极为不顺利,受到遵循传统讲习拘守经文僧徒的攻击。《续高僧传》载:"时有道恒禅师,先有定学王宗邺下,徒侣千计。"这位道恒禅师所学之禅非达摩来中土所传授之禅,而是当时在邺城也有流行的禅定之学,如佛陀跋陀罗(359~429)系所传的数息、不净、慈心、缘起、界分别之五门禅。这位道恒禅师有门徒千计,听说慧可传授达摩禅法,主张"情事无寄"(当指禅宗不执着语言文字,不固守坐禅程序,而强调直指人心,顿悟成佛),便认为是"魔语"。"乃遣众中通明者,来诊可门",想要赶走慧可。谁知,道恒弟子一到慧可门前,听了慧可传法,非但下不了手,还佩服得五体投地,"悲感盈怀,无心返告",就归顺了慧可。道恒几次差人,均未见归。后来道恒与所派去的这些门人相遇,道恒就问他们:"我用尔许功夫开汝眼目,何因致此?"诸使答曰:"眼本自正,因师故邪耳。"这让道恒更加恼恨,加谤于慧可,并"货赇俗府",贿赂地方贪官,无端加害慧可,

---

① 元·宗宝编:《六祖大师法宝坛经·行由品第一》,《大正藏》第 48 册,第 349 页下。

几乎置慧可于死地。道恒的门徒都大为庆快,而那些曾听过慧可说法的弟子深为不平,绝学道恒的华而不实的"定学"。而曾诽谤过慧可的人也深感惭愧,乃"操刀自拟。始悟一音所演,欣怖交怀,海迹蹄滢浅深斯在"①。

慧可第一次在邺城弘化的不顺,《传法宝纪》所载又有所不同,如中载慧可于邺城弘化时"僧有深忌者,又默鸩之。惠可知便受食,毒不能害"②。《传法宝纪》没有具体指出是谁加害慧可,而只是说有僧对慧可有很大的忌讳,就是极为不喜欢慧可所传授禅法,竟然下毒加害慧可,而慧可即便受有毒食物也不能为害。无论是《续高僧传》中道恒对慧可的加害,还是《传法宝纪》中有僧对慧可下毒的加害,这都说明当时慧可在邺城的弘化极为不顺,而且很艰辛危险。由此也逼迫慧可不得不改变弘法的方式,《续高僧传》言"可乃从容顺俗"③,并且托以可以吟诵的诗歌方式来弘禅,毕竟一时难以改变当时人们注重佛教理论研究学习乃至讲习之风,难以接受达摩所传禅法。所以慧可这种以诗歌弘禅的方式最终还是不理想,没起到太大的作用,故道宣感叹"正道远而难希,封滞近而易结,斯有由矣"④。慧可不得已乃流离于邺、卫(在今豫北境内,地理位置主要包括今河南省新乡市、鹤壁市等地)之间,与化公、廖公、和禅师,还有隐遁林野的向居士、林法师等人意气相投,有着密切的来往。

在北周武帝灭佛时,慧可离开邺城乃南下到安徽皖公山六

---

① 《续高僧传》卷十六《僧可传》,《大正藏》第 50 册,第 552 页上。
② 《传法宝纪》,第 177 页。
③ 《续高僧传》卷十六《僧可传》,《大正藏》第 50 册,第 552 页上。
④ 《续高僧传》卷十六《僧可传》,《大正藏》第 50 册,第 552 页上。

年。隋文帝开皇二年（582）年间，大概96岁高龄的慧可二度来到邺城，此次在邺城弘化的时间也有十年左右。关于慧可从安徽二度到邺城弘化事迹，《宝林传》《祖堂集》《景德传灯录》等史料记载颇详。《神会和尚禅话录·师资血脉传》与《历代法宝记》也有记载。根据这些史料也可以清晰地梳理出慧可当时在邺城弘化的行迹。

《神会和尚禅话录·师资血脉传》记载慧可从安徽"至邺都说法，或于市肆街巷，不恒其所"①。《历代法宝记》则说："师付嘱僧璨法已，入司空山隐。可大师后佯狂，于四衢城市说法，人众甚多。"② 可见，慧可二度到邺城弘化时不同寻常。关于此《宝林传》《祖堂集》《景德传灯录》等史料记载颇详，且所记大致相同。如《宝林传》载："后而变行，复异寻常，或在城市或于巷陌，不拣处所，说法度人。或为人所使，事毕却往。"③ 在《景德传灯录》中更形象地说："遂韬光混迹，变易仪相，或入诸酒肆，或过于屠门，或习街谈，或随厮役。"④ 通过这些史料的记载能看出慧可当时在邺城弘化是装疯卖傻，不择处所，随意说法度人，或是在繁华的都市，或是在偏僻的小巷，甚至酒肆、屠门都有他的身影。除了说法度人，还供人使唤，完全没有一代祖师的风范，因此有人看不下去，就劝谏他说："和尚高人，莫与他

---

① 《神会和尚禅话录·师资血脉传》，第105页。
② 《历代法宝记》，《大正藏》第50册，第181页上。
③ 《宝林传》，第68页。
④ 宋·道原：《景德传灯录》卷三《慧可传》，《大正藏》第51册，第221页上。

使。"慧可则曰:"我自调心,何关汝事?"① 如果这些记载属实,那么不禁让人觉得慧可此时之行迹若按佛教戒律来看,是有违戒律又失威仪的。那么慧可为什么要这样自毁形象呢?笔者认为无非还是迫于当时的环境,当时并没有太多人能接受慧可所传的达摩禅法,无奈之下慧可只能变异其相,以此来引起人们的注意。也可以说是放下祖师的身份,和光同尘,以最贴近的方式和人打交道,融入老百姓的生活中,改变了说法的方式。同时,也是以身教告诉人们,能离相即是禅,禅宗不执着外相。甚至说法的处所也不一定,是以游化的方式,没有固定的道场。所以还是以弘禅为目的,只不过在弘化的方式上作了调整。慧可已经是禅门中所称之的过来人,是有证悟的人,像他这样的人即便是装疯卖傻,乃至入酒肆、屠门,也不过是逢场作戏,或是身从百花丛中过,却片叶不沾身。如寒山、拾得二位大士一样疯疯癫癫,实乃大智慧者。

慧可这样高深莫测的行迹一般人难以接受,特别是在当时禅宗还不被大多数人所理解接受的情况下,慧可在邺城的弘化最终再次遭遇磨难。慧可行化到成安县的时候,据《宝林传》《祖堂集》《景德传灯录》等史料记载,有辩和法师于邺都成安县匡救寺讲《涅槃经》。是时,慧可也至彼寺门说法,并且还有很多人来听他讲法,而辩和法师讲下人却衰少。时,辩和法师再三嗔怪于慧可,逐于县令翟仲偘言之云:"彼邪见道人,打破讲席,乱坏佛法,诳惑百姓。"② 于时,翟令不委事由,非理损害慧可,以

---

① 《宝林传》,第68页。
② 《宝林传》,第68页。

致慧可损命。《神会和尚禅话录·师资血脉传》更具体地说："打煞慧可。死经一宿重活，又被毒药而终。"① 《历代法宝记》则曰：成安县令翟仲侃对慧可依法处刑，慧可"遂示形身流白乳，肉色如常"②。对于辩和勾结县令无理加害慧可之事，《历代法宝记》说是菩提流支徒党所为③，无论是辩和还是菩提流支，都勾结县令无理加害慧可，但慧可对于这样的祸事非常从容，《景德传灯录》说："师怡然委顺。识真者，谓之偿债。"④ 慧可最终以107岁的高龄圆寂于成安县。慧可这种为弘禅而还债之壮举，不禁让人肃然起敬！

慧可通过二度艰辛地在邺城弘禅，使达摩所传的禅宗在以邺城为中心的北方大地上被越来越多的人所接受。《神会和尚禅话录·师资血脉传》说当时慧可在邺城弘禅："道俗归仰，不可胜数。"⑤《历代法宝记》则曰："人众甚多"，"所司奏帝，帝闻悔过，此真菩萨，举朝发心，佛法再兴"⑥。并且，慧可卒后，隋文帝赐谥"正宗普觉大师"，唐德宗赐谥"大祖禅师"⑦。可见，慧可当时在邺城的弘化对禅宗在北方的传播发展还是起到一定作用与影响的。只是让人感到悲痛的是这种影响却是慧可付出生命所

---

① 《神会和尚禅话录·师资血脉传》，第105页。
② 《历代法宝记》，《大正藏》第50册，第181页上。
③ 《历代法宝记》，《大正藏》第50册，第181页上。
④ 宋·道原：《景德传灯录》卷三《慧可传》，《大正藏》第51册，第221页上。
⑤ 《神会和尚禅话录·师资血脉传》，第105页。
⑥ 《历代法宝记》，《大正藏》第50册，第181页上。
⑦ 宋·道原：《景德传灯录》卷三《慧可传》，《大正藏》第51册，第221页上。

换来的，慧可这种为法忘躯的精神值得我们无限缅怀！

四、慧可在邺城的葬地

慧可以107岁的高龄被成安县令非礼加害，到底葬于何处？《续高僧传》《楞伽师资记》《传法宝纪》《神会和尚禅话录·师资血脉传》等史料中皆未指明。只有《宝林传》《历代法宝记》《祖堂集》《景德传灯录》等史料有载。《宝林传》《祖堂集》《景德传灯录》中皆载慧可"葬在磁州滏阳东北七十余里"①，磁州，其治所今隶属于河北省邯郸市。滏阳，县治在今河北省邯郸市磁县，北周保定元年（561）置，设置成安郡，治领磁县、滏阳县。隋开皇十年（590）废成安郡，始置磁州，滏阳县为州治。② 所以磁州滏阳东北七十余里，即现在成安县西北的二祖村元符寺。据《磁县县志》载，慧可寂后五十年也即贞观十六年（642），在其示寂的地方建有元符寺。元符寺位于今成安县城西北9千米之东二祖村村北（该村原属滏阳县、磁县，1945年后属成安县）。又据新修河北省《成安县志》客籍人物篇记载：当知县翟仲侃听信了辩和诬告，对慧可加以非法，将其迫害致死，尸体投入漳河。民间传说，慧可从水里漂出，盘腿打坐，双目微闭，安详如生，逆流而上十八里到芦村以北，被葬在那里。唐朝时，在此修元符寺，并建二祖灵骨塔，以示纪念。这里形成的村落也称为二祖村。③

关于慧可的葬地与《宝林传》等史料所载不同，《历代法宝

---

① 《宝林传》，第68页。
② 增修《磁县县志》，台北：成文出版社，1968年影印。
③ 姜海明：《成安县志》，郑州：中州古籍出版社，2014年。

记》中载慧可的葬地说:"其墓葬在相州城安县子陌河北五里,东柳沟去墓一百步,西南十五里,吴儿曹口。"① 《历代法宝记》所言"相州城安县":"相州",古州名,治所在隋代前之北魏、东魏、北齐、北周一直在邺城(今河北省临漳县西,河南省安阳市北郊),隋代以后的相州治所即安阳,因此相州城安县就是现今的河北省邯郸市下辖县,位于河北省南部,邯郸市东南20千米处。《历代法宝记》与《宝林传》虽然对慧可葬地所载不同,但大致方位可知就是在今河北省邯郸市成安县,不过《历代法宝记》记载得更为具体详细。但据1969年于二祖村元符寺出土慧可大师舍利来看,慧可葬地依《宝林传》等所载在今成安县城西北9千米之东二祖村村北元符寺所在地可能性极大。

元符寺始建于唐贞观十六年(642),唐太宗钦命尉迟恭监工建寺。开元二十年(732)于寺内建塔,安奉慧可舍利。唐元和十二年(817),昭义军监军使李朝正在塔前立碑。天复二年(902),钦赐寺名为"广慈禅院"。宋元符三年(1100)更名"元符寺","至今仍复名二祖寺。明永乐及清康熙年间屡有重修"②。大盐毒山所著《支那佛教史地图》中曾注有"元符寺,一名'广慈禅院',二祖寂地"③ 之语。"元符寺原有山门殿、二祖舍利塔、韦驮殿、大雄宝殿、藏经楼、禅堂、钟楼、鼓楼、背座殿等建筑。民国年间,元符寺亦逐渐破败。1938年二祖舍利塔遭土匪焚烧,塔刹跌落。1969年,塔被彻底拆除。进而发现四壁有精彩绘画的地宫。慧可舍利也被同时发现。其舍利保存于地宫

---

① 《历代法宝记》,《大正藏》第50册,第181页上。
② 高士涛:《中国禅宗第一人》,载河北佛教协会编《禅》,2001年第2期。
③ 大盐毒山:《支那佛教史地图》,东京:大雄阁出版社,1924年。

内舍利石函中。有铁链将舍利函于地宫中悬空吊起,石函中又有雕饰精美的银棺,银棺内安放着慧可大师舍利。石函前有长明灯两盏,其周围又有十八尊铸铜罗汉像。由于当时文物部门参与发掘,故慧可大师舍利发现后即被文物部门收藏。"① 现已经恢复为寺院。如今的二祖寺正在极力修缮重建中。

结语

综上所述,本文考察了慧可到邺城的时间分两个阶段:第一次慧可到邺城的时间是在东魏天平年间(534~537)。当时的邺城为邺南城,邺南城是东魏与北齐的都城,慧可在邺城弘化的时间长达40年左右,至北周灭佛乃南下安徽。第二次慧可从安徽北上到邺城的时间当在隋开皇二年(582),时年慧可已是96岁高龄了。当时的邺城治所安阳,实际上也统辖东魏、北齐时邺南城之境地。因为隋开皇十年前,安阳城即辖原邺城,安阳与邺实为一体,三国至北周是以邺统安阳,邺城辖安阳。周隋之际,为安阳统邺,安阳辖邺城。慧可二度到邺城弘化的时间大概为10年,最后以107岁的高龄圆寂于成安县。慧可到邺城的主要原因就是使禅宗在当时北方政治文化中心乃至佛教中心的邺城能传播开而有一席立足之地。即便是他第二度以"吾归邺都还债"北上邺城,但无非还是为了弘禅,只不过是不惜以命作为代价,因此这种壮举与其说是还债,不如说是一种弘禅的责任与使命,慧可大师此为法忘躯之壮举,值得我们敬仰与感怀!由于当时整个北方佛教注重义学研究和盛行讲习,不注重实践修证,所以慧可在

---

① 高士涛:《中国禅宗第一人》,载河北佛教协会编《禅》,2001年第2期。

邺城的弘化极为不顺利。先是受到以修禅定为主的道恒禅师的排斥与诽谤，甚至"货赇俗府"，无端加害慧可，几乎置慧可于死地。由此也逼迫慧可不得不改变弘法的方式"可乃从容顺俗"，但毕竟难以一时改变当时崇尚义学及讲习之风，难以接受达摩所传禅法。所以即便之后，依《宝林传》等所载，当慧可二度到邺城弘化时又遭到辩和法师的排斥迫害，甚至辩和让成安县令翟仲侃对慧可依法处刑至死。慧可在邺城的行迹无论是第一度时就遭受迫害，还是第二度也遭到迫害，无非都说明他在邺城的弘化充满艰辛，但对禅宗在北方的传播发展还是起到一定作用并产生了一定影响。经过他的不懈努力终使达摩所传的禅宗在以邺城为中心的北方大地上被越来越多的人所接受，使禅宗在北方立足。慧可对于禅宗在中土的弘扬做出了贡献。慧可最后以107岁的高龄圆寂于成安县，葬在今成安县城西北十八里之东二祖村村北元符寺（今二祖寺）所在地。期待现在正在重建的二祖寺能顺利建成，并发扬光大，以此缅怀这位为弘禅付出艰辛的一代高僧！

三祖僧璨生平事迹及禅法思想

汉传佛教的高僧一般可以概括为两类：其一，隐修岩穴的高僧；其二，弘化尘世的高僧。而僧璨大师属于第一种。因此，他的一生可谓颇具争议与传奇。

一、有关僧璨三祖之争

中国禅宗三祖僧璨（？～606），或作粲禅师。关于他的生平事迹史料所载甚少。不论是早期禅宗史书《楞伽师资记》《历代法宝记》，还是后来的《祖堂集》《景德传灯录》等语录，以及保存在《宝林传》中的唐玄宗时房琯的《僧璨大师碑记》和保存在《全唐文》中的独孤及所撰的两篇碑铭等都没有关于其太多的记载。所以有关僧璨的生平事迹等给后人留下很多疑惑。松本文三郎在《达摩的研究》一书中将后人对僧璨的诸多怀疑列出二项七条①。可供参考。

特别是被认为学术价值甚高的《续高僧传》中却没有僧璨大师的传记，这让后人对其无从了解，甚至还会生起诸多疑惑。而且《续高僧传》卷十六《慧可传》中说："末绪，卒无荣嗣。"②意思是说慧可无嗣法人。同书卷二十五《法冲传》中虽有"可禅师后，粲禅师"③一语，亦不能说明此粲禅师就是慧可的弟子，他可能是另外一人；而且认为"璨"与"粲"也不同。所以他们就提出说：慧可门下是否有僧璨嗣法的问题，如果这个观点成立的话，那么慧可与道信之间，在传承上可能有断层。

印顺法师在《中国禅宗史》中，对这个问题亦提出了自己的看法。他认为慧可传僧璨、僧璨传道信是不成问题的。他说《续高僧传》卷二十五《法冲传》中"可禅师后，粲禅师"，就说明

---

① 松本文三郎：《达摩的研究》，东京：第一书房，1942 年，第 282～286 页。
② 唐·道宣：《续高僧传》卷十六，《大正藏》第 51 册，第 552 页上。
③ 唐·道宣：《续高僧传》卷二十五，《大正藏》第 51 册，第 666 页中。

了慧可的传人是僧璨。至于僧璨传道信,"为弘忍门下所公认的。弘忍在世时(602~675)一定已有所传,这才成立历代相承的法统……道信的弟子弘忍,知道了而传说为僧璨,这有什么可怀疑的!"至于"璨"与"粲"的不同,他说古时每写"璨"为"粲"。所以他说:"道信从僧粲得法应该是可信的。"① 印顺法师这一观点得到了现在学术界大多数人的认同。松本文三郎认为道宣《续高僧传》中没有记载僧璨的传记理由是:道宣生活的时代,特别是禅宗的高人,他们隐居栖止于深山幽谷,与世隔绝,将名闻利养度之于外,一向息心修习佛法,所以不被人所知,所以就没有能记载其行状的碑铭,由此被历史埋没而不被人知。

《续高僧传》中虽然没有为僧璨立传,但在卷二十六《道信传》中说:"又有二僧莫知何来,入舒州皖公山,静修禅业,闻而往赴,便蒙受法随逐,依学遂经十年。师往罗浮,不许相逐,但于后住,必大弘益。"② 此中所言二僧应该是指僧璨和同学定禅师。道信闻名前往参访僧璨,依学十年,后僧璨与定禅师等前往罗浮,不许道信同往,并遗言禅宗指道信始可大弘于世。这里《续高僧传》所记即与《神会和尚禅话录·师资血脉传》资料中相符。如中说:"璨大师与宝月禅师及定公同往罗浮山,于时信禅师也欲随璨大师,璨大师言曰:'汝不须去,后当大有弘益。'"③ 因此,可以说,道宣虽未正式为僧璨立传,但从一些零散的记载中还是无可否认僧璨的存在,无可否认禅宗由达摩传

---

① 印顺:《中国禅宗史》,南昌:江西人民出版社,1999年,第40页。
② 唐·道宣:《续高僧传》卷二十,《大正藏》第51册,第606页中。
③ 杨曾文编校:《神会和尚禅话录·师资血脉传》,北京:中华书局,1996年,第106页。

慧可、慧可传僧璨、僧璨传道信的事实。

而且从1982年4月于浙江杭州所出土的僧璨大师的铭文砖，砖的左侧刻有"大隋开皇十二年七月，僧璨大士隐化于舒之皖公山岫，结塔供养。道信为记"① 的实物来看更不能否认慧可传僧璨、僧璨传道信的事实。无论后人如何怀疑僧璨，但其继承二祖慧可的衣法为中国禅宗第三代祖师这一点却是毋庸置疑的。

二、僧璨生平事迹

尽管各史料对僧璨所载甚少，学术界也对其研究颇少，但如果我们认真分析各史料，然后充分利用已有对僧璨的研究成果，也可以大致梳理出其生平事迹。

1. 姓氏、生卒年

关于僧璨的姓氏诸多史料没有提及。对于此房琯在《僧璨大师碑记》中作了这样的解释："大师（按：僧璨）以汲生犹幻何有于家，变灭如云其谁之子？故蒙厥宅里，黜其姓氏，代莫得而闻焉。又以诸行生灭，是相虚妄，故随无朕诸心无所。"② 这是说僧璨因了知人生如幻，诸行无常，一切生灭虚妄，故连其出生之家，为谁家之子，姓氏名谁，祖籍哪里等概而不知。正因如此他告诫弟子道信："有人借问，勿道于我处得法。"③ 对于僧璨此做法契嵩在《传法正宗记》中评说："璨尊者初虽不自道其姓族乡邑，后之于世复三十余载，岂绝口而不略云乎？此可疑也。曰：余视房碑曰：'大师尝谓道信云有人借问，勿道于我处得法。'此

---

① 陈浩：《隋禅宗三祖僧璨塔铭砖》，《文物》，1985 年第 4 期。
② 《宝林传》，第 70 页。
③ 《宝林传》，第 70 页。

明尊者自绝之甚也,至人以物迹为大道之累,乃忘其心。今正法之宗犹欲遗之,况其姓族乡国,俗间之事肯以为意耶!"① 契嵩认为之所以后人不能得知僧璨之姓氏籍贯等都是因为他自己不愿意让人知道。因为有成就的圣人,认为有形之物都是道业的拖累。既然连正统的法系都不想让人知道,那么自己的姓氏等俗事自然也是不会在意的。若如契嵩的分析,是僧璨大师不愿意说出自己的姓氏,所以,现存的史料其姓氏籍贯等皆没有记载。诸史料皆言:"不得姓名,亦不知何许人也。"② "不知何许人,不得姓字。"③

更有甚者,僧璨在初见慧可时也未直面回答自己的姓氏籍贯等。《历代法宝记》中载,僧璨初遇可大师,璨示见大风疾,于众中见可大师,大师问:"汝何处来,今有何事?"僧璨对曰:"故投和上。"可大师语曰:"汝大风患人,见我何益?"璨对曰:"身虽有患,患人心与和上心无别。"④《宝林传·慧可传》中也记载僧璨初次以居士身来见慧可"有一居士,不说年几,侯有四十。及所礼拜,不称姓字。云:'弟子身患风疾,请和尚为弟子忏悔。'"⑤ 所以僧璨正如契嵩所言:"璨尊者初虽不自道其姓族乡邑,后之于世复三十余载,岂绝口而不略云乎?此可疑也。"⑥ 既然僧璨在最初拜见慧可时就存心不告诉人他的姓氏籍贯,那么

---

① 宋·契嵩:《传法正宗记》卷六,《大正藏》第51册,第745页下。
② 《神会和尚禅话录·师资血脉传》,第106页。
③ 五代南唐·静、筠:《祖堂集》卷二,吴福祥、顾之川点校本,长沙:岳麓书社,1996年,第51页。
④ 《历代法宝记》,《大正藏》第51册,第181页中。
⑤ 《宝林传》,第67页。
⑥ 宋·契嵩:《传法正宗记》卷六,《大正藏》第51册,第745页下。

后人又如何能知？

　　南怀瑾先生与宗性法师曾根据天顺本《菩提达摩二入四行论》中有人来参谒慧可时的问答，如中载："又言：'与弟子忏悔法。'答曰：'将你罪来，与汝忏悔法。'又言：'罪无形相可得，知将何物来？'答曰：'我与汝忏悔法竟。'向舍去。"认为这段后面的"向舍去"，中的"向"乃是指向居士。① 此向居士乃是道宣在《续高僧传》中有提到过与慧可有书信往来的向居士。并且此向居士就是僧璨。理由是这段问答宗性法师将之视为是僧璨拜谒慧可的问答，而且法师又根据《景德传灯录·慧可传》中说僧璨是在北齐天保二年（551）年参见慧可，《续高僧传》也言向居士是在北齐天保初与慧可有书信往来"有向居士者，幽遁林野木食。于天保之初，道味相师，致书通好……未及造谈，聊申此意"，所以，向居士在内心已经有想要参访慧可的动机了，故于天保二年来参谒慧可，所以向居士就是僧璨。② 如果诚如宗性法师所言向居士就是僧璨，为何在初见慧可时不敢说自己就是曾书信往来早就相识的向居士？为何前书信往来了，到见面时却不肯道出自己的姓氏？更何况如果果真向居士就是僧璨，为何不如僧璨那样最初就存心不让慧可知其姓氏，而要书信往来时透露自己的名字？这恐怕是宗性法师欠思考的地方。而且宗性法师将天顺本达摩《二入四行论》中那段定为是僧璨参谒慧可的问答其理由

---

① 南怀瑾：《禅话》，北京：中国世界语出版社，1994 年，第 41 页。
② 宗性：《禅宗三祖僧璨大师姓氏考》，《中国佛教学者文集：问学散论》，北京：宗教文化出版社，2008 年，第 99~103 页。

也不充分。①

更重要的是根据《神会和尚禅话录·师资血脉传》所载"值周武帝灭佛法,遂隐居舒州岘山(按:安徽皖公山)"②,慧可在北周武帝灭佛时南下到了安徽皖公山,并在此一时期收僧璨为徒。"于时璨禅师奉事,首末经六年"③,说明僧璨并非《景德传灯录》等中所载于北齐天保二年参谒慧可。在唐独孤及所撰《舒州山谷寺觉寂塔隋故镜智禅师碑铭并序》中言:"禅师号僧璨,不知何许人。出见于周隋间,传教于惠可大师,抠衣于邺中,得道于司空山。"④ 此中也证明僧璨非是在天保二年见慧可。因此,宗性法师所论证向居士就是天保二年参谒慧可的僧璨是不可信的。

关于僧璨的生卒年,学术界有的人也根据《景德传灯录》所载其北齐天保二年(551),年登四十参谒慧可,⑤ 其他诸史料如《宝林传》也皆言其四十参谒慧可⑥。又《宝林传》⑦《祖堂

---

① 宗性:《禅宗三祖僧璨大师姓氏考》,《中国佛教学者文集:问学散论》,北京:宗教文化出版社,2008年,第99~104页。
② 《神会和尚禅话录·师资血脉传》,第105页。
③ 《神会和尚禅话录·师资血脉传》,第105页。
④ 唐·独孤及:《舒州山谷寺觉寂塔隋故镜智禅师碑铭并序》,蓝吉富主编《禅宗全书》第1册,台北:文殊出版社,1988年,第349页。(以下简称《禅宗全书》,不一一详注)
⑤ 宋·道原:《景德传灯录》卷三,《大正藏》第51册,第221页下。
⑥ 《宝林传》,第67页。
⑦ 《宝林传》,第69页。

集》①《景德传灯录》② 皆记载其卒年是隋大业二年（606），由此推论其生年当在北魏永平三年（510）。僧璨的卒年学术界已无疑义，但其生年若据《景德传灯录》所载其天保二年（551）年登四十来推论就可疑了。因为据上文可知僧璨并非在北齐天保二年参谒慧可，因此，关于其生年不可得知。

　　松本文三郎在《达摩的研究》一书中认为《景德传灯录》所载《僧璨传》"仅相关三祖僧璨事迹的记述让人怀疑的地方就很多。……作为历史的著书对于年代的记述需极为精准，而《景德传灯录》在此点上颇为轻率不注意"。③ 因此，单以《景德传灯录》所载僧璨于北齐天保二年参谒慧可，并以此推论其生年也是颇为不妥的。

　　总之，有关僧璨的姓氏籍贯等正如房琯《僧璨大师碑记》与契嵩在《传法正宗记》中所言"知诸行无常生灭，一切如幻"，名字等也不过是如幻的名相，故僧璨自己也不想让人知其姓甚名谁乃至籍贯等，所以有关其姓氏籍贯只能是个谜，不仅唐宋以来诸多史料不知，今人更无从得知，其生年也无从查考。

　　2. 悟道、隐化

　　北周灭佛时二祖慧可南下安徽皖公山，于此一时期《宝林传》《历代法宝记》皆载僧璨初谒二祖时身患风疾，而且唯有这两部史料有记载两人初次见面时的机缘问答。《宝林传》所载云：

　　　　遇可大师。云："身患风疾，请和尚为弟子忏悔。"可大

---

① 五代南唐静、筠：《祖堂集》卷二，吴福祥、顾之川点校本，长沙：岳麓书社，1996年，第51页。
② 宋·道原：《景德传灯录》卷三，《大正藏》第51册，第221页下。
③ 松本文三郎：《达摩的研究》，东京：第一书房，1942年，第268页。

师曰:"汝将罪来,为汝忏悔。"居士曰:"觅罪不得。"可大师曰:"我为汝忏悔罪竟。宜依佛法僧。"居士曰:"但见和尚即知是僧,何者是佛?云何为法?伏愿和尚而为开示。"可大师告曰:"是心是佛,是心是法,法佛无二。汝知之乎?"居士曰:"今日始知,罪性不在内外中间,如其心然,法佛无二也。"是时,大师知是法器,次与剃发:"是吾宝,宜名僧璨焉。"①

从这段记载来看僧璨初见二祖时不仅身患风疾而且还是白衣居士之身,故《景德传灯录》载其"初以白衣谒二祖"。不过虽是白衣身但悟性非常,对佛法的见地也很高,深得慧可赏识。

《历代法宝记》的记载是:

初遇可大师,璨示见大风疾,于众中见可大师,大师问:"汝何处来,今有何事?"僧璨对曰:"故投和上。"可大师语曰:"汝大风患人,见我何益?"璨对曰:"身虽有患,患人心与和上心无别。"可大师知璨是非常人,便付嘱法及信袈裟与僧璨。②

《历代法宝记》的记载有别于《宝林传》,但这段两人初次见面的机缘语录却透露出两个共同的特点:其一,僧璨初见慧可时身患风疾;其二,僧璨悟性超乎常人,深得慧可赏识。《宝林传》与《历代法宝记》所不同的不仅是两人初次见面的机缘语录,而且还有依《宝林传》僧璨初见慧可时虽得到赏识,但慧可并没有直接将衣法传给他。而《历代法宝记》却言初次见面僧璨就得到衣

---

① 《宝林传》,第67页。
② 《历代法宝记》,《大正藏》第51册,第181页中。

法。据《神会和尚禅话录·师资血脉传》中载，僧璨依止慧可六年后才得付以衣法。① 房琯《三祖僧璨大师碑》说：

> 当周武灭佛法，可公将大师隐于舒州岘公山（按：皖公山）。岘山之阳有山谷寺，超云越霭，迥出人众，寺后有绝巘，登溪更为灵境。二公即其逊焉。居五年，风疾都差，时人号为"赤头璨"。可公将还邺，谓大师曰："吾师有袈裟一领，随法传予，法在汝躬，今将付汝。"②

这是说周武灭佛时慧可与僧璨在皖公山居住的时间为五年，之后慧可北上邺城，然后付以衣法与僧璨。因此《历代法宝记》所言僧璨初见慧可就得付衣法是不可取的。宇井伯寿也持此观点。而且宇井伯寿更认为如果僧璨初见慧可有机缘语句的话，《宝林传》中所载比较可信。③ 因为此中所载与天顺本《菩提达摩四行论》大致相同。天顺本《菩提达摩四行论》载：

> 又言："与弟子忏悔法。"答曰："将你罪来，与汝忏悔法。"又言："罪无形相可得，知将何物来？"答曰："我与汝忏悔法竟。"向舍去。④

这段话柳田圣山在《语录的历史》中认为是达摩、慧可禅系的师徒间的问答。⑤ 这段话与《宝林传》中所载就较接近。关于此段话在房琯《三祖僧璨大师碑》中载：

---

① 《神会和尚禅话录·师资血脉传》，第105页。
② 《宝林传》，第70页。
③ 宇井伯寿：《禅宗史研究》，东京：岩波书店，1966年，第63~64页。
④ 拙校刊天顺本《菩提达摩四行论》，见本书第33页。
⑤ 转引自杨曾文：《菩提达摩禅法〈二入四行论〉》，《中国嵩山少林寺建寺1500周年国际学术研讨会论文集》，北京：宗教文化出版社，1996年，第98~99页。

后见先师可公，请为忏悔。可公曰："将汝罪来，与汝忏悔。"大师曰："觅罪不得。"可公曰："与汝忏悔矣。"大师白先师曰："今日乃知罪性不在内，不在外，不在中间，如其心然，罪垢亦然。"先师曰："如是一言已发。廓然昭爽。"①

因房琯《三祖僧璨大师碑》及天顺本《菩提达摩四行论》对僧璨初见慧可的机缘语句有类似记载，因此学术界比较认可《宝林传》的记载。

僧璨依止慧可有说六年，有说五年，之后慧可付法僧璨，离开皖公山前往邺都。僧璨没有一起前往，据《神会和尚禅话录·师资血脉传》中载僧璨"得师授记。避难故，佯狂市肆，托疾山林，乃隐居舒州司空山"②。司空山古称"司空原"，在安徽安庆市岳西县城西四十公里的店前、冶溪两镇交界区。《楞伽师资记》按《续高僧传》曰："可后，粲禅师隐思空山。"③ 此中"思空山"，即是指"司空山"。但《历代法宝记》却载僧璨得法"后隐舒州司空山，遭周武帝灭佛法，隐岷公山"④。《景德传灯录》中也载"既受度传法，隐于舒州之皖公山。属后周武帝破灭佛法，师往来太湖县司空山"⑤。此中所言"太湖县司空山"，当为岳西县司空山。太湖县位于安徽西部，岳西县位于安徽省西南部，且在南北朝属太湖左县，至隋代改太湖左县为晋熙县，开皇

---

① 《宝林传》，第70页。
② 《神会和尚禅话录·师资血脉传》，第106页。
③ 唐·净觉：《楞伽师资记》，《大正藏》第85册，第1286页中。
④ 《历代法宝记》，《大正藏》第51册，第181页中。
⑤ 宋·道原：《景德传灯录》卷三，《大正藏》第51册，第221页下。

十八年（598），晋熙县又改名太湖县。①《历代法宝记》与《景德传灯录》所要表达的意思是僧璨得法后隐于皖公山，而周武灭佛时则往来于司空山。宇井伯寿认为应该是周武灭佛时僧璨与慧可同住皖公山，五年乃至六年后僧璨得付以衣法，慧可回邺都，僧璨没有一同前往而是隐居于司空山。因此《历代法宝记》乃记载混乱。《景德传灯录》所言皖公山位于安庆市潜山市西部，而司空山则位于安庆市岳西县城西，相距不算很远，从现在的地理位置来看从潜山市到岳西县全程大概46.7千米。所以宇井伯寿更认为在慧可离开后，僧璨当在这两山间及周遭往来活动。②

　　僧璨得法后隐居司空山，又往来于皖公山，这样"流遁山谷"③，"居无常处，积十余载，时人无能知者"④。《传法宝纪》中记载当僧璨隐居皖公山时，"山西麓有宝月禅师，居之已久，时谓神僧。闻璨至止，遽越岩岭相见，欣如畴昔"⑤。僧璨以隐居生活偏多，虽有道友，但不多。弟子据史料记载的也只有道信一人。《宝林传》《景德传灯录》皆记载隋开皇十二年（592）有沙弥道信前来参访。⑥ 但《续高僧传·道信传》却载："又有二僧莫知何来，入舒州皖公山静修禅业，闻而往赴便蒙授法。随逐依

---

① 清·赵继元：《太湖县志》，合肥：黄山书社，2008年，第4页。
② 宇井伯寿：《禅宗史研究》，东京：岩波书店，1966年，第64页。
③ 唐·杜朏：《传法宝纪》，载杨曾文《新版敦煌新本·六祖坛经》，北京：宗教文化出版社，2001年，第178页。（以下简称唐·杜朏《传法宝纪》，不一一详注）
④ 宋·道原：《景德传灯录》卷三，《大正藏》第51册，第221页下。
⑤ 唐·杜朏：《传法宝纪》，第178页。
⑥ 宋·道原：《景德传灯录》卷三，《大正藏》第51册，第221页下；《宝林传》，第69页。

学，遂经十年。"① 此中二僧据《传法宝纪》载"至开皇初，与同学定禅师，隐居皖公山"②，当指僧璨与其同学定禅师。道信听他们二位来皖公山，便前去参谒，并蒙授法。可见道信当是在开皇初即慧可大象元年（579）或大象二年（580）辞别僧璨北上邺城后，僧璨隐居司空山及往来于皖公山时参访僧璨，而不是开皇十二年。

道信依止僧璨修学的时间，各史料所说不一。《续高僧传·道信传》说为十年③，《楞伽师资记》说为十二年④，《神会和尚禅话录·师资血脉传》说为九年⑤。又据僧璨大师铭文砖记载"大隋开皇十二年七月，僧璨大士隐化于舒之皖公山岫，结塔供养，道信为记"⑥。此砖铭现藏浙江省博物馆。这块砖铭说开皇十二年僧璨曾在皖公山隐居和从事传法，并建塔礼拜供养佛，弟子道信撰写铭文记述此事。由此可知，道信若是在慧可离开僧璨后，开皇初年僧璨隐居司空山，并往来皖公山期间参谒僧璨，至开皇十二年，道信还在僧璨身边，因此说道信跟随僧璨的时间当在十一二年，由此《续高僧传·道信传》说道信跟随僧璨为十年，《楞伽师资记》说为十二年应是可信的。

僧璨付法道信后结束了隐化的生活，前往广州罗浮山。《传法宝纪》载：

---

① 唐·道宣：《续高僧传》卷二十六，《大正藏》第51册，第606页中。
② 唐·杜朏：《传法宝纪》，第178页。
③ 唐·道宣：《续高僧传》卷二十，《大正藏》第51册，第606页中。
④ 唐·净觉：《楞伽师资记》，《大正藏》第85册，第1286页中。
⑤ 《神会和尚禅话录·师资血脉传》，第107页。
⑥ 陈浩：《隋禅宗三祖僧璨塔铭砖》，《文物》，1985年第4期。

> 缘化既已，顾谓弟子道信曰："自达摩祖传法至我，我欲南迈，留汝弘护。"因更重明旨极，逐与定公南隐，后竟不知其所终矣。①

《传法宝纪》中所言"逐与定公南隐"，这个"南隐"，《神会和尚禅话录·师资血脉传》说"璨大师与宝月禅师及定公同往罗浮山"②。《历代法宝记》也证实僧璨南隐是到了罗浮山。如中载：

> 付嘱法并袈裟与道信后，时有岘禅师、月禅师、定禅师、岩禅师，来至璨大师所云："达摩祖师付嘱后，此璨公真神璨也。定慧齐用，深不思议。"璨大师遂共诸禅师往罗浮山隐三年。③

《历代法宝记》所载与僧璨同往罗浮山的人是宝月禅师与定公。这个宝月禅师据《宝林传》所载法琳撰《二祖慧可碑》中指慧可法系。定公也是慧可的法系即皖公山神定。④"岘山"即皖公山《神会和尚禅话录·师资血脉传》中所载与《历代法宝记》中所载与僧璨一起前往罗浮山的人，除了宝月与神定之外还有岘禅师与岩禅师。而这岘禅师也许就是法琳《二祖慧可碑》中的皖公山神定，只不过《历代法宝记》将之分为"岘禅师"与"定禅师"两人。⑤"岩禅师"，或许也是法琳《二祖慧可碑》中的宝月禅师的弟子智岩。⑥可见当时与僧璨来往的皆是二祖慧可门下的弟子

---

① 唐·杜朏：《传法宝纪》，第178页。
② 《神会和尚禅话录·师资血脉传》，第106页。
③ 《历代法宝记》，《大正藏》第51册，第181页中。
④ 《宝林传》，第69页。
⑤ 印顺：《中国禅宗史》，南昌：江西人民出版社，1999年，第21页。
⑥ 《宝林传》，第69页。

及其再传弟子,他们与僧璨是同一师承法系。大概是他们有听闻僧璨讲说禅法,故皆称赞其"此璨公真神璨也。定慧齐用,深不思议"①。僧璨与宝月、神定、智岩等前往广州罗浮山时并没有允许道信一起前往。《传法宝纪》中载僧璨在与道信道别时说:"自达摩祖传法至我,我欲南迈,留汝弘护。"②《神会和尚禅话录·师资血脉传》中载:"于时,信禅师亦欲随璨大师。璨大师言曰:'汝不须去,后当大有弘益。'"③ 僧璨为何要前往罗浮山?诸史料皆未提及,故不得而知。僧璨在罗浮山,《神会和尚禅话录·师资血脉传》与《历代法宝记》说为三年④,《宝林传》与《景德传灯录》说为两年⑤。之后,又从罗浮山返回皖公山。

3. 圆寂

僧璨从罗浮山返回皖公山后,住于昔日曾经居住的山谷寺。《宝林传》中云:"从罗浮还却归旧址。"⑥ 此种旧址据房琯《三祖僧璨碑》中载当指山谷寺。房琯《三祖僧璨碑》说周武灭佛时慧可与僧璨隐居皖公山之山谷寺,并居住了五年。又说:

> 山谷寺数有神光甘露之瑞,人怪而问焉,大师曰:"此是佛法将兴,舍利欲至耳。"后京城大获舍利,分布天下,山谷寺果置塔。此又大师玄览之奇也。先是此山多猛兽毒

---

① 《历代法宝记》,《大正藏》第 51 册,第 181 页中。
② 唐·杜胐:《传法宝纪》,第 178 页。
③ 《神会和尚禅话录·师资血脉传》,第 106 页。
④ 《神会和尚禅话录·师资血脉传》,第 106 页;《历代法宝记》,《大正藏》第 51 册,第 181 页中。
⑤ 《宝林传》,第 69 页;宋·道原:《景德传灯录》卷三,《大正藏》第 51 册,第 221 页下。
⑥ 《宝林传》,第 69 页。

虫，大师至此，遂绝其患。①

可见，僧璨在当时山谷寺居住时道望甚高，神异也颇多。僧璨从罗浮山回到山谷寺，不久便圆寂，而其圆寂也颇具神异。《神会和尚禅话录·师资血脉传》中载：

> 璨大师至罗浮山，三年却归至岘山。所经住处，唱言："汝等诸人，施我斋粮。"食讫，道俗咸尽归依，无不施者。安置斋，人食讫，于斋场中有一大树，其时于树下立，合掌而终。②

《宝林传》中说："从罗浮还，却归旧址，树下合掌而终。"③《景德传灯录》则记曰：

> 适罗浮山，优游二载，却旋旧址。逾月，士民奔趋，大设檀供。师为四众广宣心要讫，于法会大树下合掌立终。④

通过以上史料的记载来看，可知僧璨在圆寂前曾设大会斋，依《景德传灯录》还为四众广宣心要，之后于斋场会中大树下合掌站立着西归了。作为一般人在往生的时候要么卧要么坐，而僧璨为何选择站立着往生呢？这点《楞伽师资记》解释说：

> 大师云："诸人皆贵坐终，叹为奇异，余今立化，生死自由。"言讫，遂以手攀树枝，奄然气尽。⑤

《历代法宝记》也有相同的记载：

> 璨大师遂共诸禅师往罗浮山隐三年。后至大会斋，出告

---

① 《宝林传》，第70页。
② 《神会和尚禅话录·师资血脉传》，第106页。
③ 《宝林传》，第69页。
④ 宋·道原：《景德传灯录》卷三，《大正藏》第51册，第221页下~222页。
⑤ 唐·净觉：《楞伽师资记》，《大正藏》第85册，第1286页中。

众人曰:"吾今欲食,诸弟子奉饮食。"大师食毕,告众人曰:"诸人叹言,坐终为奇。唯吾生死自由。"语已,一手攀会中树枝,掩然立化。①

僧璨以站立而往生,以此显示其乃是生死自如之过来人。在佛门中站立甚至倒立往生的不在少数。据《五灯会元》卷三《五台山隐峰禅师》载,他于五台山金刚窟前示灭,先问信众:"诸方迁化,坐去卧去,吾尝见之,还有立化也无?"信众道:"有。"邓隐峰禅师道:"还有倒立者否?"信众道:"未尝见有。"邓隐峰禅师于是倒立而化,且亭亭然其衣顺体没有倒挂下来,时众人商议就荼毗,却屹然不动。远近瞻睹,惊叹无已。师有妹为尼,时亦在彼。乃拊而咄曰:"老兄,畴昔不循法律,死更荧惑于人。"于是以手推之,愤然而踣,遂就阇维。收舍利建塔。②

关于僧璨圆寂的时间《宝林传》及房琯《三祖僧璨碑》《祖堂集》《景德传灯录》皆言为隋大业二年(606)。《历代法宝记》曾记载僧璨圆寂后"薜(薛)道衡撰牌文"③。薛道衡(540~609),隋前期著名的诗人,字玄卿,隋河东汾阴(今山西省万荣县西)人,历仕北齐、北周、隋朝。隋文帝杨坚灭周后,道衡被授内史侍郎,加上仪同三司。后在大业五年(609)被隋炀帝杀害,因此僧璨圆寂的时间在609年之前。另外,道信在开皇十二年(592)就已经跟随师事僧璨,如果他在僧璨身边随侍了十一二年之后,僧璨前往罗浮山三年又归皖公山,不久圆寂,④ 这样

---

① 《历代法宝记》,《大正藏》第51册,第181页中。
② 宋·普济:《五灯会元》卷三,《续藏经》第75册,第83页中。
③ 《历代法宝记》,《大正藏》第51册,第181页中。
④ 宇井伯寿:《禅宗史研究》,东京:岩波书店,1966年,第66页。

算来僧璨于606年圆寂是可信的。

僧璨在皖公山圆寂,《楞伽师资记》说:"寺中见有庙影。"①《神会和尚禅话录·师资血脉传》中说得更具体"葬在山谷寺后。寺内有碑铭形象,今见供养"②。《宝林传》中房琯《三祖僧璨碑》及《景德传灯录》中均详细记载了僧璨寂后的情况。房琯《三祖僧璨碑》记载如下:

> 于天宝五载乙酉之岁,有河南少尹李常,特往荷泽寺问神会和尚:"三祖大师墓在何所?弟子往往闻说入罗浮而不还,虚实耶?"会和尚答曰:"夫但取文佳合韵,赞大道而无遗。若据实由,墓在舒州山谷寺。"是时,李尹虽知所止,心上怀疑。
>
> 其年七月十三日,奉玄宗敕贬李尹为舒州别驾。至任三日僧道等参李尹。李尹问曰:"此州有山谷寺不?"三纲答:"有。"李尹问曰:"承寺后有三祖大师墓,虚实?"上座僧惠观答:"实有。"
>
> 其年十一月十日,李尹与长史郑公及州县官寮等同至三祖墓所,焚香稽白。发棺而看,果有灵骨。便以阇维,光现数道,收得舍利三百余粒。李尹既见此瑞,遂舍俸禄,墓所起塔供养。一百余粒现在塔中。使人送一百粒与东菏泽寺神会和尚。和尚于浴堂院前起塔供养。一百粒李尹家中自请供养。至天宝十载庚寅之岁,玄宗至道大圣大明孝皇帝谥号"镜智禅师",敕"觉寂"之塔。③

---

① 唐·净觉:《楞伽师资记》,《大正藏》第85册,第1286页中。
② 《神会和尚禅话录·师资血脉传》,第106页。
③ 《宝林传》,第71页。

房琯《三祖僧璨碑》中的这些记载在唐独孤及撰《舒州山谷寺觉寂塔隋故镜智禅师碑铭并序》中也有提到，如："其茶毗起塔之制，实天宝景戌中别驾前河南少尹赵郡李公尝经始之。"①由此可见房琯《三祖僧璨碑》中记载僧璨葬地及建塔等事皆是可信的。

僧璨于隋大业二年（606）示寂，最早为其撰碑的是薛道衡，可惜此碑今已无存。之后房琯也为之撰碑。广德三年（765），有比丘智藏于黄山发现了僧璨残缺的墓志铭文等，于是发心在原有的残基下为僧璨重建元宫、塔碑。可惜，没建成就圆寂了。之后，有其同门智空在功德主霍待壁、孙待敬等的筹促下终于大历二年（767）完成了三祖僧璨的元宫及灵塔。塔成后由郭少聿撰写碑铭，名为《黄山三祖塔铭并序》。② 至唐代宗大历五年（770），独孤及（725~777）担任舒州刺史，亲访山谷寺，长老比丘湛然等僧及路经此地的嵩山比丘惠融等希望朝廷能为僧璨赐谥号，为其塔赐额。于是，时任淮南节度使、扬州大督都府长史兼御史大夫张延赏与独孤及将此事奏明朝廷，朝廷降诏赐僧璨"镜智"之谥号，赐塔"觉寂"之额。③ 大历七年（772）独孤及为僧璨撰写了《舒州山谷寺觉寂塔隋故镜智禅师碑铭并序》与《舒州山谷寺上方禅门第三祖璨大师塔铭》两篇碑文。④ 但在唐

---

① 唐·独孤及：《舒州山谷寺觉寂塔隋故镜智禅师碑铭并序》，《禅宗全书》第1册，第349页。
② 宇井伯寿：《禅宗史研究》，东京：岩波书店，1966年，第67页。
③ 杨曾文：《唐五代禅宗史》，北京：中国社会科学出版社，1995年，第45页。
④ 这两块碑分别收载于《全唐文》卷三百九十与三百九十二，也见载于《禅宗全书》第1册，第349页、351页。

武宗会昌法难时，僧璨塔与碑皆毁，在大中初年（847），僧璨的塔有复建，但碑未立。直至唐咸通二年（861）才得以复立碑，并由当时任舒州刺史的河东郭少聿撰写碑铭，名为《黄山三祖塔铭并序》。①

而有关僧璨的谥号及塔额，《宝林传》《祖堂集》《景德传灯录》皆认为是天宝十载（751）玄宗所敕。② 如《宝林传》中云："至天宝十载庚寅之岁，玄宗至道大圣大明孝皇帝谥号'镜智'禅师，敕'觉寂'之塔。"③ 但宋人祖琇撰《隆兴佛教编年通论》卷十八中却记载僧璨的谥号及塔额是在大历七年唐代宗时所赐④，后世学者一般以此为准。宇井伯寿认为《宝林传》等史料之所以会认为是天宝十载（751）玄宗所敕乃是与为僧璨建塔的时间相混了，所以导致错误。⑤ 总而言之，僧璨自隋大业二年（606）圆寂至唐中期以后，禅宗开始盛行全国，以至于到唐代很多名人纷纷为其撰写碑文。说明到了唐代僧璨的地位随之提高，得到广大信众的尊崇。

三、僧璨禅法思想

《楞伽师资记·僧璨传》中说僧璨"不出文记"，但其中有载

---

① 宇井伯寿：《禅宗史研究》，东京：岩波书店，1966年，第68页。
② 《宝林传》，第71页；五代南唐·静、筠：《祖堂集》卷二，吴福祥、顾之川点校本，长沙：岳麓书社，1996年，第51页；宋·道原：《景德传灯录》卷三，《大正藏》第51册，第221页下。
③ 《宝林传》，第71页。
④ 宋·祖琇：《隆兴佛教编年通论》卷十八，《续藏经》第75册，第197页上。
⑤ 宇井伯寿：《禅宗史研究》，东京：岩波书店，1966年，第68页。

有其为北周慧命的《详玄赋》所作的注释。① 而且在《景德传灯录》卷三十载有《三祖璨大师信心铭》。② 关于《信心铭》，最早见于唐代百丈怀海禅师（749~814）的《百丈广录》的部分引用。③ 五代之永明延寿（904~975）则依当时江东所传，谓此书作者为牛头法融（593~657）。如《宗镜录》云："融大师信心铭云欲得心净，无心用功。"④ 法融曾著有一篇《心铭》，其思想与《信心铭》有相近的地方，且与僧璨《信心铭》只差一个"信"字，所以有人则认为《信心铭》的作者乃是法融。到底《信心铭》的作者是谁？迄今未有定论。日本学者关口真大认为所谓《三祖璨大师信心铭》是唐代8世纪后期有人托僧璨大师之名所作，因此乃是后人伪作。⑤ 但这并不影响后人对其的重视，后代常被禅僧引用。其意义深奥，语言优美，历来被认为是禅宗的要典。近代佛学家吕澂先生把它与惠能的《坛经》相提并论。他说："三祖僧璨有《信心铭》，六祖慧能有口述《坛经》，这些都被后人认为是禅宗要典。其间虽有是非真伪等问题，可是既为后人深信，又实际对禅宗思想发生过影响，即无妨看为禅家尤其是南宗的根本典据。"⑥

《三祖璨大师信心铭》，简称《信心铭》，全文将近600字，是以偈颂体的方式来表达禅意。唐乾符五年（878）有石刻题名

---

① 唐·净觉：《楞伽师资记》，《大正藏》第85册，第1286页中。
② 宋·道原：《景德传灯录》卷三十，《大正藏》第51册，第457页上。
③ 宋·赜藏：《古尊宿语录》卷二，《续藏经》第68册，第9页下。
④ 宋·永明延寿：《宗镜录》卷十五，《大正藏》第48册，第496页中。
⑤ 关口真大：《禅宗思想史》，东京：山喜房佛书林，1966年，第69页。
⑥ 吕澂：《禅宗——唐代佛家六宗学说略述之三》，《中国佛学源流略讲·附录》，北京：中华书局，1979年，第373页。

为《唐三祖信心铭》流传于世，在陈思编《宝刻丛编》卷十四与陆心源（1834~1894）编《吴兴金石记》卷五有收载。这两人的著作现存于东京国会图书馆。近年来随着敦煌禅宗文献的陆续发掘，敦煌本《信心铭》逐渐被日本学者研究并加以整理。在铃木大拙《禅思想研究第二》中介绍了敦煌出土的《信心铭》，他们分别是 P2104、S4037、S5692，但这三种版本的《信心铭》都不全。另外，敦煌本的《信心铭》还有 P4638 本，田中良昭《敦煌禅宗文献的研究》中有将敦煌 P4638 本《隋朝三祖信心铭》与《景德传灯录》卷三十《三祖璨大师信心铭》对照的部分内容。①现依《景德传灯录》卷三十《三祖璨大师信心铭》，参照田中良昭的研究成果，以及《楞伽师资记·僧璨传》中所载其为北周慧命的《详玄赋》所作的注释，还有僧璨相关生平碑铭等史料对其禅法思想作一归纳概括。

1. 启发深信

《信心铭》以"信心"作为这篇文章的题目，其思想主旨可见一斑。《华严经》中说："信为道元功德母，能长养诸善法。"②《大智度论》也说："信为能入，智为能度。"③ 禅宗特别强调"信心"，菩提达摩在《二入四行论》中曾讲到："深信含生同一真性，但为客尘妄想所覆，不能显了。"④ 就是说修行者应丝毫不

---

① 田中良昭：《敦煌禅宗文献的研究》，东京：大东出版社，1983 年。
② 唐·实叉难陀译：《大方广佛华严经》卷十四《贤首品》，《大正藏》第 10 册，第 72 页中。
③ 龙树菩萨造、后秦·鸠摩罗什译：《大智度论》卷一，《大正藏》第 25 册，第 63 页上。
④ 拙校刊天顺本《菩提达摩四行论》，见本书第 4 页。

犹豫地深信一切众生都具有如佛一样的真如佛性,此真如佛性是超乎一切有为法之上的不灭真性,是"明灵虚彻,亘古亘今,究其本源,无有间杂"①的,只是众生由于无明烦恼的污染,障蔽了此一真如佛性,使它不能显现。圭峰宗密在《禅源诸诠集都序》中也道:"源者,是一切众生本觉真性,亦名佛性,亦名心地……非唯是禅门之源,亦是万法之源,故名法性;亦是众生迷悟之源,故名如来藏藏识;亦是诸佛万德之源,故名佛性;亦是菩萨万行之源,故名心地。"②明于此,则当信心;明于此,则有信心。此心"无欠无余",圆满具足,"良由取舍,所以不如"。③所以《信心铭》,就是要学人自信其心。深信自心与佛心同,心佛不二;深信自己也能成佛,这是禅宗修道的前提。《为霖禅师旅泊庵稿》卷四《三祖僧璨大师信心铭》中更明确地说:"《三祖信心铭》凡五百八十四言,一百四十六句。句句为后学直指心体,拣去心病。示归元之路,兴无作之功。令其自信自肯,不向外求耳。《法华经》须菩提等四大弟子一生信解即蒙授记。古德云:'一入信门,便登祖位。'岂虚语哉!"④可见《信心铭》的主旨及信心的重要。

《信心铭》中讲:"信心不二,不二信心。"⑤对于这句话中峰明本禅师在其《信心铭辟义解》中解释云:"众生迷此心者其

---

① 宋·杨彦国:《楞伽经纂》卷一,《续藏经》第17册,第359页上。
② 唐·宗密:《禅源诸诠集都序》卷上之一,《大正藏》第48册,第399页中。
③ 宋·道原:《景德传灯录》卷三十,《大正藏》第51册,第457页上。
④ 明·弟子太泉等录:《为霖禅师旅泊庵稿》卷四,《续藏经》第72册,第725页中。
⑤ 宋·道原:《景德传灯录》卷三十,《大正藏》第51册,第457页上。

来久矣,于一法中妄生分别,一一分别莫不皆二。且见己为自,必见人为他,此谓自他之二,从此引起无量无数分别,不胜其二矣,岂算数譬喻而知其涯量者哉!"① 据此可知所谓"信心不二",意即我们所信的这个心是不二,不落善恶、是非、染净、动静、有无等两边绝待的真心。但众生因迷此绝待真心,于此一真绝待的真心妄生分别,一有分别即落在两边。一落两边就入烦恼生死,所以应相信自己不二的真心。如果相信自己不二的真心,从而远离真妄、是非等两边当下就是这个不二的真心,故言"不二信心"。所以《信心铭辟义解》中云:"祖师老婆太过,单提个信心不二,不二信心之正印与之当头一印印破。如纲举网无一目而不张,如领提衣无一缕而不顺。迅雷起乎幽蛰,杲日丽于昏衢。瞽者视,聩者闻。穷者通,愚者智。不离梦宅,远登真觉之场。匪隔幻身,直登金钢之体。可谓起死回生之神药,革凡入圣之良导。"②"信心不二,不二信心",简言之就是相信自己不二的真心,才能契入这一真绝待的真心。前句"信心不二"讲的的是信什么,后句"不二信心"讲的是如何信,信的方法。首先信这个不二的真心是入道的前提,而不二是入一真心的正途。可见这个信心非常的重要,如果没有这个前提,就没有后面的正途,所以为霖禅师云:"'一入信门,便登祖位。'岂虚语哉!"③

---

① 元·中峰明本:《天目中峰和尚广录》卷十二之下,蓝吉富主编《禅宗全书》第48册,第161页。
② 元·中峰明本:《天目中峰和尚广录》卷十二之下,蓝吉富主编《禅宗全书》第48册,第161页。
③ 明·弟子太泉等录:《为霖禅师旅泊庵稿》卷四,《续藏经》第72册,第725页中。

真歇清了禅师也说:"只消个信心不二,不二信心,直得函盖乾坤,把定世界。"①

这个"信心不二,不二信心",从其思想来看,也可谓是《信心铭》的主旨,《信心铭》主要内容就是让修行人在具备信心的基础上,打破和超越一切二边之见,由此才能契入绝待的一真法界。契入的前提就是信心,信自性即佛,此真心不二绝待,圆满无欠无余。如信得真切,即入祖位。《坛经》中惠能在初见五祖弘忍的时候就言:"惟求作佛,不求余物。"祖言:"汝是岭南人,又是獦獠,若为堪作佛?"惠能曰:"人虽有南北,佛性本无南北。獦獠身与和尚不同,佛性有何差别?"② 惠能这敢于承担的信心及对佛性无南北、凡圣差别之精辟见地,得到五祖弘忍的惊叹与刮目相看,也体现了禅宗对信心的重视。

2. 扫荡边见,独标不二

不二的禅法思想可谓是僧璨主要禅法特色之一。无论是他初见慧可后的悟语,还是《信心铭》中都透露出不二的禅法特色。《景德传灯录》卷三《慧可传》中记载:僧璨初见慧可时,不言名氏,聿来设礼而问师曰:"弟子身缠风恙,请和尚忏罪。"师曰:"将罪来,与汝忏。"居士良久云:"觅罪不可得。"师曰:"我与汝忏罪竟,宜依佛法僧住。"曰:"今见和尚已知是僧,未审何名佛法?"师曰:"是心是佛,是心是法,法佛无二,僧宝亦然。"曰:"今日始知罪性不在内,不在外,不在中间,如其心

---

① 宋·清了:《真歇清了禅师语录》卷二,《续藏经》第71册,第788页上。
② 杨曾文编校:《新版敦煌新本·六祖坛经》,北京:宗教文化出版社,2001年第8页。

然，佛法无二也。"大师深器之。① 这段话体现出僧璨所悟罪性本空，也即妄本空，而心佛法等不二的思想。

不二的思想特色在《信心铭》中体现得更加明显。《信心铭》既以信心作为入道的前提，不二是入道的正途，因此全篇大部分的内容都是让学人扫荡与超越一切对立差别之见，而归入绝待的真心。如中言：

至道无难，唯嫌拣择。但莫憎爱，洞然明白。
毫厘有差，天地悬隔。欲得现前，莫存顺逆。
违顺相争，是为心病。不识玄旨，徒劳念静。
圆同太虚，无欠无余。良由取舍，所以不如。
莫逐有缘，勿住空忍。一种平怀，泯然自尽。
止动归止，止更弥动。唯滞两边，宁知一种。
一种不通，两处失功。②

又言：

不用求真，唯须息见。二见不住，慎勿追寻。才有是非，纷然失心。
二由一有，一亦莫守。一心不生，万法无咎。③

又言：

迷生寂乱，悟无好恶。一切二边，浪自斟酌。
梦幻虚华，何劳把捉。得失是非，一时放却。④

---

① 宋·道原：《景德传灯录》卷三，《大正藏》第51册，第220页下。
② 宋·道原：《景德传灯录》卷三十，《大正藏》第51册，第457页上。
③ 宋·道原：《景德传灯录》卷三十，《大正藏》第51册，第457页上~中。
④ 《景德传灯录》卷三十，《大正藏》第51册，第457页。

又言:

　　止动无动,动止无止。两既不成,一何有尔?究竟穷极,不存轨则。

　　契心平等,所作俱息。①

又言:

　　真如法界,无他无自。要急相应,唯言不二。不二皆同,无不包容。②

所谓"不二"也就是"无二",是《维摩诘所说经》等某些章节所提倡的大乘佛教的一种思维方法和修行原则。《维摩诘所说经》乃为大乘空宗的代表性经典,自东晋南北朝以后,深受朝野佛教徒的特殊礼遇,不仅在贵族、文人名士中影响广泛,就是在普通平民中也很受欢迎。在此经的《入不二法门品》中载有对"不二法门"的三十种回答。③僧肇《注维摩诘经》记载了当年鸠摩罗什对此解释的一段话:

　　万法之生必从缘起,缘起生法多少不同,极其少者,要从二缘……然则有之缘起,极于二法;二法既废,则入玄境。亦云二法门摄一切法门。④

所谓二法是指生灭、垢净、善不善(恶)、断常以及生死与涅槃、烦恼与菩提之类,也称之为"二边",指互相对立的两方(事物、概念)。世间的一切学问,不论是由哲学、宗教和科学等任何立

---

① 《景德传灯录》卷三十,《大正藏》第51册,第457页。
② 《景德传灯录》卷三十,《大正藏》第51册,第457页。
③ 后秦·鸠摩罗什译:《维摩诘所说经》卷中,《大正藏》第14册,第550页中~551页下。
④ 后秦·僧肇:《注维摩诘经》卷八,《大正藏》第38册,第396页下。

场来看世间的现象和观念,都不出这相对的或二分法的观点。即使是讲一也是等于二,因为讲二是对立的;讲一也是等于二,因为单独的一不能成立也不可能出现,只有从多才能见到一,或者从一切的现象而看全部的本体。如果要讲一,一定是二或者是多,所以不管站在哪个立场,总有它的矛盾不通之处。而所谓"入不二"或"不二",既不是此方,又不是彼方,如非空非有,非常非非常、非善非不善以及一相即是无相、色即是空、无明实性即是明、世间即是出世间等,都是入不二法门。在《维摩诘所说经》中,当三十一位菩萨各自陈述所证的法门之后,文殊菩萨说:"如我意者,于一切法无言说,无示无识,离诸问答,是为入不二法门。"文殊菩萨问维摩诘:"我等各自说已,仁者当说,何等是菩萨入不二法门?"维摩诘默然无言。文殊师利叹曰:"善哉!善哉!乃至无有文字语言,是真入不二法门。"① 可见此不二者乃是离四句、绝百非,而又即四句即百非。说似一物即不中,不说一物也不中,此即是般若性空、中道正见,是诸法实相。诸法实相不可说,所以不二与"中道""实相"同义。只有以此微妙甚深不二法门才能契入诸法实相或真如佛性。

为何不二才能契入真如佛性?不二可称为如如智,真如佛性谓之如如理,只有不二之如如智才能契如如理。这个如如之理也是不落空有二边不二的中道实相,所以究其实理智又是一如的,所以禅宗自达摩以来皆强调不二。在天顺本《菩提达摩四行论》中有很多处皆在明佛性之理是不二的,如第九门中说:"问曰:

---

① 后秦·鸠摩罗什译:《维摩诘所说经》卷中,《大正藏》第 14 册,第 551 页下。

'何名为佛心?'答曰:'心无异相,名作真如。'"① 这是说所谓佛心就是没有差别异相,而是平等一相就名为佛心。第十四门:"第一义谛即是世谛,世谛即是第一义谛,第一义谛即是空也。若见有相,即须并当却。有我有心,有生有灭,亦即并当却。"② 世谛与第一义谛不二,而所谓第一义谛即是空,而这个空便是远离生灭有无的不二之理。在第三十二门中说:

> 问曰:"法界体性在何处?"答曰:"一切处皆是法界处。"问曰:"法界体性中,有持戒破戒不?"答曰:"法界体性中,无有凡圣、天堂地狱,亦无是非苦乐等,常如虚空。"③

所谓法界体性就是真如法性之理体,此理体远离持戒与破戒之两边,其中无有凡圣、天堂地狱,亦无是非苦乐等,常如虚空。对于远离凡圣、苦乐、常如虚空之理该如何修道断惑证得?第十三门中说:"问:'修道断惑,用何心智?'答曰:'用方便心智。'问曰:'云何方便心智?'答曰:'观惑知惑本无起处,以此方便,得断疑惑,故言心智。'"④ 这里的方便心智就是指不二的空性慧。用此不二之般若空性慧才能契此理,这点在《坛经》中最能体现。五祖弘忍让大众"自看智慧,取自本心般若之性,各作一偈,来呈吾看。若悟大意,付汝衣法,为第六代祖"⑤。这里所谓

---

① 拙校刊天顺本《菩提达摩四行论》,见本书第9页。
② 拙校刊天顺本《菩提达摩四行论》,见本书第12页。
③ 拙校刊天顺本《菩提达摩四行论》,见本书第24页。
④ 拙校刊天顺本《菩提达摩四行论》,见本书第11页。
⑤ 元·宗宝编:《六祖大师法宝坛经·行由品第一》,《大正藏》第48册,第348页中。

自己去观看自心本具的智慧，指的是自心所具般若无漏智慧，唯有此般若无漏慧才能契合于如如之理。用此般若无漏分别慧来作一首偈颂，就是要众人回去克期取证自心本性，因为自心本性本来就具备此无漏慧，此慧与真心本性相即不离，明此心就能具备此智，有此智也就是见了此本心，心智一如，假使没有这样的功夫是作不出来偈颂的，以有漏分别慧所作偈颂，只是文字游戏，充其量就是一首词律合格的诗而已。只有达到心智一如的境界才能作出见地超人的能体现自己悟境的偈颂。所以弘忍这里让众人取自本心般若之慧来作偈颂，就是要众人回去识自本心，见自本性，去悟去证得真心本性。如果明心见性，那么开悟的人就能写出表达自己悟境的偈颂，就是合格的，而没有了悟的人是作不出来的，也就没有资格作为禅法的继承人。最终只有惠能的偈颂符合了弘忍这个要求，由此而获得了弘忍所付之衣法而为禅宗第六代祖师。

　　正因为不二之如如智才能契不二之如如理，所以不二之法乃是禅宗的关键，特别是体现《坛经》中。在《坛经》中的佛性不二、定慧不二、动静不二、众生与佛不二、世间与出世间不二，乃至临终时嘱咐弟子的三科三十对法等，都体现了惠能的不二思想。这不二思想可以说是贯穿于惠能整个禅法之中的，它就像一把钥匙，如果不明了它，就不能把握惠能思想的纲骨，也不能明了禅宗的主旨。《信心铭》中所体现的不二思想也是入道的捷径和钥匙。其中便是扫荡边见，独标不二，让修行者放下拣择、憎爱、顺逆、动静、迷悟、是非、得失、人我、空有等二元对立的观念，离二边，以不二中道慧就能体证大道。所以说："真如法界，无他无自。要急相应，唯言不二。不二皆同，无不包容。"①

忽滑谷快天在《中国禅学思想史》中说僧璨的禅法"归于深信不二一句，为敷演达摩之理入者，华严圆融之旨，灼然如见"②。意思是说，僧璨禅法的要旨在于深信心佛、心法不二，这个道理即是达摩理入中所强调的"深信含生，同一真性"之佛性思想的继承与发扬，而且如果能了悟不二之理，可入华严法界缘起之境。华严初祖杜顺大师《华严五教止观》中也强调，要以不二中道第一谛之理始可入"一即一切，一切即一"的不可思议法界缘起之境。③僧璨也体现出这样的思想。不二之思想贯穿于整个《信心铭》，所以忽滑谷快天认为《信心铭》的大纲就是："夫道之为物，洞然明白，一点不容拟议。在佛而无余，在众生而无缺。一切二见，总荡尽了则万法一如、真妄无别。欲与此道相见，无如作不二观，不二之真宗、包容一切、一即一切，一切即一，大小圆融，古今泯绝。这个妙境岂言语思量之所及耶？"④不二法门不仅是《信心铭》《坛经》的精髓，同时也是禅宗的要旨。

3. 注重般若空观，强调无得无证

道宣曾评价达摩的禅法说："摩法虚宗，玄旨幽赜。可崇则情事易显，幽赜则理性难通。"⑤ 意思是说达摩虚宗的特点就是

---

① 宋·道原：《景德传灯录》卷三十，《大正藏》第51册，第457页中。
② 忽滑谷快天著、朱谦之译：《中国禅学思想史》，上海：上海古籍出版社，1994年，第108页。
③ 唐·杜顺：《华严五教止观》，《大正藏》第45册，第551页下。
④ 忽滑谷快天著、朱谦之译：《中国禅学思想史》，上海：上海古籍出版社，1994年，第103~104页。
⑤ 唐·道宣：《续高僧传》，《大正藏》第50册，第591页下。

用般若遣荡一切妄执，心无所执着，不偏不依，以无着之心，契彼真实之理，最终也是无得无证。所以般若中观思想为其禅法主要理论基础。达摩这一禅风在慧可那也得到了体现。《续高僧传·慧可传》载向居士致书问法于慧可：

> 影由形起，响逐声来。弄影劳形，不识形之是影；扬声止响，不识声是响根。除烦恼而求涅槃者，喻去形而觅影；离众生而求佛果，喻默声而寻响。故知迷悟一途，愚智非别。无名作名，因其名则是非生矣；无理作理，因其理则诤论起矣。幻化非真，谁是谁非？虚妄无实，何空何有？将知得无所得，失无所失。未及造谈，聊申此意，想为答之！①

慧可回信答曰：

> 说此真法皆如实，与真幽理竟不殊。本迷摩尼谓瓦砾，豁然自觉是真珠。无明智慧等无异，当知万法即皆如。愍此二见之徒辈，申词措笔作斯书。观身与佛不差别，何须更觅彼无余。②

向居士从"无所得"的角度出发，认为幻化非真，虚妄无实，故无得无证。由此，将世出世间的差别相等量齐观，提出了求佛不离众生、涅槃不离烦恼以及迷悟无别的看法。慧可对此加以印可，同时在回答中进一步指出真如佛性凡圣同有，且遍在于万法之中，在一切众生之中，身佛不二，无明智慧等无异，成佛的关键只在于舍两边之见，而以无所得之空性慧自觉清净本具的自性而无须更觅彼无余。

---

① 拙校刊《二祖慧可与向居士信》，见本书第44页。
② 拙校刊《二祖慧可与向居士信》，见本书第44页。

注重般若，无得无证的思想在僧璨的禅法中也有突出的体现。在独孤及为僧璨所撰《舒州山谷寺觉寂塔隋故镜智禅师碑铭》载其禅法如下：

> 谓身相非真，故示有疮疾；谓法无我所，故居不择地。以众生病为病，故至必说法度人；以一相不在内外，不在其中间，故足言不以文字。其教大略以'寂照妙用'摄群品，'流注生灭'，观四维上下，不见法，不见身，不见心，乃至心离名字，身等空界，法同梦幻。亦无得无证，然后谓之解脱。①

这一段话就体现出僧璨注重般若空观，强调无修无证的思想特色。身相非真，法无我所，"一相"即诸法实相也即真如不在内外，不在其中间，不可得，不着相，故不落文字相。"寂照妙用"是指止观修行，以此来引导徒众。如何修止观呢？就是"流注生灭"，即观诸法生灭无常空不可得，以般若空观，观四维上下一切诸法没有真实的自性，无法、无人、一切不可得、所以无烦恼可断，无菩提可得，无得无证，这就名为解脱自在。僧璨这种以般若空观一切不可得、无得无证的思想与达摩以来所主张的禅法思想是一致的。在《信心铭》中也体现了这一禅法特色。如曰：

> 一心不生，万法无咎。无咎无法，不生不心。能随境灭，境逐能沈。境由能境，能由境能。欲知两段，元是一空。一空同两，齐含万象。不见精粗，宁有偏党？②

这便是让人做到不生一念妄念，因为这妄念有能有所之相待，是

---

① 唐·独孤及：《舒州山谷寺觉寂塔隋故镜智禅师碑铭并序》，见本书第153页。
② 《信心铭》，见本书第46页。

性空不真实，如此达妄本空，自然就能体会那里能所、精粗两边绝待的真性。又曰："梦幻虚华，何劳把捉。得失是非，一时放却。"① 修道者若能了知一切如梦幻泡影，没有真实自性，皆虚幻不实，那么还有什么值得去把捉的呢？还有什么是非得失不能放却的呢？《金刚经》中说："一切有为法，如梦幻泡影，如露亦如电，应作如是观。"② 如是时常般若空观一切万法，就能任性合道，最终也是无得无证。

4. 大道自然，任性逍遥

《信心铭》开篇即说："至道无难，唯嫌拣择。"③ 道，本是中国的传统哲学术语，在老庄之学中是万化之本源，形而上之终极。在佛教中，道用来指菩提、寂灭、不二、不生不灭（涅槃）等最高解脱状态及其觉证之圆满的真理。道也就是常真一相的真如法界。它是本然如实的不二境界，非言语思议所能限量，不在心内，不在心外，离一切二边而自然如如。对于这样的一个大道不必刻意寻求或努力与之"冥符"，而是"欲得现前，莫存顺逆，违顺相争，是为心病"④。如有一丝的分别作意，则反而与道远离了。万法本来一如，自心本来清净"圆同太虚，无欠无余。良由取舍，所以不如"⑤，众生与佛、凡与圣本无差别，只因众生的知见妄想，才生出得失、是非、染净的分辨，所以，"心若不异，

---

① 《信心铭》，见本书第47页。
② 后秦·鸠摩罗什译：《金刚般若波罗蜜经》，《大正藏》第8册，第752页中。
③ 《信心铭》，见本书第46页。
④ 《信心铭》，见本书第46页。
⑤ 《信心铭》，见本书第46页。

万法一如"①。又曰：

> 大道体宽，无易无难。小见狐疑，转急转迟。执之失度，心入邪路。放之自然，体无去住。任性合道，逍遥绝恼。②

正基于大道乃是实相无相的不二观，僧璨提出了大道自然、无证无得的自然修行观，对于这样的一个大道"执之失度，心入邪路。放之自然，体无去住。任性合道，逍遥绝恼"。大道超越于心物，不是心境对立所能契入，也不能以心识的分别观察获得。唯一的入道法门便只是直下体认心性与道体的如如，泯除一切妄见，从而使清净本性自然显现。心境本空，唯空性乃显至道、真如，因此不必求真，也无真可求，只要息除妄见，不起念、不分辨就是真。所以说："不用求真，唯须息见。"又言："一切不留，无可记忆，虚明自然，不劳心力。非思量处，识情难测。"僧璨这种"一种平怀，泯然自尽"，"万法齐观，归复自然"③的任性自然修行观对后世影响很大。最著名的莫过于马祖道一（709~788）所提倡的"平常心是道"，乃至"道不用修，但莫污染"④之思想。

僧璨这种大道自然，无修无证，任性逍遥的思想即是达摩禅法中"安心无为，形随运转"⑤的随缘行，这种禅法颇有老庄玄学之风。印顺法师认为会昌以下的中国禅宗是达摩禅的中国化，

---

① 《信心铭》，见本书第47页。
② 《信心铭》，见本书第46页。
③ 《信心铭》，见本书第46、47页。
④ 宋·道原：《景德传灯录》卷二十八，《大正藏》卷51册，第440页上。
⑤ 拙校刊天顺本《菩提达摩四行论》，见本书第5页。

特别是老庄化、玄学化。事实上，佛学与玄学的合流，自汉魏已始。由于印度般若学所主张的空的思想与老庄思想中关于有、无的哲学阐释存在某种相似或相近的方面，所以用老庄思想来格义和比附佛教，乃是此一时期佛教中国化发展过程中最为精彩而独特的地方。汤用彤先生在《汉魏两晋南北朝佛教史》中说：

> 释教在汉末，传译渐广……支谦重译《摩诃般若波罗蜜经》，即《道行经》，而称曰《大明度无极》，其用字既全黜胡音，其义旨复颇仿老庄……其后《般若》大行于世，而僧人立身行事又在在与清谈者契合。夫《般若》理趣，同符老庄。而名僧风格，酷肖清流，宜佛教玄风，大振于华夏也。①

佛学与玄学的同流，因主要基于一切法性空的大乘般若学与玄学"以无为本"思想的相济旁通。僧璨的"任性合道，逍遥绝恼"②，也正是从此出发，借玄学术语阐发其禅学思想。"逍遥"语出《庄子·逍遥游》，指至人无己无待的自由生存状态。这种状态如何达到呢？那就是"乘天地之正"，顺应自然之道、万物之性。③ 晋代玄学家郭象（252~312）批判"崇无"思想，作《庄子注》，在其"独化"理论中提出了适性为逍遥的观点，认为"天性所受，各有本分，不可逃，亦不可加"，只要"各适其性"，"各任其性，苟当其分，逍遥一也"④。僧璨的任性合道而逍遥，与此很相似。不过，二者的理论核心是截然不同的。郭象以儒家

---

① 汤用彤：《汤用彤会集》第一卷《汉魏两晋南北朝佛教史》，石家庄：河北人民出版社，2000年，第115页。
② 宋·道原：《景德传灯录》卷三十，《大正藏》第51册，第457页上。
③ 陈鼓应：《庄子今注今译》，北京：中华书局，1983年，第125页。
④ 西晋·郭象：《庄子注》，上海：上海古籍出版社，1989年，第39页。

的仁义为人之本性，"仁义者，人之性也"，所谓任性即顺应人本性中自然的仁义；①《信心铭》"任性合道"之性，则为佛性、真如，是超言绝相、实相无相、不落去住的如如本性。其逍遥境界是建立在时时安住于此真如佛性上，并能称此真心之体起无边大用的自在无缚解脱之境。用中国传统的老庄思想来格义和比附佛教，从此，禅宗便走上了自身独特的富有深厚哲学底蕴的发展之路。

5. 会相归性，无碍圆融

《楞伽师资记·僧璨传》中载有僧璨曾为北周慧命的《详玄赋》作注释，从所载的内容来看其思想受华严学影响颇深。《详玄传》曰：

> 惟一实之渊旷，嗟万相之繁难。真俗异而体同，凡圣分而道合；寻涯也豁乎无际，眇乎无穷，源于无始，极于无终。解惑以兹齐贯，染净于此俱融，该空有而阒寂，括宇宙以通同。若纯金不隔于环玔，等积水不惮于连漪。②

僧璨注云：

> 此明理无间杂，故绝边际之谈，性非物造，致息终始之论。所以，明暗泯于不二之门，善恶融于一相之道，斯即无动而不寂，无异而不同。若水之为波澜，金之为器体。金为器体，故无器而不金；波为水用，亦无波而异水也。观无碍于缘起，信难思于物性，犹宝殿之垂珠，似瑶台之悬镜，彼此异而相入，红紫分而交映。物不滞其自他，事莫权其邪

---

① 西晋·郭象：《庄子注》，上海：上海古籍出版社，1989年，第39页。
② 拙校刊《楞伽师资记·僧璨传》，见本书第132页。

正。邻虚舍大千之法，刹那总三际之时，惧斯言之少信，借帝网以除疑。盖普眼之能瞩，岂或识以知之。①

对于不二的真如本性之理，绝边际之谈，不是物造而是本性从本以来法尔具有。此真心乃是一切万法的本源，一切诸法无非从此心随缘而现，如从体而起用"若水之为波澜，金之为器体。金为器体，故无器而不金；波为水用，亦无波而异水也"。如此从体起用，又摄用归体，体用不二。世间上的一切明暗、善恶等差别诸法都能融入平等一相之道，故皆是即相即性，性相不二，无碍圆融。彼此之间又互相地摄入，重重无尽。故又注云：

此明秘密缘起，帝网法界，一即一切，参而不同，所以然者，相无自实，起必依真。真理既融，相亦无碍。故巨细虽悬，犹镜像之相入。彼此云异，若珠色之交形，一即一切，一切即一，缘起无碍，理理数然也。故知大千弥广，处纤尘而不窄，三世长久，入促从略以能容。自可洞视于金墉之外，了无所权；入身于石壁之中，未曾有隔。是以圣人得理成用，若理不可然，则圣无此力。解则理通，碍由情拥，普眼之惠，如实能知也。如猴著锁而停躁，蛇入筒而改曲，涉旷海以戒船，晓重幽以惠烛。②

这一段即是说明一切诸法从真心而起，皆性相相融，无碍互摄，一即是多，多即是一，如因陀罗网，重重无际。这种道理就是华严宗所说法界缘起之理，属四法界中事事无碍法界之内容。谓法界一一法，有为无为，色心依正，总为一团；此一团万法，相即

---

① 拙校刊《楞伽师资记·僧璨传》，见本书第132页。
② 拙校刊《楞伽师资记·僧璨传》，见本书第133页。

相入，互为能缘起所缘起，以一法成一切法，以一切法起一法。此一法至它一切法为缘，它一切法至此一法亦悉为缘，相资相待，互摄互容，如因陀罗网，重重无际，微细相容，主伴无尽，叫它作法界缘起，也叫作无尽缘起。在注中僧璨解释为何诸法能事事无碍一即是多，多即是一，或者大中能现小，小中能容大。"是以圣人得理成用，若理不可然，则圣无此力。解则理通，碍由情拥，普眼之惠，如实能知也。"① 意思是圣人因证得真如法性之理，故能依理起无边之大用，会相归性，互融无碍。而凡夫被妄想情执所缚，故处处为碍，也不能如实体会此事事无碍之不可思议境界。

僧璨这种会相归性，圆融无碍的思想应该是可信的，在独孤及为僧璨所撰《舒州山谷寺觉寂塔隋故镜智禅师碑铭》中称其禅法"摄相归性，法身乃圆"② 应该即是指此。在《信心铭》中也说：

> 十方智者，皆入此宗。宗非促延，一念万年。无在不在，十方目前。极小同大，忘绝境界。极大同小，不见边表。有即是无，无即是有。若不如此，必不须守。一即一切，一切即一。但能如是，何虑不毕。③

僧璨的禅法最终以华严宗所提倡四法界中事事无碍法界无碍圆融思想为指归，会相归性，一切平等一如，相即相摄，无碍圆融。也由此可见其禅法思想内容之磅礴，既有《楞伽经》《涅槃经》

---

① 拙校刊《楞伽师资记·僧璨传》，见本书第133页。
② 唐·独孤及：《舒州山谷寺觉寂塔隋故镜智禅师碑铭并序》，见本书第155页。
③ 《信心铭》，见本书第47页。

如来藏或佛性思想又有《般若经》般若空性思想,以及华严、老庄思想。这反映了在僧璨生活的时代,佛性、般若、华严等思想随着相应经典的译出在社会上流行起来。

结语

总而言之,僧璨的禅法思想,可谓是上承达摩、慧可,下启道信、弘忍乃至六祖惠能,旁与慧思、傅翕相同调,对于禅宗的建立起到了承上启下的重要作用。《舒州山谷寺觉寂塔隋故镜智禅师碑铭》中称:

> 及以为初中国之有佛教,自汉孝明始也,历魏、晋、宋齐,施及梁武。言第一义谛者,不过布施持戒,天下惑于报应,而人未知禅,世与道交相丧。至菩提达摩大师,始示人以诸佛心要,人疑而未思。惠可大师传而持之,人思而未修。迨禅师三叶,其风浸广,真如法味,日渐月渍。万木之根茎枝叶,悉沐化雨,然后空王之密藏,二祖之微言,始烁然行于世间,浃于人心。当时问道于禅师者,其浅者知有为法,无非妄想;深者见佛性于言下,如灯之照物。①

僧璨作为中国禅宗第三祖,其生平极富传奇色彩,其禅法思想博大精深,承上启下,在中国禅宗思想发展史上具有崇高的地位与重要的影响。

---

① 唐·独孤及:《舒州山谷寺觉寂塔隋故镜智禅师碑铭并序》,见本书第154页。

主要参考文献

甲、古籍部分

一、《大正藏》，大藏经刊行会编，台北：新文丰出版公司，1993年。

北凉·昙无谶译：《大般涅槃经》，《大正藏》第12册。

后秦·鸠摩罗什译：《金刚般若波罗蜜经》，《大正藏》第8册。

后秦·鸠摩罗什译：《妙法莲华经》，《大正藏》第9册。

后秦·鸠摩罗什译：《思益梵天所问经》，《大正藏》第15册。

后秦·鸠摩罗什译：《维摩诘所说经》，《大正藏》第14册。

后秦·鸠摩罗什译：《梵网经》，《大正藏》第24册。

南朝宋·求那跋陀罗译：《楞伽阿跋多罗宝经》，《大正藏》第16册。

唐·实叉难陀译：《大方广佛华严经》，《大正藏》第10册。

唐·般剌蜜帝译：《大佛顶如来密因修证了义诸菩萨万行首楞严经》，《大正藏》第19册。

唐·杜顺：《华严五教止观》，《大正藏》第45册。

唐·法藏述：《华严经探玄记》，《大正藏》第35册。

后秦·鸠摩罗什译：《大智度论》，《大正藏》第25册。

后秦·僧肇：《注维摩诘经》，《大正藏》第38册。

梁·僧祐：《出三藏记集》，《大正藏》第55册。

梁·慧皎：《高僧传》，《大正藏》第50册。

北魏·杨衒之：《洛阳伽蓝记校释》，《大正藏》第51册。

五百罗汉造、唐玄奘译：《阿比达摩大毗婆沙论》，《大正藏》第27册。

唐·玄奘译：《瑜伽师地论》，《大正藏》第30册。

唐·道世：《法苑珠林》，《大正藏》第50册。

唐·道宣：《广弘明集》，《大正藏》第52册。

唐·道宣：《续高僧传》，《大正藏》第50册。

唐·净觉：《楞伽师资记》，《大正藏》第85册。

唐·杜朏：《传法宝纪》，《大正藏》第85册。

唐·弘忍：《最上乘论》，《大正藏》第48册。

唐·裴休：《黄檗断际禅师宛陵录》，《大正藏》第48册。

唐·宗密：《禅源诸诠集都序》，《大正藏》第48册。

唐·慧琳：《一切经音义》，《大正藏》第54册。

唐·智升：《开元释教录》，《大正藏》第55册。

唐·佚名：《历代法宝记》，《大正藏》第51册。

宋·永明延寿集：《宗镜录》，《大正藏》第48册。

宋·赞宁：《宋高僧传》，《大正藏》第50册。

宋·契嵩：《传法正宗记》，《大正藏》第51册。

宋·道原：《景德传灯录》，《大正藏》第51册。

元·宗宝编：《六祖大师法宝坛经》，《大正藏》第48册。

元·觉岸：《释氏稽古略》，《大正藏》第 49 册。

二、《续藏经》，藏经书院编辑，台北：新文丰出版公司，1993 年。
CBETA2016《续藏经》中华电子佛典协会。
唐·宗密：《圆觉经大疏钞》，《续藏经》第 14 册。
唐·宗密：《中华传心地禅门师资承袭图》，《续藏经》第 63 册。
唐·法藏：《入楞伽心玄义》，《续藏经》第 17 册。
宋·赜藏：《古尊宿语录》，《续藏经》第 68 册。
宋·杨彦国：《楞伽经纂》，《续藏经》第 17 册。
宋·清了：《真歇清了禅师语录》，《续藏经》第 71 册。
宋·祖琇：《隆兴佛教编年通论》，《续藏经》第 75 册。
宋·普济：《五灯会元》，《续藏经》第 75 册。
宋·本觉：《释氏通鉴》，《续藏经》第 76 册。
明·弟子太泉等录：《为霖禅师旅泊庵稿》，《续藏经》第 72 册。

三、碑铭、石刻、寺志
清·董浩等编：《全唐文》，上海：上海古籍出版社，1990 年。（以下《全唐文》皆出此本）
唐·张说：《唐玉泉寺大通禅师碑铭并序》，《全唐文》卷二百三十一。
唐·宋之问：《为洛下诸僧请法事迎秀禅师表》，《全唐文》卷二百四十九。

唐·独孤及：《舒州山谷寺觉寂塔隋故镜智禅师碑铭并序》，《全唐文》卷三十九。

唐·独孤及：《舒州山谷寺上方禅门第三祖璨大师塔铭》，《全唐文》卷三百九十二。

唐·郭少聿：《黄山三祖塔铭并序》，《全唐文》卷四十四。

唐·张彦远：《三祖大师碑阴记》，《全唐文》，卷七十九。

《唐中岳沙门释法如禅师行状》，《唐文拾遗》卷六十七。

唐·李邕：《嵩岳寺碑》，《全唐文》卷二百六十三。

唐·卜子夏：《少林寺碑》，《全唐文》卷二百七十九。

清·王昶：《金石萃编》，光绪年间，上海宝善石印本。

姜海明：《成安县志》，郑州：中州古籍出版社，2014年。

增修《磁县县志》，台北：成文出版社，1968年。

四、史书及其他

宋·司马光：《资治通鉴》，《四部丛刊》，民国十八年（1929），商务印书馆。

后晋·刘昫：《旧唐书》，北京：中华书局，1975年。

唐·智炬、天竺三藏胜持编撰：《宝林传》，苏渊雷、高振农选辑《佛藏要籍选刊》，上海：上海古籍出版社，1994年。

（日）圆仁：《入唐求法巡礼行记》，桂林：广西师范大学出版社，2007年。

（日）最澄：《传教大师全集》，比叡山专修院附属叡山学院编，东京：世界圣典刊行协会，1989年。

五代南唐·静、筠：《祖堂集》卷二，吴福祥、顾之川点校本，长沙：岳麓书社，1996年。

宋·李昉等编纂：《异僧》，《太平广记》，北京：中华书局，1961年。

宋·朱熹：《朱文公文集》，朱杰人等主编《朱子全书》，上海：上海古籍出版社，2002年。

宋·欧阳修等编撰：《新唐书》，北京：中华书局，2011年。

元·中峰明本：《天目中峰和尚广录》，蓝吉富主编《禅宗全书》第48册，台北：文殊出版社，1982年。

宋·陆九渊著，钟哲点校：《陆九渊集》，北京：中华书局，1980年。

明·王守仁著，张立文主编：《王阳明全集》，北京：红旗出版社，1996年。

明·王守仁撰，吴光等编校：《王阳明全集》，上海：上海古籍出版社，1992年。

乙、现代著作
一、中文

胡适著，柳田圣山编：《胡适禅学案》，台北：正中书局，1990年。

汤用彤：《隋唐佛教史稿》，北京：中华书局，1988年。

汤用彤：《汉魏两晋南北朝佛教史》，北京：北京大学出版社，1997年。

吴立民：《神宗派源流》，北京：中国社会科学出版社，1998年。

吕澂：《中国佛学源流略讲》，北京：中华书局，1979年。

周叔迦：《周叔迦佛学论著集》，北京：中华书局，1991年。

陈垣：《中国佛教史籍概论》，上海：上海书店出版社，2005年。

任继愈：《佛教小辞典》，上海：上海辞书出版社，2001年。

任继愈：《汉唐佛教思想论集》，北京：人民出版社，1973年。

印顺：《中国禅宗史》，南昌：江西人民出版社，1999年。

杨曾文：《新版敦煌新本·六祖坛经》，北京：宗教文化出版社，2001年。

杨曾文：《唐五代禅宗史》，北京：中国社会科学出版社，1999年。

杨曾文编校：《神会和尚禅话录》，北京：中华书局，1996年。

杜继文、魏道儒：《中国禅宗通史》，南京：江苏古籍出版社，1993年。

胡适著，柳田圣山编：《胡适禅学案》，台北：正中书局，1990年。

陈景富：《中韩佛教关系一千年》，北京：宗教文化出版社，1999年。

高令印：《中国禅学通史》，北京：宗教文化出版社，2004年。

洪修平：《中国禅学思想史》，北京：中国人民大学出版社，2007年。

葛兆光：《中国禅思想史》，北京：北京大学出版社，1995年。

方广锠：《般若心经译注集成》，上海：上海古籍出版社，1994年。

张漫涛主编：《现代佛教学术研究丛刊》，台北：大乘文化出版社，1979年。

忽滑谷快天著、朱谦之译：《中国禅宗思想史》，上海：上海古籍出版社，1994年。

龚隽：《禅史钩沉——以问题为中心的思想史论述》，北京：三联书店，2006年。

金九经：《姜园丛书》，沈阳编者自刊本，1935年。

严北溟：《中国佛教哲学简史》，上海：人民出版社，1985年。

蓝吉富主编：《禅宗全书》，台北：文殊出版社，1988年。

黄永武主编：《敦煌定藏》，台北：新文丰出版公司，1986年。

温玉成：《中国佛教与考古》，北京：宗教文化出版社，2009年。

韩传强：《禅宗北宗研究》，北京：宗教文化出版社，2013年。

戴密微著、耿昇译：《吐蕃僧诤记》，兰州：甘肃人民出版社，1984年。

宗性：《问学散论》，北京：宗教文化出版社，2008年。

陈鼓应：《庄子今注今译》，北京：中华书局，1983年。

陈鼓应：《老子今注今译》，北京：商务印书馆，2003年。

二、日文

关口真大：《达摩大师的研究》，东京：春秋社，1969年。

关口真大：《禅宗思想史》，东京：山喜房佛书林，1966年。

上山大峻：《敦煌佛教的研究》，京都：法藏馆，1990年。

山崎宏：《隋唐佛教史的研究》，京都：法藏馆，1967年。

田中良昭：《敦煌禅宗文献的研究》，东京：大东出版社，1983年。

田中良昭：《宝林传译注》，东京：内山书店，2003年。

宇井伯寿：《禅宗史研究》，东京：岩波书店，1966年。

松元史朗：《禅思想的批判的研究》，东京：大藏出版社，

1994年。

阿部肇一：《中国禅宗史的研究》，东京：研文出版（山本书店出版部），1986年。

柳田圣山：《初期禅宗史书的研究》，京都：法藏馆，2000年。

铃木大拙：《铃木大拙全集》，东京：岩波书店，1968~1971年。

篠原寿雄、田中良昭编：《敦煌佛典与禅》，东京：大东出版社，1980年。

松本文三郎：《达摩的研究》，东京：第一书房，1942年。

大盐毒山：《支那佛教史地图》，东京：大雄阁出版社，1924年。

丙、期刊学术论文

一、中文

饶宗颐：《王锡〈顿悟大乘正理决〉序说并校记》，《选堂选集》，《现代佛学大系》第53册，台北：弥勒出版社，1984年。

陈浩：《隋禅宗三祖僧璨塔铭砖》，《文物》，1985年第4期。

高敏：《略论邺城的历史地位与封建割据的关系》，《中州学刊》，1989年第3期。

王晖：《大祖禅师慧可考——兼论慧可在禅宗史上的地位与作用》，《法音》，1994年第3期。

张之：《历史上安阳与邺之关系》，《中国古都研究》，1994年第一辑。

黄运喜：《唐代中期的僧伽制度——兼论与其当代社会文化之互动关系》，中国文化大学史学研究所博士论文，台北：中国文化大学史学研究所，1996年。

龚隽：《再论初期禅史中的顿渐》，《学术研究》，2000年第11期。

马克瑞：《审视传承——陈述禅宗的另一种方式》，《中华佛学学报》，第13期，2000年。

龚隽：《中国禅宗历史上的"方便通经"——从六世纪到九世纪》，《中国学术》，2002年第2期。

伊吹敦：《早期禅宗史研究回顾和展望》，《中国禅学》（第二辑），2003年。

椎名宏雄，程正译：《天顺本菩提达摩四行论》，《中国禅学》第二卷，北京：中华书局，2003年。

椎名宏雄，程正译：《天顺本菩提达摩四行论的资料价值》，《中国禅学》第二卷，北京：中华书局，2003年。

程正：《近十年日本学者的中国禅研究成果》，《中国禅学》第二卷，北京：中华书局，2003年。

朱凤玉：《敦煌劝善类白话诗歌初探》，《敦煌学》，第二十六辑，台北：乐学书局，2005年。

刘志玲：《纵论魏晋北朝邺城的中心地位》，《邯郸学院学报》，2008年第4期。

朱岩石、何利群、沈丽华：《邺城佛寺的兴衰》，《中国文化遗产》，2013年第6期。

二、日文

久野芳隆：《富于流动性的唐代禅宗典籍——敦煌出土的禅宗北宗的代表作品》，《宗教研究》（新）14-1，1937年。

石井修道：《中国唐宋代的禅宗史的研究状况的问题点》，

《驹泽大学佛教学部论集》，1989年。

田中良昭：《初期禅宗中的绝观、无心、无念的系谱》，《平井俊荣博士古稀纪念论集：三论教学和佛教诸思想》，2000年。

池田温：《中国写本识语集录》，《东洋文化研究所丛刊》第十二辑，东京大学东洋文化研究所报告，1990年。

冲本克己：《有关〈禅策问答〉》，（日本）《禅文化研究所纪要》第23号，1997年。

上山大峻：《敦煌中的禅的诸层》，龙谷学会《龙谷大学论集》（421），1982年。

石井公成：《初期禅宗与楞伽经》，《驹泽短期大学研究纪要》第29号，2001年。